explicatif PROC

Première étape **PLANIFIER L'ÉCRITURE DU TEXTE**

1 **Répondre aux trois questions suivantes :**

A *POURQUOI écrire ?*

- Pour aider quelqu'un à comprendre une affirmation, un fait ou un phénomène ?
- Pour influencer une personne ou un groupe ?
- Pour prouver qu'on comprend une affirmation, un fait ou un phénomène ?
- Pour apprendre à écrire ?

B *QUOI écrire ?*

- Un article pour une publi-cation, un travail scolaire, une épreuve d'écriture, etc.
- Choisir un mode d'organisation des éléments de l'explication.
- Préciser les phases de l'explication en élaborant le schéma de la séquence explicative.
- Élaborer le plan du texte.

C *À QUI écrire ?*

- S'il y a lieu, repérer dans la consigne d'écriture le ou les destinataires du texte.
- Si aucun destinataire n'est mentionné, imaginer à qui pourraient s'adresser les explications : à des enfants ou à des adultes ? à des personnes qui connaissent bien le sujet ou à des per-sonnes qui le connaissent mal ? etc.

2 **Adopter un point de vue.**

- Décider si le texte sera écrit à la première personne ou non.
- Décider si l'on établira dans le texte des rapports d'égalité ou d'autorité avec le ou les destinataires.
- Décider si l'on considérera que le destinataire connaît bien ou mal le sujet.

3 **Élaborer un plan.**

En tenant compte du schéma de la séquence explicative, décider du nombre de paragraphes que contiendra le texte et les organiser en Introduction – Développement – Conclusion.

Le texte explicatif
PLAN

INTRODUCTION   (lignes 00 à 00)
Phase de questionnement: affirmation, fait ou phénomène qui sera
                                    expliqué dans le texte – besoin d'explication

DÉVELOPPEMENT
Phase explicative: présentation des différents éléments de l'explication:
  1er élément :   (lignes 00 à 00)
  2e élément :   (lignes 00 à 00)
  3e élément :   (lignes 00 à 00)
CONCLUSION :   (lignes 00 à 00)
Phase conclusive: conséquences, nouveau besoin d'explication
                                    ou nouvelle explication

Deuxième étape **ÉCRIRE LE TEXTE, LE RELIRE ET LE MODIFIER AU FIL DE LA RÉDACTION**

Rédiger le brouillon du texte en respectant le plan élaboré et le relire au fur et à mesure pour vérifier si le texte est cohérent et s'il tient compte du point de vue adopté.

Troisième étape **RÉVISER LE TEXTE EN VUE DE L'AMÉLIORER**

Une fois la rédaction du texte terminée, le relire pour vérifier le contenu, les liens logiques, la syntaxe et l'orthographe, puis le transcrire au propre.

Quatrième étape **ÉVALUER SA DÉMARCHE D'ÉCRITURE**

- Identifier ses forces et ses faiblesses.
- Identifier les difficultés éprouvées et les moyens trouvés pour les surmonter.
- Vérifier si ces moyens étaient appropriés.

KARINE POULIOT
DENISE SABOURIN

JAMES ROUSSELLE
LOUISE ROY
EMANUELE SETTICASI

LE TEXTE EXPLICATIF

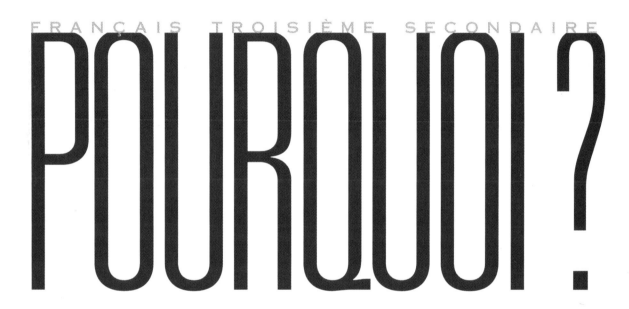

FRANÇAIS TROISIÈME SECONDAIRE

POURQUOI ?

MANUEL D'APPRENTISSAGE

Lire & dire AUTREMENT

LES ÉDITIONS CEC INC.

8101, boul. Métropolitain Est, Anjou, Qc, Canada. H1J 1J9
Téléphone: (514) 351-6010   Télécopieur: (514) 351-3534

Directrice de l'édition
Emmanuelle Bruno

Directrice de la production
Danielle Latendresse

Chargées de projet
Monique Labrosse
Suzanne Berthiaume
Raymonde Abenaim

Réviseure linguistique
Suzanne Delisle

**Conception graphique
et réalisation technique** FLÉXIDÉE

Illustrations
Smash Design (Boulerice et Olivier): couverture et page 195.
Sébastien Bordeleau: pages 23 et 167.
Philippe Germain: pages 94, 97, 102, 107, 109, 110, 112, 116, 119,
120, 122, 124, 128, 130, 132, 135, 137, 138, 141, 142, 145.

Les auteurs tiennent à remercier tous les enseignants et les
enseignantes qui ont travaillé avec les collections *Repères* et *Recto
Verso*, et qui, au fil des années, leur ont transmis de judicieux
conseils. La collection *Lire et dire autrement* n'aurait pas la forme
qu'on lui connaît aujourd'hui sans leur précieuse collaboration.

Les Éditions CEC inc. remercient le photographe Alexandre
Choquette, ainsi que tous les figurants : Thomas Lisa Maria, Laurence
Richer-Lemay, Justin et Ryan Rourke, Michel Cyr, Ève Cantin-Lafrance,
Dave Duguay-Martin, Jonathan Laplante, Effie Kostakos, Louis et
Marie-Hélène Archambault, Sébastien Bordeleau et Maryse Bédard.

Dans cet ouvrage, la féminisation des titres de fonction et des textes
s'appuie sur les règles d'écriture proposées par l'Office de la langue
française dans le guide *Au féminin*, Les Publications du Québec, 1991.

Dépôt légal: 3e trimestre 1999
Bibliothèque nationale du Québec
Bibliothèque nationale du Canada

ISBN 2-7617-1569-1

Imprimé au Canada
1 2 3 4 5 03 02 01 00 99

Avant de tourner cette page,
feuillette la partie
Je ne sais pas qui je suis
dans le manuel *Corpus*
et familiarise-toi
avec les différentes facettes
du thème que tu exploreras
dans cette étape.

POURQUOI?

POURQUOI les cas d'allergies sont-ils en hausse **?**

POURQUOI faut-il prendre notre dose quotidienne de vitamine C **?**

POURQUOI serions-nous plus intelligents que la génération précédente **?**

POURQUOI les bélugas du Saint-Laurent crèvent-ils **?**

POURQUOI l'eau de la mer est-elle salée **?**

POURQUOI sont-elles veuves **?**

POURQUOI les forêts du Nord ont-elles maigri de 20 % en 25 ans **?**

POURQUOI Gaston Lagaffe est-il si créatif **?**

POURQUOI sommes-nous «fascinés» par l'ultra-violence **?**

POURQUOI Stephen King fait-il un malheur chez les ados **?**

POURQUOI l'eau est-elle une alliée **?**

Les réponses à ces questions se trouvent dans des **TEXTES EXPLICATIFS**
tels les ARTICLES D'ENCYCLOPÉDIES,
les ARTICLES DE REVUES SCIENTIFIQUES,
les ARTICLES DE VULGARISATION SCIENTIFIQUE dans les journaux et
les revues, articles que l'on peut aussi trouver sur CÉDÉROMS,
et les TEXTES DE MANUELS SCOLAIRES de géographie et de sciences.

LE TEXTE EXPLICATIF
Une démarche pour réussir

En première et en deuxième année du secondaire, tu as lu

des textes descriptifs qui te permettaient de t'informer sur

des personnes, des animaux, des objets et même des événements

historiques. Dans la partie **EXPLORER**

de ce manuel, tu découvriras les grandes caractéristiques des textes qui

expliquent une affirmation, un fait ou un phénomène afin de te préparer à

APPRENDRE une foule de choses sur ce type de textes.

Les connaissances et les stratégies que tu acquerras

porteront sur la lecture, le lexique, la grammaire,

l'orthographe, l'écriture et la communication orale.

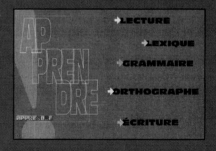

Tu auras alors en main tout ce qu'il faut pour

RÉUSSIR à prouver tes compétences à lire et à écrire des textes

explicatifs et à faire des exposés oraux à caractère

explicatif. Tu feras aussi des apprentissages qui

t'aideront à prouver que tu possèdes ces compétences.

ENQUÊTE LA LECTURE DE ROMANS

EXPLORER

EXPLORER
les grandes caractéristiques
des textes explicatifs

L'âge des questions

Chère Sophie,

Les gens ont toutes sortes d'occupations : certains collectionnent les pièces anciennes ou les timbres, quelques-uns s'intéressent aux travaux manuels ou au bricolage et d'autres consacrent presque tout leur temps libre à tel ou tel sport. Beaucoup apprécient aussi la lecture. Mais tout dépend de ce qu'on lit. On peut se contenter de lire des journaux ou des bandes dessinées, n'aimer que les romans ou préférer des ouvrages spécialisés sur des sujets aussi divers que l'astronomie, la vie des animaux ou les découvertes scientifiques.

Si j'ai une passion pour les chevaux ou les pierres précieuses, je ne peux pas exiger des autres qu'ils la partagent. Et si je ne manque pas un reportage sportif à la télévision, cela ne me donne pas pour autant le droit de critiquer ceux qui trouvent le sport ennuyeux.

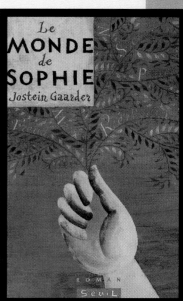

Et s'il y avait pourtant quelque chose de nature à intéresser tous les hommes, quelque chose qui concernerait chaque être humain, indépendamment de son identité et de sa race ? Eh bien oui, chère Sophie, il y a des questions qui devraient préoccuper tous les hommes. Et ce genre de questions est précisément l'objet de mon cours.

Qu'est-ce qu'il y a de plus important dans la vie ? Si l'on interroge quelqu'un qui ne mange pas à sa faim, ce sera la nourriture. Pour quelqu'un qui a froid, ce sera la chaleur. Et pour quelqu'un qui souffre de la solitude, ce sera bien sûr la compagnie des autres hommes.

Mais au-delà des nécessités premières, existe-t-il malgré tout quelque chose dont tous les hommes aient encore besoin ? Les philosophes pensent que oui. Ils affirment que l'homme ne vit pas seulement de pain. Tous les hommes ont évidemment besoin de nourriture. Et aussi d'amour et de tendresse. Mais il y a autre chose dont nous avons tous besoin : c'est de savoir qui nous sommes et pourquoi nous vivons.

Le désir de savoir pourquoi nous vivons n'est donc pas une occupation aussi « accidentelle » que celle de collectionner des timbres. Celui qui se pose ce genre de questions rejoint en cela les préoccupations de toutes les générations qui l'ont précédé. L'origine du cosmos, de la Terre et de la vie est un problème autrement plus crucial que de savoir qui a remporté le plus de médailles d'or aux derniers jeux Olympiques.

La meilleure façon d'aborder la philosophie, c'est de poser quelques questions philosophiques :

Comment le monde a-t-il été créé ? Y a-t-il une volonté ou un sens derrière ce qui arrive ? Existe-t-il une vie après la mort ? Comment trouver des réponses à de telles questions ? Sans oublier celle-là : comment faut-il vivre ?

Jostein Gaarder, *Le monde de Sophie*,
traduit par Hélène Hervieu et Martine Laffon,
© Éditions du Seuil, 1995.

À quoi ressemble un texte qui répond à la question POURQUOI ?

1

Sélection du Reader's Digest

QUAND, QUAND, QUAND
OÙ, OÙ, OÙ, OÙ, O
MENT, COMMENT, COMM
QUOI POURQUOI POUR
?? POURQUOI POUR
? EST-CE ARRIVÉ? ES

Les événements les plus dramatiques de l'histoire.
...angé le monde.

SAUVONS LA TERRE

LE TOUR DE NOTRE PLANÈTE,
DE SES PROBLÈMES
ET DES SOLUTIONS POUR LA GUÉRIR.

TEXTE
JONATHON PORRITT

PRÉFACE
HUBERT REEVES

AVEC LES CONTRIBUTIONS DE ROBERT REDFORD • VÁCLAV HAVEL • PAUL
McCARTNEY • GERALD DURRELL • MICHEL BATISSE • LE DALAI-LAMA
• EDGAR MORIN • DESMOND TUTU • HENRI CARTIER-BRESSON •
RENÉ DUMONT • WILLIAM GOLDING • HERGÉ • HAROUN TAZIEFF •
DESMOND MORRIS • PETER USTINOV • ALAIN HERVÉ • LAURENS VAN
DER POST • YOICHI KURODA • JULES BEAUCARNE •
YOKO ONO • WALTER CRONKITE • SA LE PRINCE
SADRUDDIN AGA KHAN • GEORGE HARRISON •
RALPH STEADMAN • WANGARI MAATHAI •
BOB BROWN • YEHUDI MENUHIN • DAVID SUZUKI •
NICOLAI VORONTSOV • ANITA ROD...
ERNESTO SABATO • JIS...

2 casterman

LAROUSSE
Encyclopédie
du Corps Humain en **3D**
LiRiSinteractive

Encyclopédie

des organes 3D
à naviguer en
temps réel !

GRATUIT !
Lien exclusif à un site
Internet dédié à la santé

3

Indices

1 En équipes de trois ou quatre, faites l'inventaire des situations de la vie courante dans lesquelles vous donnez ou vous recevez des explications.

> **Attention !** Conservez cet inventaire, car vous devrez le réutiliser dans l'activité 6.

2 **A** La colonne de gauche du tableau ci-dessous présente des débuts de questions qui appellent des explications. La colonne de droite contient des explications possibles.

Reproduis le tableau et remplis-le en formulant des questions qui se rattachent à chacune de ces explications.

POURQUOI ?	Parce que...
Pourquoi ✍ *?*	Parce que des études ont démontré qu'elles passent plus de temps à étudier.
Pour quelle raison ✍ *?*	Parce que la force gravitationnelle est moins grande sur la Lune.
Comment se fait-il que ✍ *?*	Il semblerait que le lait maternel fournit au bébé des anticorps qui le protègent.
Quelles sont les causes ✍ *?*	Une des causes invoquées serait le manque d'expérience du jeune comédien.
Pour quel motif ✍ *?*	Pour éviter les accidents mortels de plus en plus nombreux sur les routes.
Dans quel but ✍ *?*	Pour être en santé et toujours au meilleur de sa forme.

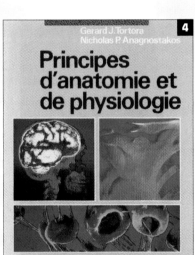

B Rédige de nouvelles questions en utilisant toujours le mot interrogatif *POURQUOI* plutôt que les formules proposées dans la première colonne.

> **Attention !** Il faudra peut-être modifier quelque peu le texte de la question.

C Rédige de nouvelles réponses qui commenceront toutes par la conjonction complexe *parce que*.

> **Attention !** Il faudra peut-être modifier quelque peu le texte de la réponse.

Indice

3 Quel rapport logique existe-t-il entre les questions et les réponses du tableau que tu as élaboré au numéro 2 ? Choisis parmi les réponses de l'encadré.

- rapport temporel
- rapport spatial
- rapport cause / conséquence

1er ÉLÉMENT DE RÉPONSE

Transcris l'énoncé suivant et complète-le.

Les textes où l'on trouve des réponses à la question ✎ sont des textes explicatifs qui présentent des éléments dans un rapport logique de ✎ .

Indice

4 Dans quelles sortes d'ouvrages trouve-t-on des textes qui répondent à la question *POURQUOI ?*

2e ÉLÉMENT DE RÉPONSE

Transcris l'énoncé suivant et complète-le.

On trouve des textes explicatifs qui répondent à la question POURQUOI ? dans ✎ .

VÉRIFICATION

5 Lis les deux textes des pages 7 et 8. En tenant compte des deux éléments de réponse que tu viens de découvrir, détermine **lequel des deux textes est un texte explicatif**.

A Pour le prouver, formule une question à l'aide du mot *POURQUOI.*

B Dans le texte, repère des réponses à cette question et formule-les à l'aide des mots *parce que.*

C De quel type est l'autre texte ? Justifie ta réponse.

D Donne un titre à chacun des textes afin de révéler de quel type de texte il s'agit.

6 En équipes, reprenez l'inventaire des situations de l'activité 1. Dressez une nouvelle liste en retenant seulement les situations dont les caractéristiques s'apparentent à celles des textes explicatifs.

On distingue plusieurs types de végétariens. Les lacto-végétariens excluent les œufs mais 5 consomment des produits laitiers, alors que c'est le contraire pour les ovo-végétariens. Quant aux ovo-lacto-végétariens, ils 10 mangent des œufs, des produits laitiers et des lé-gumineuses.

Les végétariens stricts, ou végétaliens, excluent 15 tous les aliments d'origine animale, non seulement la chair, les œufs et les pro-duits laitiers mais aussi la gélatine et le miel! On a 20 souvent relevé chez les végétaliens un manque d'acides aminés essentiels et des carences en vita-mine B12, en fer, en zinc et 25 en calcium.

Un autre régime vé-gétarien, la macrobio-tique, issu de la culture chinoise, peut aussi être à 30 l'origine de carences nu-tritionnelles. Adhérer à l'une ou l'autre de ces deux dernières approches demande une grande vigi-35 lance quant aux apports nutritifs.

Carole Thibaudeau, *La Presse*,
cahier spécial, 3 octobre 1998.

Le fait de ne pas manger de produits animaux permet de mieux respecter les conseils diététiques comme diminuer les gras saturés et augmenter les fibres.

Cependant, l'intérêt d'une alimentation végétarienne faible en gras dépasse de loin la simple amélioration du cholestérol sanguin, affirme le docteur Lapierre : «D'après les études publiées jusqu'à présent sur l'effet des médicaments utilisés pour réduire le taux de cholestérol, ce dernier n'est responsable qu'à 33 % en moyenne des accidents cardiovasculaires. Une alimentation saine agit sur ce facteur de risque mais aussi sur d'autres comme l'obésité, la tension artérielle, les antioxydants et le taux d'homocystéine, un acide aminé qui favorise la formation de caillots.»

Par ailleurs, un régime végétarien contient moins de pesticides, ces derniers s'accumulant dans les graisses animales tout au long de la chaîne alimentaire.

D'autres motivations au végétarisme peuvent provenir de la religion ou d'un sentiment éthique envers les animaux, les méthodes actuelles d'élevage imposant à ces derniers des étables ou des poulaillers surpeuplés, l'immobilité, la privation du lien mère-petit, etc. Une sensibilisation à l'environnement entre aussi en cause, étant donné que l'élevage requiert de grandes quantités de terre arable et d'eau potable, lesquelles pourraient servir à nourrir beaucoup plus de gens que les animaux; l'élevage est responsable à 25 % des gaz qui produisent un réchauffement climatique (gaz à effet de serre).

Enfin, le végétarisme peut être un choix politique, dans la mesure où une personne refuse d'être manipulée par la publicité ou de faire les frais de lobbies industriels. [...] ∎

Carole Thibaudeau, *La Presse*, cahier spécial, 3 octobre 1998.

Aquoi ressemble quelqu'un qui aime **lire** des textes explicatifs ?

Aquoi ressemble quelqu'un qui aime **écrire** des textes explicatifs ?

1 Réponds à ces deux questions en précisant, par exemple, l'âge, le sexe, les films et les livres préférés, le contenu de la bibliothèque et d'autres caractéristiques :

A de quelqu'un qui aime lire des textes explicatifs ;

B de quelqu'un qui aime écrire des textes explicatifs.

Comment devient-on un **bon lecteur** ou une **bonne lectrice** de textes explicatifs ?

Comment devient-on un **bon auteur** ou une **bonne auteure** de textes explicatifs ?

2 Réponds à ces deux questions en suivant les consignes données par une enseignante et par la directrice de la revue *Science-Ados*.

«À la fin de l'année, vous serez soumis à une épreuve de lecture de texte explicatif. Indiquez trois difficultés que vous devrez surmonter pour comprendre ce type de texte.»

1re qualité :
2e qualité :
3e qualité :

«Indique trois qualités qui feraient de toi un bon rédacteur de textes explicatifs pour la revue <u>Science-Ados</u>.»

1re difficulté :
2e difficulté :
3e difficulté :

Les mots des textes

SUJET

- événement
- fait
- phénomène
- affirmation
- thème

EXPLIQUER

- développer
- analyser
- citer
- commenter
- définir
- distinguer
- énumérer
- exposer
- formuler
- reformuler

- identifier
- illustrer
- justifier
- montrer
- démontrer
- observer
- préciser
- prouver
- récapituler

- reconstituer
- se référer
- énoncer
- réfuter
- expliciter
- éclaircir
- démêler
- élucider
- motiver

BUTS

- expliquer
- expliciter
- éclaircir
- éclairer
- démêler
- élucider
- motiver
- justifier
- informer
- convaincre
- divertir
- influencer

- faire
- comprendre
- illustrer
- avoir un impact
- causer
- amener
- engendrer
- générer
- occasionner
- produire
- provoquer

EXPLICATION

- processus
- origine
- explicitation
- éclaircissement
- motivation
- justification

- information
- renseignement
- origine
- démonstration
- énonciation
- mot clé

CAUSES

VERBES:	NOMS:
causer	cause
amener	mobile
engendrer	motif
entraîner	origine
générer	prétexte
influencer	raison
occasionner	source
produire	facteur

CONSÉQUENCES

VERBES:	NOMS:
arriver	conséquence
découler	corollaire
dériver	effet
résulter	réaction
s'ensuivre	répercussion
venir	résultat
	retombée
	séquelle

POINT DE VUE

- auteur
- auteure
- destinataire
- but
- rapport
- engagement
- neutre
- distance
- supériorité
- égalité
- infériorité
- implicite
- explicite
- ton
- type
- valeur

ORGANISATION

introduction	cause / conséquence
développement	comparaison
conclusion	énumération de causes
structure	rapport
phase de questionnement	**POURQUOI ?**
phase explicative	**COMMENT SE FAIT-IL QUE... ?**
phase conclusive	parce que...
schéma	séquence explicative
plan	séquence descriptive
organisateur graphique	séquence narrative
cohérence	séquence de paroles
modes d'organisation	

PROCÉDÉS EXPLICATIFS

définition	
exemple	illustration
citation	schéma
reformulation	narration
comparaison	description

MOTS CLÉS RELIÉS À DES SUJETS DE TEXTES

intelligence	hérédité	exploitation forestière
quotient intellectuel	vitamine C	écosystème
cerveau	dose	gaz carbonique
neurones	milligramme	réchauffement de la planète
mémoire	rhume	perte
mémoriser	hydrosoluble	régions dévastées
mnémonique	mammifères	ultra-violence
créativité	anguilles	dérèglement
créateur	toxicité	violence
création	autopsies	psychopathes
créatif	stress	vidéo
créative	tourisme	domination
indépendance d'esprit	salinité	puissance
altruisme	volcanisme	performance
curiosité	gaz	pit-bull
sens de l'observation	océans chimiques	télévision
état d'éveil	douleur	intérêt
réussite	signal d'alarme	fenêtre
échec	insensibles	maîtres
succès	permanence	surconsommation
effort	chronique	apprentissage
résultats	souffrances	eau
allergies	forêts	alliée
pollution	incendies de forêt	apprendre
asthme	insectes	conducteur

Le texte explicatif

- Le texte explicatif
- Les principaux procédés explicatifs

- La séquence explicative
- L'insertion de séquences

LE TEXTE EXPLICATIF

Un texte explicatif est un texte qui permet de **comprendre une affirmation, un fait ou un phénomène**.

LE SUJET DU TEXTE EXPLICATIF Le texte explicatif traite habituellement d'une réalité complexe comme un **fait** reconnu, un **phénomène** naturel ou une **affirmation** qui mérite d'être éclaircie.

L'EXPLICATION L'explication est le processus mis en place pour répondre à une question de type *POURQUOI?* ou *COMMENT SE FAIT-IL QUE...?* L'explication peut s'exprimer par une **cause**, une **raison** ou un **motif**.

LES LIENS ENTRE LES ÉLÉMENTS DE L'EXPLICATION Les textes explicatifs présentent des éléments liés dans un rapport de cause/conséquence (*POURQUOI?* → *parce que*). Ces rapports sont exprimés à l'aide de ressources linguistiques comme les marqueurs de relation, les prépositions, des verbes se référant à l'explication et certains signes de ponctuation.

LES PRINCIPAUX PROCÉDÉS EXPLICATIFS

Les procédés explicatifs aident la personne qui écrit à bien faire comprendre ses explications aux destinataires.

LA DÉFINITION La définition est un procédé qui permet, dans un texte, de répondre à la question *Que signifie tel mot, telle expression, tel concept?*

LA COMPARAISON La comparaison soutient les explications en faisant ressortir des **ressemblances** et des **différences**.

LA REFORMULATION La reformulation consiste à **dire en d'autres mots** les explications qu'on vient d'énoncer.

L'EXEMPLE Un exemple est une illustration (personne, chose ou fait) qui permet de **faire comprendre** une explication théorique ou un énoncé général.

L'ILLUSTRATION PAR UN SCHÉMA OU UN DESSIN Les schémas et les dessins sont des moyens de rendre les explications plus claires, plus faciles à comprendre.

LA SÉQUENCE EXPLICATIVE

Une séquence explicative est une séquence textuelle qui **explique** une affirmation, un fait ou un phénomène et qui est structurée selon le modèle suivant :

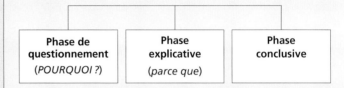

Phase de questionnement (*POURQUOI?*)	Phase explicative (*parce que*)	Phase conclusive

On peut retrouver ce modèle de séquence explicative dans un texte complet (texte explicatif) ou dans une partie de texte (insertion de séquence explicative).

LA PHASE DE QUESTIONNEMENT La phase de questionnement présente habituellement une affirmation, un fait ou un phénomène. Elle peut être accompagnée de la question *POURQUOI?* ou *COMMENT SE FAIT-IL QUE...?*

LA PHASE EXPLICATIVE La phase explicative présente les **éléments de l'explication** et apporte des réponses à la question posée dans la phase de questionnement.

LA PHASE CONCLUSIVE La phase conclusive met fin à l'explication. Elle peut présenter une ou plusieurs **conséquences** de l'affirmation, du fait ou du phénomène expliqué ou elle peut mettre en lumière un nouveau besoin d'explication.

L'INSERTION DE SÉQUENCES

Les textes explicatifs sont **hétérogènes**, c'est-à-dire qu'ils peuvent contenir différentes sortes de séquences.

L'INSERTION DE SÉQUENCES DESCRIPTIVES Les séquences descriptives présentent un élément (être, objet, concept, situation, fonctionnement, procédure, etc.) pour en faire connaître les principales caractéristiques.

L'INSERTION DE SÉQUENCES DE PAROLES OU DE DISCOURS RAPPORTÉ Les séquences de paroles ou de discours rapporté sont des passages dans lesquels on rapporte les paroles d'un expert ou d'un témoin pour soutenir l'explication.

- **Le plan d'un texte explicatif**
- **Les modes d'organisation du développement**
- **La cohérence textuelle**

L'INSERTION DE SÉQUENCES NARRATIVES Les séquences narratives sont des passages dans lesquels on introduit un récit pour soutenir ou mieux faire comprendre une explication.

LE PLAN D'UN TEXTE EXPLICATIF
Le plan d'un texte explicatif rend compte de l'organisation des paragraphes selon le modèle **Introduction – Développement – Conclusion**.

LES MODES D'ORGANISATION DU DÉVELOPPEMENT
Dans un texte explicatif, le développement correspond à la phase explicative et peut être organisé selon divers modes.

LE MODE «ÉNUMÉRATION DE CAUSES» Dans ce mode d'organisation, les causes d'une affirmation, d'un fait ou d'un phénomène sont présentées **les unes à la suite des autres**.

LE MODE «CAUSE/CONSÉQUENCE» Le mode «cause/conséquence» explique un phénomène en présentant successivement **les causes et les conséquences à l'origine de ce phénomène**.

LE MODE «COMPARAISON» Dans le mode «comparaison», les **différences** et les **ressemblances** entre un ou plusieurs éléments sont mis en parallèle pour expliquer un phénomène.

LA COHÉRENCE TEXTUELLE
Un texte explicatif est cohérent lorsque les phrases s'enchaînent les unes aux autres de manière à rendre l'explication claire et facile à comprendre.

Dans un texte explicatif, les principaux éléments qui assurent la cohérence textuelle sont :
- les mots qui servent à organiser le texte ;
- le système des temps verbaux ;
- les procédés de reprise de l'information.

LE POINT DE VUE
- **Le but d'un texte explicatif**
- **Le point de vue dans un texte explicatif**
- **Les marqueurs de modalité**
- **Le ton**

LE BUT D'UN TEXTE EXPLICATIF
Un texte explicatif est écrit pour **faire comprendre** une affirmation, un fait ou un phénomène. Sa **visée** est donc **informative**. Il peut aussi arriver que l'explication soit développée dans le but d'**influencer** le destinataire.

LE DESTINATAIRE Le destinataire est la personne ou l'ensemble des **personnes à qui les explications sont destinées**.

LE POINT DE VUE DANS UN TEXTE EXPLICATIF
Dans un texte explicatif, le point de vue de la personne qui écrit se traduit par le **rapport** qu'elle établit **avec le sujet traité** et celui qu'elle établit **avec son destinataire**.

LE RAPPORT AUTEUR/SUJET La personne qui écrit peut le faire de manière **neutre** ou **engagée** selon qu'elle veut informer ou influencer.

LE RAPPORT AUTEUR/DESTINATAIRE Selon l'image qu'elle se fait du destinataire, la personne qui écrit établit, dans son texte, des rapports d'**autorité** ou d'**égalité**.

LES MARQUEURS DE MODALITÉ
Dans le texte, certains **marqueurs de modalité** révèlent le point de vue de la personne qui écrit :
- des pronoms personnels comme *je, nous, vous* ;
- des expressions comme *j'ai démontré que, il m'apparaît important, je crois*, etc. ;
- des adjectifs et des adverbes connotatifs (*heureusement, malheureusement, hélas!, sans doute, formidable*, etc.) ;
- des auxiliaires de modalité (*Il faut comprendre, ils ont dû continuer*, etc.) ;
- l'emploi du conditionnel (*il pourrait arriver, il conviendrait toutefois, il serait*, etc.) ;
- des phrases interrogatives, impératives, exclamatives ;
- des phrases à construction particulière (phrases impersonnelles, non verbales, emphatiques).

LE TON
Dans un texte explicatif, le ton est généralement **neutre** et **didactique**, puisque le but visé est de faire comprendre une affirmation, un fait ou un phénomène. En plus d'être didactique, le ton peut être **critique** ou **humoristique**.

13

APPRENDRE

APPRENDRE

APPRENDRE À LIRE

1 Le contenu des textes explicatifs
2 L'organisation des textes explicatifs
3 Le point de vue dans les textes explicatifs

APPRENDRE LE FONCTIONNEMENT DE LA LANGUE

LA GRAMMAIRE

1 La jonction de phrases
2 La ponctuation
3 La formation du féminin et du pluriel
de certains noms et adjectifs
Les adjectifs de couleur

LE LEXIQUE

1 Des mots pour expliquer
2 Des mots pour assurer la cohérence
d'un texte explicatif
3 Des mots pour exprimer le point de vue
dans un texte explicatif

APPRENDRE À ÉCRIRE ET À COMMUNIQUER ORALEMENT

1 Déterminer le contenu d'un texte explicatif
2 Déterminer l'organisation d'un texte explicatif
3 Adopter un point de vue dans un texte explicatif

15

APPRENDRE À LIRE

16

ALLERGIES RESPIRATOIRES :
C'EST PIRE QUE JAMAIS

LES CAS D'ALLERGIES SONT EN HAUSSE, *tout comme le nombre d'allergènes présents dans notre environnement. Bref, ça va de mal en pis !*

par Anne-Marie Simard

En ce début de printemps, la ville entière renifle, éternue et se mouche. **Mon voisin** de bureau a le nez bouché, les yeux qui coulent, une toux persistante – et moi, je ne me sens pas très bien.

On rit, mais ce n'est pas drôle : mal traitées, les **allergies** peuvent se transfor-
5 mer en infection des sinus et des oreilles, en bronchite ou en asthme chronique. À cause d'un plant d'**herbe à poux** ou d'un peu de **poussière**, **des enfants de quatre ans** se retrouvent à l'urgence au bord de l'**asphyxie**. **Des vieillards** paniqués tournent de l'œil avant d'avoir réussi à composer le 911. Et **des adultes** bien portants perdent des journées entières de travail.

10 Et puis, les **allergies** gagnent sans cesse du terrain. Selon Statistique Canada, près de 1 personne sur 3 en serait atteinte – un taux qui a presque doublé en 20 ans. Plus nombreux, les cas sont aussi plus graves. L'**asthme**, qui en découle parfois, affecte de 5 à 10 % des adultes et 15 % des 15 enfants. Et cette **maladie** tue près de 500 personnes par année au Canada.

POURQUOI les cas d'allergies sont-ils en hausse ?

Que se passe-t-il ? Notre environnement serait-il devenu trop hostile ? Sommes-nous devenus trop délicats ?

Selon Francine Cloutier-Marchand, allergologue au pavillon Hôtel-Dieu du Centre hospitalier de l'Université de Montréal (CHUM), **un meilleur dépistage explique en partie l'augmentation du nombre de cas. Mais c'est surtout la pollution qui serait responsable de ce malaise généralisé.**

Pollution extérieure, causée principalement par les émanations des automobiles, mais aussi intérieure dans nos maisons hermétiquement isolées. Depuis la crise du pétrole, qui a provoqué un incroyable essor de l'industrie de l'isolation, nous nous sommes enfermés avec notre poussière, notre fumée de cigarette, nos acariens – **ces bestioles microscopiques qui vivent dans nos matelas et oreillers. De plus, nous n'avons jamais eu autant d'animaux domestiques :** dans certains quartiers résidentiels de Montréal, on recense chiens et chats dans près d'un foyer sur deux. Il y a de quoi éternuer !

Mais qu'est-ce que l'allergie ? Elle survient lorsque notre système immunitaire devient hypersensible : exposé à des substances normalement inoffensives, il s'emballe sans raison apparente.

Confronté à un présumé ennemi, l'organisme fabrique des anticorps de la famille des IgE **(pour immunoglobulines E)**. Les IgE déclenchent une réaction en chaîne qui produit des dizaines de substances chimiques, incluant histamine, leucotriènes, etc. Libérées en trop grandes quantités, ces substances produisent des réactions indésirables ; inflammation des muqueuses, dilatation des vaisseaux sanguins et, parfois, chute de la pression sanguine, spasmes musculaires, constriction des bronches. Dans le pire des cas, la victime ne peut plus respirer : c'est le choc anaphylactique, qui entraîne souvent la mort.

Bien qu'on comprenne en gros le mécanisme de l'allergie, beaucoup de mystères subsistent. Notamment, **LE FAIT QU'ELLE PEUT APPARAÎTRE SANS RAISON AU COURS D'UNE VIE.**

Louise, une copine, peut en témoigner. Travailleuse acharnée et mère à temps plein, elle a toujours eu une santé de fer. Il y a quatre ans, en époussetant la maison par un beau samedi après-midi, elle suffoque. En attendant l'ambulance, elle a soudain l'impression que son heure est venue. **«C'est comme si on m'avait mis un sac de plastique sur la tête et qu'on l'avait attaché autour de mon cou»,** se rappelle-t-elle. Masque à oxygène, cortisone par intraveineuse, inhalothérapie : les mesures d'urgence lui sauveront la vie. Pour cette fois, car, depuis, elle fait des crises d'asthme à répétition, a moins d'énergie et manque des journées de travail. «Je n'ai plus de qualité de vie», déplore-t-elle. Mais il faut dire que, malgré les remontrances de ses amis, Louise n'a pas cessé de fumer et qu'elle a toujours ses deux chiens !

En apparence, l'asthme de Louise est venu de nulle part. Mais, selon les spécia-
60 listes, un facteur déclenchant l'a probablement provoqué. Elle a peut-être été mise
en contact avec un nouvel allergène. « **Il arrive que le système
immunitaire craque après des années d'exposition
à un produit familier** », explique le docteur Jean-Luc Malo,
pneumologue à l'hôpital Sacré-Cœur. Tout à coup, on ne supporte plus **ses trois
65 chats** ou **le pollen du grand peuplier,** derrière la maison...

En y réfléchissant, **Louise a fait le lien entre le début
de son asthme et le déménagement de l'entreprise
qui l'emploie dans un immeuble du centre-ville.**
Son médecin n'a pas été surpris : les allergies professionnelles pullulent ces temps-
70 ci. Pour les travailleurs d'usine, **les farines, les fruits de mer** et **certains
durcisseurs de peinture** d'automobile sont les irritants les plus fréquents. Et que
dire du fameux **syndrome des tours à bureaux ?** Mal entretenus, les systèmes
de ventilation remettent en circulation l'air chargé de poussières, de moisissures et
de substances diverses... et font des ravages parmi les employés.

75 # POURQUOI CETTE INTOLÉRANCE AFFECTE-T-ELLE LOUISE ET NON SA SECRÉTAIRE ?
Depuis une dizaine d'années, les scientifiques
croient que **les allergies et l'asthme seraient en partie
héréditaires.** **Puisque la mère et les tantes de Louise souffrent aussi
80 de la maladie, cette dernière y était prédisposée.**

Des études sur des familles d'allergiques ont montré que, lorsque les deux parents
souffrent d'allergie, les risques que l'enfant hérite de ce trait sont de 8 sur 10. Par
contre, quand ni le père ni la mère n'en souffre, le risque tombe à 1 sur 10.

Les chercheurs sont donc partis à la recherche de ces gènes qui prédisposent
85 aux allergies et à l'asthme. Et ils ont trouvé.

En étudiant des familles sujettes à une hyperréactivité bronchique et à des
allergies aux animaux, les docteurs Louis-Philippe Boulet et Vincent Raymond, du
département de génétique du Centre hospitalier de l'Université Laval, ont découvert des anomalies sur certains gènes du chromosome 11. Un lien a été établi
90 entre ces irrégularités et un haut niveau d'anticorps IgE dans le sang. D'autres
chercheurs ont fait la même observation sur des gènes du chromosome 5.

Une équipe du Complexe hospitalier de la Sagamie à Chicoutimi vient de lancer
une vaste étude sur des familles du Lac-Saint-Jean, reconnues pour leur
homogénéité génétique. Les chercheurs tenteront de voir si d'autres gènes entrent
95 en jeu dans la transmission de ces problèmes respiratoires.

Les allergies constituent un phénomène complexe, orchestré sans doute par
tout un ensemble de gènes. Éventuellement, la compréhension du mécanisme permettra peut-être de concevoir des médicaments qui s'attaquent aux causes du mal
plutôt qu'à ses symptômes. [...]

Québec Science, mai 1998.

Activités DE DÉCOUVERTE

1 Si tu devais classer le texte *Allergies respiratoires: c'est pire que jamais* (pages 17 à 19) dans un fichier informatique, quels sont les sept mots clés que tu choisirais pour décrire son contenu ?

2 **A** Après avoir lu le titre et le chapeau de l'article, formule une question qui rendrait compte du besoin d'explication qui est à la source de ce texte.

B Dans les lignes 19 à 32, relève tous les passages que tu pourrais faire précéder de *parce que* et qui constitueraient des réponses à la question formulée en **A**.

C Dans chaque extrait relevé, souligne les mots ou les expressions qui révèlent qu'il s'agit d'une explication.

3 Dans la suite du texte (ligne 33 à la fin), relève des affirmations, des faits ou des phénomènes qui mériteraient des explications. Dans chaque cas:

A formule une question à l'aide du mot *POURQUOI*;

B trouve, dans le texte, des réponses à cette question.

Connaissances

LE TEXTE EXPLICATIF

Un texte explicatif est un texte qui permet de **comprendre une affirmation, un fait ou un phénomène**.

Les textes explicatifs fournissent habituellement des réponses à des questions de type *POURQUOI?* ou *COMMENT SE FAIT-IL QUE...?*

LE SUJET DU TEXTE EXPLICATIF

Un texte explicatif traite habituellement d'une réalité complexe. Il s'agit souvent d'un **fait** reconnu (ex.: l'espérance de vie est élevée au Canada), d'un **phénomène** naturel (ex.: la désertification) ou d'une **affirmation** qui mérite d'être éclaircie (ex.: les ordinateurs ne remplaceront jamais le cerveau humain).

On découvre habituellement le sujet d'un texte explicatif dans le **titre**, dans le **chapeau** et dans les **premières phrases** du texte. Les **champs lexicaux** contribuent aussi à le révéler.

L'EXPLICATION

L'explication est le processus utilisé par la personne qui écrit pour faire comprendre le sujet traité et pour répondre à une question de type *POURQUOI?* ou *COMMENT SE FAIT-IL QUE...?* liée à ce sujet.

L'explication peut s'exprimer par une **cause**, une **raison** ou un **motif**. Les **éléments de l'explication** sont les différentes réponses qu'on peut apporter à la question soulevée dans le texte et sont constitués de passages qu'on peut faire précéder de *parce que*.

LES LIENS ENTRE LES ÉLÉMENTS DE L'EXPLICATION

Les textes explicatifs présentent des éléments liés dans un rapport de cause/conséquence. Ces liens sont souvent signalés par des indices linguistiques (*par conséquent, de sorte que, raisons, facteurs, recherches, résultats, causes, être dû à, engendrer,* etc.).

Ex.:

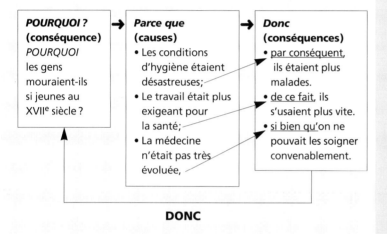

DONC

Attention ! Dans un texte, les éléments de l'explication ne sont pas toujours explicitement présentés. Il faut parfois les inférer au fil de la lecture.

Stratégies

Pour repérer et mettre en évidence le sujet d'un texte explicatif

1 ▶ Au début du texte, repérer un passage qui présente une affirmation, un fait ou un phénomène et qui suscite une interrogation de type *POURQUOI ?* ou *COMMENT SE FAIT-IL QUE...?*, et écrire cette question au-dessus du titre. `POURQUOI ?`

2 ▶ Encercler ce passage et écrire le mot **Sujet** dans la marge de droite. ⬭ Sujet

3 ▶ Encercler les mots qui constituent un champ lexical révélant le sujet. ⬭

Pour repérer et mettre en évidence les éléments de l'explication

1 ▶ Lire le texte et souligner le début des passages qui pourraient être précédés de *parce que* et qui constitueraient une réponse à la question ayant permis de cerner le sujet. ____

2 ▶ Dans la marge de droite, écrire les lettres **pcq** (parce que) vis-à-vis de chaque passage souligné. `pcq`

D'UN TEXTE À l'autre

LE TEXTE EXPLICATIF

1 **A** Consulte la table des matières de la section *Je ne sais pas qui je suis* de ton manuel *Corpus* (pages IV et V) et relève tous les titres qui sont formulés au moyen d'une question ou à l'aide du mot *POURQUOI*.

B Quels sont les titres qui laissent deviner qu'il s'agit de textes **descriptifs** ?

C Quels sont les titres qui révèlent qu'il s'agit **certainement** de textes explicatifs ?

D Quels sont ceux qui annoncent qu'il s'agit **peut-être** de textes explicatifs ?

2 Consulte la table des matières de la section *Je ne sais pas qui je suis* de ton manuel *Corpus* et choisis un titre qui pourrait intéresser :

A une personne qui se demande pourquoi elle est si tendue ;

B une personne qui se demande pourquoi elle souffre d'amnésie ;

C une personne qui se demande comment il se fait que son enfant éprouve des difficultés à l'école ;

D une personne qui se demande pourquoi elle n'a jamais de bonnes idées pour écrire un conte.

LES LIENS ENTRE LES ÉLÉMENTS DE L'EXPLICATION

3 Voici un schéma qui représente les liens entre les éléments d'une explication.

Trace un schéma semblable pour chacun des passages indiqués ci-dessous.

A Les deux premiers paragraphes du texte *Un pédiatre déplore les effets pervers de la course à l'excellence* (*Corpus*, page 59).

B Le texte *Pourquoi sommes-nous limités dans notre créativité ?* (*Corpus*, page 39).

C Les dix dernières lignes du texte *Une table est une table* (*Corpus*, page 41).

D Le début et la toute fin du texte *L'intelligence, ou pourquoi on peut avoir un gros QI et une cervelle de moineau* (*Corpus*, page 18).

E La séquence de paroles aux lignes 54 à 56 du texte *Rameau génial* (*Corpus*, page 52).

4 On peut mettre en évidence les liens entre les éléments d'une explication à l'aide des mots *POURQUOI* et *parce que*, mais il existe d'autres façons de le faire. Relève trois différentes façons de faire ressortir ces éléments dans les extraits dont il est question au numéro 3.

E 5 Observe le texte de l'encadré.

> *Pourquoi les ordinateurs n'égalent-ils toujours pas le cerveau humain ? Parce qu'ils ne possèdent pas les sept formes d'intelligence.*

Récris ce texte de trois façons différentes en utilisant chaque fois un moyen différent pour mettre en évidence le lien entre les éléments de l'explication.

INDICE Inspire-toi des réponses que tu as données au numéro 4.

E 6 Amuse-toi à écrire deux vers pour terminer *La tirade du nez* (*Corpus*, page 8). Le premier de ces vers pourrait commencer par le mot *Explicatif: «... .*

Explicatif: « _____
_____ »

T 7 Le sens que l'on donne au mot *explication* dans les paragraphes 3 et 5 (lignes 13 à 31 et lignes 52 à 66) du texte *Êtes-vous auditif ou visuel?* (*Corpus*, page 5) est différent de celui qu'on lui donne dans le présent manuel. Quelle est la différence entre ces deux emplois du mot *explication*?

LES MOTS CLÉS

Les mots clés permettent de résumer un texte, de le classer, d'en faire un schéma et surtout d'en mémoriser le contenu.

Attention ! Un mot clé peut être simple ou complexe.

T 8 Essaie de deviner à quel texte appartiennent les mots clés suivants en tenant compte de l'indice fourni avec chaque liste.

A raisonnement • intelligence • intelligence artificielle • échecs • ordinateur • Kasparov • émotion

INDICE Texte de la partie du *Corpus* qui traite de l'intelligence (pages 7 à 23).

B penser • autrement • limite • créativité • routine • objectif • attitude • verrous

INDICE Texte de la partie du *Corpus* qui traite de la créativité (pages 34 à 47).

C hommes • femmes • créatifs • privilèges • écart • occasion • évolution

INDICE Texte de la partie du *Corpus* qui traite de la créativité (pages 34 à 47).

T 9 **A** Relève cinq mots clés dans les deux paragraphes de la page 7 du manuel *Corpus*.

B Relève huit mots clés dans le texte *Aux yeux des enfants, on rate toujours* (*Corpus*, page 14).

D'UN TEXTE **A l'autre**

TEXTES DESCRIPTIFS, NARRATIFS OU EXPLICATIFS ?

■ *L'échec scolaire* ■ CORPUS, PAGE 60 ■

■ *Splendeurs et misères d'une «bollée»* ■
■ CORPUS, PAGE 55 ■

10 **A** Peux-tu reconnaître un texte explicatif au premier coup d'œil ? Survole les textes *L'échec scolaire* et *Splendeurs et misères d'une «bollée»*. Sans même lire ces textes, détermine lequel semble être un texte explicatif. Justifie ta réponse.

B Remplace le titre du texte explicatif par un autre qui aurait la forme d'une question.

■ *Une, deux, trois mémoires* ■ CORPUS, PAGE 25 ■

■ *Le goût mémorable du temps perdu* ■ CORPUS, PAGE 28 ■

■ *L'oubli* ■ CORPUS, PAGE 30 ■

11 Lis ces trois textes et compare-les en reproduisant et en remplissant un tableau comme celui qui suit.

■ *Les sept formes d'intelligence : la théorie des intelligences multiples* ■ CORPUS, PAGE 7 ■

INDICE Le texte *Les sept formes d'intelligence* commence à la page 7 (lignes 1 à 15) et finit à la page 15. Tu dois lire le texte en suivant la numérotation des lignes de 1 à 236.

12 **A** Dans l'introduction (deux premiers paragraphes : lignes 1 à 15), relève la phrase qui présente clairement le sujet du texte.

B Survole le texte *Les sept formes d'intelligence*, de la première à la dernière ligne. Relève les intertitres qui révèlent les aspects du sujet qui sont traités et indique dans quelles lignes chaque aspect est traité.

C Formule une question qui révèle le but de ce texte.

D À ton avis, ce texte est-il descriptif ou explicatif ? Justifie ta réponse.

	Une, deux, trois mémoires (page 25)	*Le goût mémorable du temps perdu* (page 28)	*L'oubli* (page 30)
Sujet ou thème abordé			
Type de texte (descriptif, narratif ou explicatif)			
Littéraire ou courant			
Sept mots clés			
Organisateur graphique mettant en évidence l'essentiel du texte			

13 La conclusion de ce texte se trouve à la page 15 (lignes 170 à 236).

A Relève les premiers mots de chacun des paragraphes de la conclusion de manière à mettre en évidence les liens établis par l'auteur.

B Résume chaque paragraphe à l'aide d'une phrase qui commence par les mots relevés en **A**.

C Si tu devais conserver un seul énoncé pour résumer la conclusion, lequel choisirais-tu ? Pourquoi ?

14 Élabore le plan du texte *Les sept formes d'intelligence* selon le modèle suivant :

Les sept formes d'intelligence	
INTRODUCTION	(lignes 00 à 00)
• Sujet : ✎	
DÉVELOPPEMENT	
• 1er ASPECT : ✎	(lignes 00 à 00)
• 2e ASPECT : ✎	(lignes 00 à 00)
• 3e ASPECT : ✎	(lignes 00 à 00)
• Etc.	
CONCLUSION	(lignes 00 à 00)
• ✎	

15 Voici un extrait du livre *Sept façons d'être plus intelligent* de Thomas Armstrong. Cet extrait introduit le texte *Les sept formes d'intelligence : la théorie des intelligences multiples.* Lis-le, puis fais les activités qui s'y rattachent.

Imaginez un instant que vous vous retrouviez à l'époque de la préhistoire. Vous venez d'être réveillé au beau milieu de la nuit par un vacarme assourdissant. Un troupeau de mastodontes se dirige vers votre campement. Supposons que vous ayez la possibilité de faire voyager dans le temps un homme du XXe siècle et de le transporter auprès de vous pour qu'il vous tire de ce mauvais pas. Qui choisiriez-vous ? Albert Einstein ? Il était bien trop malingre. Marcel Proust ? Il était asthmatique. Le président Franklin Roosevelt ? Il était cloué dans un fauteuil de paralytique.

Une bonne partie des personnalités les plus brillantes de notre siècle ne vous seraient d'aucune utilité dans cette situation périlleuse. En fait, la plupart d'entre elles ne survivraient que peu de temps dans un environnement préhistorique. Je vous suggérerais plutôt de faire appel à quelqu'un dans le genre de Michael Jordan ou d'Arnold Schwarzeneger, car dans un tel contexte l'intelligence est surtout une affaire de force physique, de résistance, de vitesse, d'agilité, de dextérité, de sens de l'orientation, de réflexes.

Thomas Armstrong, *Sept façons d'être plus intelligent*,
© Éditions J'ai lu, 1996.

A À partir de la dernière phrase de l'extrait, formule une question à l'aide du mot interrogatif *POURQUOI*.

B Dans l'extrait, relève le marqueur de relation qui introduit une réponse à cette question.

Activités DE DÉCOUVERTE

1 Imagine que tu dois récrire le texte *Allergies respiratoires: c'est pire que jamais* (pages 17 à 19) pour de jeunes élèves du primaire.

A Comment reformulerais-tu la phrase suivante ?

> *Confronté à un présumé ennemi, l'organisme fabrique des anticorps de la famille des IgE (pour immunoglobulines E).* (lignes 36 et 37)

B Quelle définition ajouterais-tu dans la phrase suivante ?

> *Dans le pire des cas, la victime ne peut plus respirer: c'est le choc anaphylactique, qui entraîne souvent la mort.* (lignes 42 et 43)

C Dans la phrase suivante, à quoi comparerais-tu l'asphyxie pour que les élèves comprennent bien ce que c'est ?

> *À cause d'un plant d'herbe à poux ou d'un peu de poussière, des enfants de quatre ans se retrouvent à l'urgence au bord de l'asphyxie.* (lignes 6 et 7)

2 Dans le texte *Allergies respiratoires: c'est pire que jamais*, relève un passage dans lequel est appliqué chacun des procédés suivants:

A Pour mieux en faire comprendre le sens, l'auteure reprend une phrase en d'autres mots (lignes 75 à 85).

B L'auteure introduit un exemple qu'elle développera pour illustrer son propos (lignes 44 à 51).

C L'auteure compare deux éléments (lignes 48 à 58).

D L'auteure définit un mot difficile pour que les lecteurs et les lectrices sachent de quoi elle parle (lignes 19 à 32).

Connaissances

Les sujets des textes explicatifs sont souvent fort complexes. Pour formuler ses explications, la personne qui écrit utilise des **procédés explicatifs** qui **aident le lecteur ou la lectrice à bien comprendre**.

LA DÉFINITION

Les textes explicatifs traitent parfois de sujets très spécialisés. On y trouve alors des mots et des concepts qui font partie du jargon des experts ou des scientifiques. Pour s'assurer que ces mots et ces concepts sont bien compris, la personne qui écrit présente des **définitions** à l'intérieur même du texte.

La définition est un procédé qui permet de **répondre à la question *Que signifie tel mot, telle expression, tel concept ?*** Les définitions peuvent être introduites:

• par des parenthèses;

Ex.: *On a recueilli sa chlorophylle (un pigment qui donne leur couleur verte aux plantes).*

• par un groupe du nom (GN) détaché;

Ex.: *Le persil contient beaucoup de chlorophylle, substance qui donne leur couleur verte aux végétaux.*

• par une phrase qui définit le mot;

Ex.: *La chlorophylle est la matière colorante des plantes.*

• par la reprise d'un groupe du nom par un déterminant référent et un terme générique.

Ex.: *La chicorée, les épinards et l'artichaut contiennent beaucoup de <u>chlorophylle</u>. <u>Cette substance</u> est essentielle au processus de photosynthèse.*

Les phrases qui présentent des définitions contiennent souvent le verbe *être* ou des expressions comme *qui signifie, c'est-à-dire, dans le dictionnaire, on définit*, etc.

LA COMPARAISON

La comparaison soutient les explications en présentant des **éléments** connus de tous, qui sont **semblables ou différents** du fait, de l'affirmation ou du phénomène expliqué.

Ex.: • *Les pluies acides constituent un problème __aussi__ important __que__ les émanations de monoxyde de carbone.*

• *__À la manière de__ l'ours qui dort tout l'hiver, cette couleuvre creuse un trou et s'y terre jusqu'au printemps.*

Des **termes comparatifs** tels que *comme, semblable à, pareil à, à la manière de, au même titre que, plus que, moins que,* etc. servent à introduire des comparaisons.

> **Attention !** Il peut y avoir une comparaison sans terme comparatif; on parle alors de **métaphore**.

LA REFORMULATION

Pour s'assurer que ses explications sont bien comprises, la personne qui écrit un texte explicatif peut **reformuler des phrases ou des parties de phrases,** afin de dire autrement quelque chose de très important ou de résumer ce qu'elle vient de dire.

Ex.: *La nouvelle génération d'__antihistaminiques__ n'a rien des médicaments de jadis. Ces __pilules qui empêchent les histamines de faire enfler les muqueuses__ ne causent presque plus de somnolence.*

La reformulation peut aussi se faire à l'aide de **paroles rapportées**.

Ex.: *Les vents étaient d'une extrême violence. «Jamais je n'avais vu de telles bourrasques!» soutint le navigateur.*

Les reformulations sont fréquentes dans les paragraphes de grande **densité informative**. Il y a densité informative lorsqu'on **inclut beaucoup d'informations nouvelles dans une seule phrase.**

Les reformulations sont également fréquentes dans les conclusions des textes assez longs.

Les reformulations sont souvent introduites à l'aide d'expressions comme *en d'autres mots, autrement dit, bref, en résumé, pour être plus clair, si vous préférez, plus simplement, ou,* etc.

L'EXEMPLE

Un **exemple** est une illustration (personne, chose ou fait) qui permet de **faire comprendre concrètement** une explication théorique ou un énoncé général.

Ex.: • Pour parler d'une maladie, la personne qui écrit relate le cas d'une jeune fille qui souffre de cette maladie.

• Pour parler des ouragans, la personne qui écrit cite l'exemple d'un ouragan meurtrier en Géorgie.

Les exemples peuvent être introduits à l'aide d'expressions comme *tel que, par exemple, c'est le cas de,* etc.

L'ILLUSTRATION PAR UN SCHÉMA OU UN DESSIN

Pour bien faire comprendre ses explications, la personne qui écrit peut aussi avoir recours à des moyens visuels comme les schémas, les dessins, les organisateurs graphiques, etc.

Ex.:

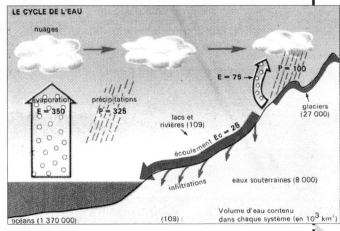

C. Cadet, R. Charles et J.L. Galus, *La communication par l'image,* © Éditions Nathan, coll. «Repères pratiques Nathan», 1990.

Stratégies

**Pour repérer et mettre en évidence
les différents procédés explicatifs**

1 ▶Imaginer que la personne qui a écrit le texte donne un cours à des élèves de troisième secondaire.

Surligner, au fil du texte, les mots ou les expressions qui révèlent le recours à l'un ou l'autre des procédés explicatifs suivants : la définition, la comparaison, l'exemple ou l'illustration par le schéma.

2 ▶Dans la marge de droite, écrire + ou - selon que ce passage a facilité ou non la compréhension. **+ −**

3 ▶Devant un passage du texte difficile à comprendre, imaginer le procédé explicatif auquel la personne qui a écrit le texte aurait pu avoir recours et le réaliser mentalement.

D'UN TEXTE À l'autre

LA DÉFINITION

1.1 La section de ton manuel *Corpus* intitulée *Je ne sais pas qui je suis* est divisée en quatre parties : *L'intelligence*, *La mémoire*, *La créativité* et *La réussite*. Dans chaque partie, relève le ou les titres de textes qui servent à **définir** chacun de ces mots.

1.2 Les extraits suivants contiennent des définitions de mots difficiles.

Extrait 1

Les photographies du cerveau prises au microscope montrent des synapses, c'est-à-dire la zone de jonction entre deux cellules nerveuses, ou neurones. Lorsqu'une cellule est activée, un influx nerveux – phénomène de nature bioélectrique – libère un courant qui stimule les fibres réceptrices d'une autre cellule qui transmettra à son tour l'influx nerveux à d'autres neurones.

Extrait 2

Pratique, Brenda Milner eut l'idée d'appliquer à la mémoire un test utilisé pour le langage, le test Amytal (un barbiturique qui permet d'endormir pendant quelques minutes un hémisphère – une moitié – cérébral ou l'autre, ce qui permet de déterminer, avant certaines chirurgies, la «compétence» de chaque hémisphère).

A Relève les cinq mots définis dans les extraits et précise le moyen utilisé par l'auteur pour introduire chaque définition.

CONSEIL Pour connaître les différents moyens d'introduire une définition, consulte la rubrique **Connaissances** à la page 26.

B Rédige trois phrases dans lesquelles tu définiras le mot *corpus* en utilisant chaque fois un moyen différent.

«EURÊKA»

■ *Le mythe du génie* ■ CORPUS, PAGE 42 ■

T.3 Dans le deuxième paragraphe de ce texte, relève le passage où l'on trouve la définition du mot *eurêka*.

■ *Qu'est-ce que la créativité ?* ■ ■ CORPUS, PAGE 38 ■

T.4 Ⓐ Dans l'encadré qui accompagne le texte, relève un groupe du nom contenant le mot *eurêka*.

Ⓑ Que signifie ce groupe du nom ?

F.5 Complète les phrases suivantes à l'aide de définitions.

Ⓐ Eurêka, *qui signifie* ✎ , *est l'expression lancée par Archimède lorsqu'il a découvert son célèbre principe en hydrostatique.*

Ⓑ Eurêka, *c'est la sensation de* ✎ *que l'on éprouve lorsqu'on* ✎ .

Ⓒ *Le mythe de l'*eurêka – ✎ – *ne doit pas être entretenu, car la créativité exige du temps.*

LA COMPARAISON

■ *Connais-toi toi-même* ■ CORPUS, PAGE 4 ■

T.6 Lis ce texte et relève les extraits où l'on compare les éléments suivants :

Ⓐ une personne à un ver de terre ;

Ⓑ une situation à une leçon de grammaire ;

Ⓒ l'énoncé *Connais-toi toi-même* à une provocation ;

Ⓓ une personne à un insecte.

T.7 Dresse la liste des termes comparatifs utilisés par Martine Laffon pour introduire les comparaisons relevées au numéro 6.

■ *Cire, grenier ou pigeonnier* ■ ■ CORPUS, PAGE 27 ■

T.8 Dans ce texte, on compare successivement la mémoire à de la cire, à un grenier et à un pigeonnier.

À l'aide de ce qui est dit dans le texte, formule des énoncés qui expliqueront chaque métaphore.

Ⓐ *La mémoire est comme de la cire parce qu'elle* ✎ .

Ⓑ *La mémoire est comme un grenier parce qu'elle* ✎ .

Ⓒ *La mémoire est comme un pigeonnier parce qu'elle* ✎ .

F.9 Écris une phrase pour mettre en évidence une ressemblance ou une différence entre les éléments ci-dessous.

CONSEIL Pour rendre le travail plus facile, cherche les mots dans un dictionnaire.

Ⓐ Les ordinateurs et les êtres humains.

Ⓑ Les textes descriptifs et les textes explicatifs.

Ⓒ Le Québec et la France.

Ⓓ La tour Eiffel et la tour du Stade olympique.

Ⓔ Une perchaude et une truite arc-en-ciel.

LA REFORMULATION

■ *L'imagination est-elle plus importante que la connaissance ?* ■ CORPUS, PAGE 36 ■

T.10 En observant la page 36 de ton manuel *Corpus*, tu remarqueras que, dans le texte de l'encadré, l'auteur utilise la reformulation à répétition.

Ⓐ Quel moyen l'auteur utilise-t-il pour reformuler ?

Ⓑ Quels sont les renseignements reformulés ?

D'UN TEXTE A l'autre

T 11 Pour prouver que les reformulations de l'encadré de la page 36 t'ont permis de comprendre le texte, précise à quelle capacité intellectuelle fait référence chacun des énoncés suivants:

A Le père de Maxime se rappelle chaque instant de la vie de sa fille où elle lui a désobéi.

B La mère de Maxime a des dons exceptionnels en peinture.

C Maxime est la seule élève à comprendre du premier coup les explications de l'enseignant de mathématiques.

D Le petit frère de Maxime ne comprend pas très bien ce qu'il faut faire et quand il faut le faire.

F 12 Transcris chacune des phrases suivantes en y ajoutant une reformulation à l'aide des mots ou des expressions suggérés en caractères gras.

A *La mémoire définit la fonction de l'intelligence qui permet d'encoder, de stocker et de restituer des informations,* **en d'autres mots** ✎ .

B *Jimmy a de grandes capacités absorptives, rétentives et créatives en plus de faire preuve, la plupart du temps, d'un bon raisonnement.* **Bref**, ✎ .

C *La capacité fondamentale de l'intelligence, c'est le jugement,* **autrement dit** ✎ .

D *Les systèmes mnésiques interagissent donc en permanence avec les systèmes attentionnels, perceptifs, verbaux, imaginatifs, intellectuels et affectifs.* **Pour être plus clair**, ✎ .

L'EXEMPLE

T 13 Associe chacune des idées générales suivantes à l'exemple de l'encadré qui pourrait l'illustrer.

A Les oiseaux transmettent de l'information par leur chant. C'est ce chant qui leur permet souvent d'annoncer un danger.

B Certains oiseaux indiquent les limites de leur territoire en chantant.

C Pour certaines espèces d'oiseaux, la parade nuptiale s'accompagne d'un chant enthousiaste.

D De rares espèces d'oiseaux arrivent à déguiser leur chant.

E Le chant des oiseaux a inspiré de nombreux artistes et auteurs.

① Ces ornithologues amateurs ont vu une bande d'étourneaux s'envoler en entendant le cri de l'un des leurs.

② C'est le cas du paon, qui criaille pour attirer la femelle. Il déploie également ses superbes plumes.

③ Pierre Morency a séduit beaucoup de lecteurs et de lectrices avec son livre *Lumière d'oiseaux*.

④ Ainsi, le coucou signale sa présence et réagit violemment si un intrus ose s'approcher de son domaine.

⑤ Le moqueur polyglotte, par exemple, peut imiter une flûte de concert tout aussi bien que le miaulement d'un chat.

■ *Splendeurs et misères d'une «bollée»* ■
■ CORPUS, PAGE 55 ■

T 14 Dans ce texte, pour parler des «bollées», l'auteure a recours à un exemple.

A Précise dans quelles lignes on parle des «bollées» de façon générale.

B Précise ensuite dans quelles lignes on a recours à un exemple.

C Qui est donné en exemple ?

D Rédige une phrase que tu pourrais inclure entre ces deux parties du texte et qui servirait à introduire l'exemple.

L'ILLUSTRATION PAR UN SCHÉMA OU UN DESSIN

▪ *Léonard ou l'intelligence absolue* ▪
▪ *CORPUS, PAGE 16* ▪

15 **A** Formule une question de type *POUR-QUOI?* ou *COMMENT SE FAIT-IL QUE...?* qui pourrait servir de titre au texte *Léonard ou l'intelligence absolue*.

B Explique comment la page 17 constitue un procédé explicatif qui peut aider à comprendre l'explication qui serait donnée à la question que tu as formulée en **A**.

16 Observe le schéma suivant :

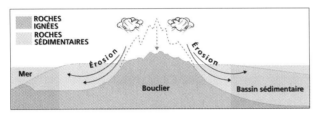

Gaston Côté, *Explorer le Québec et le Canada*,
© Les Éditions CEC inc., 1998.

A Donne un titre à ce schéma en utilisant un groupe du nom (GN) dont le noyau sera le nom *phénomène*.

B Formule une question de type *POURQUOI?* ou *COMMENT SE FAIT-IL QUE...?* à laquelle tu pourrais répondre à l'aide du schéma pour rendre tes explications plus claires et plus faciles à comprendre.

C Rédige une réponse à la question que tu as formulée, en commençant par les mots *parce que*.

PLUSIEURS PROCÉDÉS EXPLICATIFS

17 Détermine lequel des deux extraits suivants tient davantage compte des destinataires parce que l'auteur a utilisé des procédés explicatifs. Justifie ta réponse.

EXTRAIT 1

Comme un ordinateur, la mémoire a un caractère sélectif. Ainsi, elle va faire le tri dans toutes les informations qui alimentent les neurones, c'est-à-dire les cellules nerveuses. Elle retient ce qui paraît important et digne d'intérêt. À la suite d'une rencontre sociale, par exemple, il est rare que nous nous souvenions des noms des personnes croisées pour la première fois parce que nous étions trop occupés par notre tenue ou par le buffet. À moins que nous voyions en cette personne notre prochain patron ou notre futur fiancé.

EXTRAIT 2

[...] La mémoire, cette extraordinaire boîte à souvenirs, révèle peu à peu ses secrets. Cachée dans les entrelacs de notre cerveau, où 100 millions de neurones reliés par des milliards de synapses s'activent en permanence dans une infinité de circuits, elle n'en finit pas de surprendre ceux qui se penchent sur son fonctionnement. Neurologues, neurobiologistes, neuropsychologues, experts en sciences cognitives, véritables Arsène Lupin du neurotransmetteur et de l'image mentale, l'auscultent, la sondent, la testent, la traquent en permanence. [...]

Sylvie O'Dy, *L'Express*, 10 septembre 1998.

---

18 Récris le texte que tu n'as pas retenu au numéro précédent en y introduisant des procédés explicatifs pour le rendre plus facile à comprendre.

1 Le texte suivant a été annoté en appliquant les stratégies de lecture des pages 21 et 28. En le lisant, tu pourras faire le bilan de tes découvertes sur le contenu des textes explicatifs.

Attention ! Au fil de ta lecture, prends le temps de réfléchir au sens des mots *agrumes, acide ascorbique, symptômes, ambigus, collagène, vasculaire, cartilage, hydrosoluble.*

POURQUOI nous faut-il notre dose quotidienne de vitamine C ?

Pourquoi il nous faut notre dose quotidienne de vitamine C

Sujet

Avec les journées courtes et le temps froid, reviennent la période des agrumes... et celle des rhumes. Pas facile de les dissocier ces deux-là ! Car les agrumes renferment de la vitamine C ou acide ascorbique – nom chimique qu'on lui donne lorsqu'elle apparaît sous forme de supplément dans les produits vitaminiques et alimentaires – et c'est grâce à cette vitamine que plusieurs croient pouvoir remédier au rhume.

pcq

Différentes études ont en effet démontré que des doses quotidiennes allant de 250 mg à 2 g de vitamine C réduisent la durée du rhume tout en agissant sur quelques-uns de ses symptômes. Par contre, d'autres recherches n'ont donné que des résultats négatifs ou ambigus. On en est même venu à la conclusion que des doses de vitamine C supérieures à 1 g par jour pouvaient provoquer des effets secondaires tels que des douleurs abdominales et de la diarrhée. Si, dans le cas du rhume, chacun peut tirer les conclusions qui lui conviennent, la vitamine C n'a pas sa pareille à plusieurs autres points de vue.

pcq

Fonctions et particularités

La vitamine C participe à la formation du collagène, une substance qui assure la structure des muscles, des tissus vasculaires, des os et du cartilage dans l'organisme. De plus, elle contribue à la santé des dents et des gencives et favorise l'absorption du fer contenu dans les aliments. Comme elle est hydrosoluble, c'est-à-dire qu'elle se dissout dans l'eau, elle ne peut pas être stockée dans l'organisme. C'est pourquoi nous devons en fournir à notre organisme tous les jours. [...]

pcq

Annie Langlois, *La Presse*, 19 novembre 1995.

POURQUOI faut-il prendre notre dose quotidienne de vitamine C ?

2 Qu'as-tu retenu sur le contenu des textes explicatifs ? À l'aide du texte *Pourquoi il nous faut notre dose quotidienne de vitamine C*, fais la synthèse des connaissances que tu as acquises dans les pages précédentes en transcrivant le texte ci-dessous et en le complétant.

LIRE UN TEXTE EXPLICATIF, C'EST...

• EN RECONSTITUER LE CONTENU.

Un **texte explicatif** est un texte qui **1** 🖉 . Le **sujet** d'un texte explicatif peut être une **2** 🖉 , un **3** 🖉 ou un **4** 🖉 . On appelle **5** 🖉 le processus que la personne qui écrit utilise pour faire comprendre son sujet.

La plupart du temps, les éléments de l'explication sont liés dans un rapport de **6** 🖉 que je peux résumer par la formule ***Pourquoi ? → Parce que***.

Le texte *Pourquoi il nous faut notre quotidienne de vitamine C* est un texte explicatif parce que **7** 🖉 . Le sujet de ce texte est **8** 🖉 .

Les **procédés explicatifs** sont des moyens utilisés par la personne qui écrit pour **9** 🖉 . Voici un tableau qui permet de mieux comprendre ce qu'est un procédé explicatif et à quoi il sert :

LES PRINCIPAUX PROCÉDÉS EXPLICATIFS	EXEMPLES TIRÉS DU TEXTE *Pourquoi il nous faut notre dose quotidienne de vitamine C*
*La **définition** permet de* **10** 🖉 .	**11** 🖉
*La **comparaison** permet de* **12** 🖉 .	**13** 🖉
*La **reformulation** permet de* **14** 🖉 .	**15** 🖉
*L'**exemple** permet de* **16** 🖉 .	**17** 🖉

D'UN TEXTE À l'autre

3 Pour prouver que tu sais reconstituer le contenu d'un texte explicatif, trouve un texte explicatif qui t'intéresse et annote-le de manière à faire ressortir les éléments qui permettent d'en reconstituer le contenu.

CONSEIL Les annotations du texte *Pourquoi il nous faut notre dose quotidienne de vitamine C* ainsi que les stratégies présentées aux pages 21 et 28 peuvent t'aider.

AVANT DE LIRE

Lis la bande dessinée et les textes encadrés. ■ *CORPUS, PAGES 20, 21, 22 ET 23* ■

1 Lis les extraits suivants et formule, à partir de chacun, une question de type *POURQUOI ?* ou *COMMENT SE FAIT-IL QUE...?* qui pourrait donner naissance à un texte explicatif.

A La bande dessinée de la page 20.

B Le texte de l'encadré bleu de la page 21.

C Le texte de l'encadré jaune de la page 22.

D Le texte de l'encadré bleu de la page 23.

2 Quelle est **ta** définition du mot *intelligence* ?

3 Lis les quatre énoncés suivants et discutes-en avec tes camarades. Déterminez ensemble si vous êtes d'accord ou non avec ces énoncés et justifiez chaque réponse dans une phrase commençant par *(Nous sommes d'accord / Nous ne sommes pas d'accord)* 🖋 *avec l'énoncé parce que* 🖋 .

Premier énoncé : Les filles sont plus intelligentes que les garçons.

Deuxième énoncé : L'école secondaire tue l'intelligence des jeunes qui réussissaient bien au primaire.

Troisième énoncé : Les parents sont nécessairement plus intelligents que leurs enfants.

Quatrième énoncé : Une personne très instruite est plus intelligente qu'une personne qui n'a pas eu la chance de fréquenter l'université.

POURQUOI serions-nous plus intelligents que la génération précédente ?

la première partie du texte ■ *CHAPEAU ET LIGNES 1 À 18* ■

4 Dans le chapeau, quelle affirmation révèle le sujet du texte ?

5 **A** Quel est le nom de l'expert qu'on a interviewé pour traiter de ce sujet ?

B Quel renseignement donné dans le texte permet de lui attribuer le titre d'«expert» ?

C Qui demande des explications à cet expert ?

D Qui a rédigé ce texte ?

6 **A** Quelles études sont à l'origine de l'affirmation qui sera expliquée dans ce texte ?

B Les résultats de ces études ne font pas l'unanimité. Quelles sont les trois principales raisons énoncées à ce propos dans les lignes 11 à 18 ?

> **Si les résultats de ces études s'avéraient exacts, quelles seraient les conséquences dans ta vie de tous les jours ?**

7 Relève cinq mots ou ensembles de mots (indices linguistiques) qui établissent des liens entre les éléments de l'explication donnée dans les lignes 11 à 18.

la deuxième partie du texte ■ *LIGNES 19 À 71* ■

8 Cette partie du texte est plutôt descriptive.

A Qu'est-ce qui est décrit dans ces lignes ?

B Quels sont les trois aspects du sujet qui sont décrits ?

9 Construis un graphique pour rendre compte du quotient intellectuel de la population, en te basant sur les chiffres indiqués dans cette partie du texte.

> **Connais-tu ton QI ?**
> **Est-ce important pour toi de le connaître ?**

la troisième partie du texte ■ *LIGNES 72 À 188* ■

10 Dans les lignes 74 à 83, relève cinq mots ou ensembles de mots qui établissent des liens entre les éléments de l'explication fournie par Serge Larivée.

11 **A** Remplace la question de la ligne 72 par une question de type *Pourquoi ?* ou *Comment se fait-il que...?*

B Réponds à cette question en reformulant les paroles de Serge Larivée (lignes 74 à 83).

12 **A** En lisant la question de la ligne 84, quel procédé explicatif peut-on imaginer que l'expert utilisera pour répondre ?

B A-t-il utilisé ce procédé dans les deux premières parties de sa réponse (lignes 86 à 99) ? Si tu réponds non, précise quel procédé explicatif il a utilisé.

13 Dans le texte, quelles expressions permettent d'établir que la réponse de Serge Larivée peut se diviser en trois parties ?

– Première partie, lignes 86 à 96.

– Deuxième partie, lignes 96 à 99.

– Troisième partie, lignes 99 à 120.

14 **A** Au début de sa réponse (ligne 87), Serge Larivée utilise l'expression *Pour expliquer...* Que veut-il expliquer ?

B Dans la première partie de sa réponse (lignes 86 à 96), relève les quatre causes qu'il énumère pour expliquer la situation au Japon.

C Dans la deuxième partie de sa réponse (lignes 96 à 99), relève la cause qui explique la situation aux États-Unis ?

D Relève toutes les autres causes que l'expert mentionne dans la troisième partie de sa réponse (lignes 99 à 120).

15 Reformule la phrase qui commence à la ligne 105 afin de bien faire comprendre le sens du mot *intra-utérine*.

16 **A** Dans les lignes 122 à 132, Serge Larivée parle de l'*urbanisation*. Quel est le sens de ce mot ?

B Relève, dans sa réponse, une affirmation qui nécessite l'explication qui sera fournie par la suite.

C Par quelle expression cette explication commence-t-elle ?

D Reformule cette explication dans une phrase commençant par *Les gens qui habitent les villes auraient un QI plus élevé parce que* ✎ .

Es-tu d'accord avec l'affirmation selon laquelle les gens qui habitent les villes auraient un QI plus élevé ?

17 À la ligne 152, la journaliste affirme que *certains chercheurs vont plus loin, ils concluent à une augmentation génétique du QI*.

A Complète cette affirmation en donnant la définition du mot *génétique*. Tu pourrais poursuivre la phrase par *c'est-à-dire* ✎ .

B Au début et à la fin de la réponse de Serge Larivée, relève trois expressions qui prouvent qu'il n'est pas d'accord avec cette affirmation.

C Pour quelle raison n'est-il pas d'accord ?

À cette étape, crois-tu que les réponses de Serge Larivée visent à informer les lecteurs et les lectrices ou à les influencer ? Pourquoi ?

---

la quatrième partie du texte ▮ *LIGNES 189 À 231* ▮

18 Dans cette partie du texte, on tente surtout de décrire ce que mesure un test de QI. Rends compte de ta compréhension des lignes 189 à 231 en reproduisant et en complétant l'organisateur graphique suivant :

Ce qu'il mesure		Ce qu'il ne mesure pas

(Le test de QI)

Son invention Par qui ? Quand ? Pourquoi ?		Son utilité actuelle

19 On aurait pu formuler l'intervention de la journaliste à la ligne 203 de la façon suivante : *POURQUOI une personne intelligente n'est-elle pas nécessairement créatrice ?*

À l'aide des propos de Serge Larivée, formule deux réponses à cette question en utilisant les mots *parce que*.

20 Dans cette partie du texte, on comprend que le chercheur répond oui à la question *Sommes-nous plus intelligents?* Il envisage toutefois de nouvelles manières de mesurer l'intelligence.

Selon les experts dans le domaine, outre le QI, quelles capacités devrait-on mesurer avant de dire qu'une personne est intelligente?

21 La question qui commence à la ligne 251 aurait pu se lire ainsi: *Pourquoi le fait de réfléchir développe-t-il l'intelligence?*

A Dans les deux premières phrases de la réponse de Serge Larivée, relève un groupe du nom qui pourrait servir de définition au mot *réfléchir*.

B Dans sa réponse, Serge Larivée affirme: *Ce n'est pas uniquement une question de gènes.* Quel procédé explicatif utilise-t-il ensuite pour expliquer cette affirmation?

Crois-tu, comme Serge Larivée, que l'intelligence est liée à la famille? Réponds en donnant des exemples.

22 Dans les lignes 283 à 293, Serge Larivée donne un exemple pour illustrer une affirmation.

A Quelle affirmation illustre-t-il?

B Quelle expression utilise-t-il pour indiquer qu'il aura recours à un exemple?

C De quel type d'exemple s'agit-il?

23 Dans sa dernière réponse, Serge Larivée affirme que s'il était directeur d'école au primaire, il enseignerait le plus de vocabulaire possible aux enfants. Il explique ensuite pourquoi.

A Quels sont les deux motifs invoqués?

B Complète le deuxième motif à l'aide d'un exemple.

24 Observe le topogramme de la page 54 de ton manuel *Corpus*. Afin de rendre compte de ta réaction personnelle à la lecture du texte *Sommes-nous plus intelligents?*, fais une illustration semblable: le centre sera la question libellée dans le titre du texte que tu viens de lire et les éléments suivants constitueront la périphérie:

• Une chose que j'ai apprise.

• Une chose que j'ai comprise.

• Une information étonnante.

• Une information avec laquelle je suis en désaccord.

• Une information avec laquelle je suis d'accord.

• Une information qui prête à controverse.

25 Construis une fiche pour rendre compte de ta démarche de lecture. Parmi les pistes suivantes, choisis celles qui te permettront de parler de tes difficultés et des moyens que tu as trouvés pour les surmonter.

ÉVALUATION DE LA DÉMARCHE DE LECTURE

Le texte

1. À la première lecture, le texte *Sommes-nous plus intelligents ?* m'a semblé (facile/difficile) ✎ parce que ✎ .

2. Ce texte porte sur un sujet que (je ne connaissais pas/je connaissais) ✎ .

3. J'ai commencé à lire ce texte avec (beaucoup/plus ou moins/peu) ✎ d'intérêt parce que ✎ .

4. Au fil de la lecture, j'ai pu (facilement/difficilement) ✎ utiliser les connaissances sur le texte explicatif présentées dans les rubriques **Connaissances**, notamment ✎ .

Les activités

5. De façon générale, les activités m'ont (peu/beaucoup/plus ou moins) ✎ aidé(e) à comprendre le texte.

6. J'ai échoué à certaines activités parce que:

• les connaissances qui s'y rattachaient étaient obscures pour moi (activités ✎);
La prochaine fois, pour réussir des activités semblables, relis les rubriques **Connaissances** *des pages 20-21 et 26-27.*

• la formulation des questions me causait des difficultés (activités ✎);
La prochaine fois, pour réussir des activités semblables, consulte le tableau **Pour bien comprendre les consignes d'une épreuve de lecture d'un texte explicatif** *à la page 187.*

• je ne comprenais pas certains mots dans la consigne ou dans le texte (activités ✎).
La prochaine fois, analyse le contexte, utilise ton dictionnaire ou demande l'aide d'un ou d'une camarade.

La prochaine fois

7. Crois-tu que tu réussirais une épreuve d'évaluation sur le contenu des textes explicatifs avec un texte équivalent ?

☐ Oui. ☐ Non. Pourquoi ? ✎

1 LES BÉLUGAS DU SAINT-LAURENT CRÈVENT

par Jacques Drapeau

DEPUIS AVRIL, 18 BÉLUGAS ONT ÉTÉ TROUVÉS MORTS SUR LES RIVES DU SAINT-LAURENT, une situation qui sème l'inquiétude parmi les spécialistes de la faune marine. «Au rythme actuel, nous nous diri-

5 geons vers une année record», déplore Patrice Corbeil, le directeur du Centre d'interprétation des mammifères marins de Tadoussac. [...]

Les causes

Certains spécialistes estiment que la toxici-té des anguilles, dont raffolent les bélugas, pourrait être la principale cause du pro-

10 blème. Les anguilles passent la plus grande partie de leur vie dans les eaux contaminées des Grands Lacs. Quand elles remontent le Saint-Laurent pour aller frayer dans la mer des Sargasses, elles servent alors de plat de choix aux bélugas. Le niveau de

POURQUOI les bélugas du Saint-Laurent crèvent-ils ?

15 contaminants tels les BPC, les DDT et le Mirex est considérablement plus élevé chez les anguilles que chez d'autres proies du béluga comme le hareng et le capelan.

Les contaminants chez le béluga sont analysés depuis 1988. Les résultats des autopsies obtenus à ce jour démon-
20 trent que le degré de contamination est plus élevé chez le béluga du Saint-Laurent que chez celui des populations arctiques. On y retrouve, entre autres, 10 fois plus de plomb dans les tissus et 72 fois plus de Mirex dans le gras que chez les populations arctiques.

25 **D'autres experts invoquent le stress intense que subit le béluga du Saint-Laurent,** stress qui aurait pour effet d'accroître le métabolisme des substances chimiques toxiques accumulées dans les tissus. Au fil des ans, son habitat a considérablement rétré-
30 ci à cause de la navigation de plaisance, du tourisme de mer, de la construction de quais et de barrages ainsi que du dragage du fleuve.

Leur statut d'espèce menacée, proclamé en 1983, protège les bélugas contre l'observation touristique, mais il ne faut pas
35 croire pour autant que certains bateaux ne s'aventurent pas à proximité de l'espèce. Les moteurs des petits bateaux causeraient de l'interférence dans le système d'écholocation des bélugas. «Le dérangement, peut-on lire dans un rapport de l'Institut Maurice-Lamontagne, de Mont-Joli, peut provoquer
40 des modifications dans le comportement et nuire aux activités d'alimentation et d'élevage.» [...]

Le Soleil, 3 octobre 1993.

❷ POURQUOI LA MER EST-ELLE SALÉE ?

par Éric Glover

Un peu de physique, pas mal de chimie, un brin d'histoire de la formation de la Terre et vous obtiendrez la solution salée dans laquelle il est si bon de nager.

LA SALINITÉ DE L'EAU EST UN PHÉNOMÈNE GLOBAL QUI PREND RACINE 3,5 MILLIARDS D'ANNÉES AVANT NOUS.

Tout commence avec la formation des premières roches

5 terrestres, presque contemporaines de la naissance de la Terre

elle-même, il y a 4,5 milliards d'années. Un fort volcanisme règne alors, qui libère des gaz parmi lesquels de la vapeur d'eau et du gaz carbonique (CO_2). Celui-ci constitue petit à

10 petit l'essentiel de l'atmosphère terrestre pendant que celle-là

se condense en gouttelettes qui deviennent pluie et donneront

finalement les océans. Le contact vapeur d'eau-gaz carbonique produit également une forte acidité dont les pluies se chargent :

POURQUOI la mer est-elle salée ?

les précipitations attaquent les roches à la surface de la Terre. **Ce faisant**, elles arrachent les éléments chimiques qui donneront le sel et les entraînent par

20 ruissellement vers l'océan: en une centaine de millions d'années, une soupe proche de l'océan actuel est née. Les fossiles de micro-organismes indiquent que **déjà** cette eau est salée. Elle le restera jusqu'à nous. [...]

Sciences et Avenir, octobre 1995.

3 POURQUOI ELLES SONT VEUVES

par Thierry Souccar

UNE FEMME FRANÇAISE VIT EN MOYENNE HUIT ANS DE PLUS QUE SON COMPAGNON. Et ça ne s'arrange pas, puisque l'écart était de six ans en 1935. Pourquoi une telle inégalité? Certes, testostérone

5 oblige, **les hommes vivent plus dangereusement:** ils sont plus souvent victimes d'accidents sportifs, de la route, du travail, et des

généraux va-t-en-guerre. **Ils se préoccupent moins de leur santé, négligent la prévention, se soumettent moins docilement aux examens de contrôle et**
10 **de dépistage.**

Mais pour un nombre croissant de chercheurs, si les femmes vivent plus longtemps, c'est surtout parce qu'**elles sont moins bombardées par les radicaux libres.** Comme elles avalent moins de calories que les hommes, elles sont exposées à un
15 niveau de radicaux libres plus faible. Comme elles perdent chaque mois du sang entre la puberté et la ménopause, elles sont moins surchargées en fer que les hommes qui, de surcroît, consomment plus de viandes et de charcuteries. Or, le fer favorise les phénomènes radicalaires, et l'excès de fer augmente le risque de maladies cardio-
20 vasculaires et de cancers à tout âge. Enfin, certaines hormones femelles ont des propriétés antioxydantes, c'est-à-dire qu'elles neutralisent les radicaux libres.

Sciences et Avenir, n° 625, mars 1999.

POURQUOI sont-elles veuves ?

Activités DE DÉCOUVERTE

1 Lis les textes d'observation *Les bélugas du Saint-Laurent crèvent* (page 39) et *Pourquoi elles sont veuves* (page 42).

Pour chacun, indique les lignes qui contiennent l'affirmation, le fait ou le phénomène qui sera expliqué dans le texte.

2 Les énoncés de l'encadré ci-dessous résument les différentes parties du texte *Les bélugas du Saint-Laurent crèvent* (page 39).

Lis le texte et insère chacun de ces énoncés à l'endroit qui convient dans le schéma suivant.

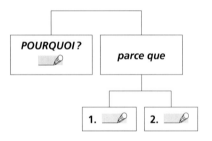

① L'augmentation du stress.

② Les bélugas du Saint-Laurent crèvent.

③ La toxicité des anguilles dont ils se nourrissent.

3 Dans le texte *Pourquoi elles sont veuves* (page 42), relève un extrait qui pourrait constituer une réponse du type *parce que*.

Connaissances

LA SÉQUENCE EXPLICATIVE

Une séquence explicative est une séquence textuelle qui **explique** une affirmation, un fait ou un phénomène en répondant à une question de type *POURQUOI ?* ou *COMMENT SE FAIT-IL QUE...?* selon le modèle du schéma suivant :

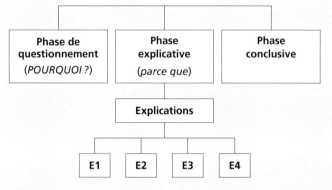

On peut trouver ce modèle de séquence explicative dans un texte complet (texte explicatif) ou dans une partie de texte (insertion d'une séquence explicative).

LA PHASE DE QUESTIONNEMENT

La phase de questionnement apparaît généralement au début du texte ou au début de la séquence explicative. Elle fait habituellement état **d'une affirmation, d'un fait ou d'un phénomène qu'on peut accompagner d'une question de type *POURQUOI ?* ou *COMMENT SE FAIT-IL QUE...?*** On a alors identifié le **besoin d'explication** et, quelquefois, la source du besoin d'explication (*Qui* demande l'explication ?).

LA PHASE EXPLICATIVE

La phase explicative contient les divers **éléments de l'explication** et apporte des réponses à la question posée dans la phase de questionnement.

LA PHASE CONCLUSIVE

La phase conclusive met fin à l'explication. Elle peut **présenter une ou plusieurs conséquences** de l'affirmation, du fait ou du phénomène expliqué ou elle peut **mettre en lumière un nouveau besoin d'explication**.

Attention !
1. Une séquence explicative peut contenir toutes les phases du schéma, mais elle peut aussi **ne pas contenir de phase conclusive**.
2. Une séquence explicative peut respecter ou non l'ordre du schéma.

L'INSERTION DE SÉQUENCES

Comme tous les types de textes, les textes explicatifs sont **hétérogènes**. Le texte explicatif représente une longue séquence dominante dans laquelle on peut insérer des séquences descriptives, des séquences de paroles ou de discours rapporté et des séquences narratives.

LES CARACTÉRISTIQUES DES SÉQUENCES DANS UN TEXTE EXPLICATIF			
	Les séquences descriptives	Les séquences de paroles ou de discours rapporté	Les séquences narratives
Définition	Passages dans lesquels on présente un élément (être, objet, concept, situation, fonctionnement, procédure, etc.) pour en faire connaître les principales caractéristiques.	Passage dans lesquels on rapporte les paroles d'une personne autre que celle qui a écrit le texte, généralement un expert, une experte ou un témoin.	Passages dans lesquels on introduit un récit pour soutenir ou mieux faire comprendre une explication.
Les indices qui permettent de repérer les séquences	• Présence d'indices qui permettent de situer dans l'espace: *devant, derrière, sous, dans, vers, ici, là-bas, au-dessus, au-dessous*, etc. • Présence d'une phrase dont le GV introduit une caractéristique du GNs. • Présence de nombreux verbes attributifs: *être, paraître, sembler, avoir l'air*, etc.	• Mention de la source d'un discours rapporté (le titre d'un rapport ou d'une étude, le nom d'un ou d'une spécialiste). • Le discours peut être rapporté à l'aide: – du **discours direct** (présence de guillemets, de tirets, de verbes introducteurs ou verbes de paroles); – du **discours indirect** (subordonnées complétives, expressions comme *selon moi, pour lui*, etc.).	• Passage qui peut être précédé de *Il était une fois*. • Présence d'indices de temps (*un jour, soudain, quand*, etc.). • Présence d'une personne dont on parle comme d'un personnage de roman. • Présence de faits ou d'événements, réels ou imaginaires, organisés selon le modèle d'une histoire.
Les rôles des séquences	• Mieux «faire voir» de quoi on parle, mieux représenter une réalité. • Aider à comprendre une affirmation, un fait ou un phénomène.	Faire intervenir un expert ou une experte, ou faire témoigner un observateur ou une observatrice: • pour présenter des explications différentes de celles de la personne qui a écrit le texte; • pour appuyer ou nuancer les explications de la personne qui a écrit le texte.	• Faire comprendre la genèse du fait ou du phénomène expliqué. • Illustrer concrètement une affirmation, un fait ou un phénomène.
Exemples d'insertion de séquences dans un texte	*Contrairement à ce qu'on pourrait croire, le lac contaminé par les pluies acides est très clair. Cependant, son fond ne comporte presque plus d'algues et les poissons y sont rares. Le pH du lac est aussi très élevé.*	Dans un rapport de la commission sur l'environnement, on peut lire: «*Si rien n'est fait d'ici vingt ans, on peut s'attendre à ce que la pêche sportive sur les lacs du Québec soit chose du passé.*» Maurice, un pourvoyeur, est d'accord: «*Avant, on sortait des truites longues comme ça...*»	On me demande pourquoi j'ai choisi de me consacrer à l'écriture. La réponse se trouve dans mes premières années d'école. *On était en septembre. Ce jour-là, j'avais décidé de rentrer de l'école à pied...*

Stratégies

Pour repérer et mettre en évidence une séquence explicative

1 ▶ Souligner les passages qui présentent une affirmation, un fait ou un phénomène qui suscite un besoin d'explication et inscrire la question *POURQUOI ?* dans la marge de droite. POURQUOI?

2 ▶ Vérifier si, dans la suite du texte, on trouve des passages qui répondent à la question *POURQUOI ?* S'il y a lieu, inscrire **pcq** (parce que) dans la marge de droite. pcq

3 ▶ Si l'on croit être en présence d'une séquence explicative, la délimiter à l'aide d'accolades et écrire **Séq. E** (séquence explicative) dans la marge de gauche. {Séq. E}

Les séquences descriptives

1 ▶ Repérer les passages dans lesquels on présente les caractéristiques d'une personne, d'un lieu, d'un objet, d'un fait ou d'un phénomène.

2 ▶ À l'aide de crochets, délimiter le début et la fin de ces passages et inscrire les lettres **Séq. D** (séquence descriptive) dans la marge de gauche. [Séq. D]

Les séquences de paroles ou de discours rapporté

1 ▶ Repérer les passages qui contiennent des deux-points, des tirets, des guillemets et un verbe introducteur.

2 ▶ Surligner ces passages et inscrire les lettres **Séq. P** (séquence de paroles) dans la marge de gauche. Séq. P

Les séquences narratives

1 ▶ Repérer les passages qu'on pourrait faire précéder de *Il était une fois...* et dans lesquels on fait le récit d'événements.

2 ▶ Délimiter ces passages à l'aide de doubles traits verticaux et inscrire les lettres **Séq. N** (séquence narrative) dans la marge de gauche. // Séq. N

D'UN TEXTE À l'autre

1 Classe les phrases de l'encadré ci-dessous dans un tableau semblable au suivant afin de reconstituer la séquence explicative de trois textes.

CONSEIL Regroupe d'abord les phrases en trois ensembles qui portent sur le même sujet.

	TEXTE 1	TEXTE 2	TEXTE 3
Phrase présentant une *phase de questionnement*			
Phrase présentant une *phase explicative*			
Phrase présentant une *phase conclusive*			

① Alors on se demande comment se prémunir contre cette maladie.

② Aujourd'hui, on se tourne davantage vers les moteurs électriques.

③ Aujourd'hui, la communauté internationale se pose des questions sur le bien-fondé des mesures économiques extrêmes.

④ L'humidité est plus grande; par conséquent, les microbes et les bactéries survivent mieux et plus longtemps.

⑤ L'Irak a vécu des années terribles.

⑥ La crise du pétrole a obligé les constructeurs d'automobiles à revoir leurs normes de construction.

⑦ Le nombre de voitures à huit cylindres a considérablement baissé dans les années 1980.

⑧ On se demande pourquoi on attrape plus de rhumes en hiver qu'au printemps.

⑨ Un embargo les a privés des biens les plus essentiels.

▪ *La rage d'être premier de classe* ▪
▪ *CORPUS, PAGE 57* ▪

2 **A** Dans la première partie de ce texte, relève la question qui résume la phase de questionnement.

B Quel indice typographique permet de reconnaître rapidement les différentes parties de ce texte ?

3 **A** Relève les réponses données par les personnes suivantes à la question posée dans le texte.

• Van Be Lam

• Doan Phan

• Céline Galipeau

B Quel procédé explicatif l'auteur de l'article utilise-t-il à plusieurs reprises pour illustrer ses propos ?

C Relis le dernier paragraphe de la quatrième partie du texte (lignes 141 à 149). Relève les quatre causes auxquelles Céline Galipeau attribue son succès.

4 Relis la dernière partie du texte *La rage d'être premier de classe* (lignes 150 à 166). Parmi les énoncés de l'encadré, choisis celui qui convient pour décrire la phase conclusive de ce texte. Justifie ta réponse.

① Nouveau besoin d'explication.

② Pistes de solution.

③ Conséquence du fait, de l'affirmation ou du phénomène expliqué.

④ Nouvelles explications.

D'UN TEXTE À l'autre

5 Ce texte contient de nombreuses séquences de paroles.

A Quels indices te permettent de les repérer ?

B À quoi servent ces séquences de paroles ?

C Les témoignages des personnes interrogées sont-ils rapportés en discours direct ou en discours indirect ? Justifie ta réponse.

▪ *L'échec scolaire* ▪ CORPUS, PAGE 60 ▪

6 **A** Au premier coup d'œil, où se termine, à ton avis, la phase de questionnement du texte *L'échec scolaire* ?

B Ce texte ne contient pas de conclusion. Pourtant, l'un des paragraphes de la phase de questionnement aurait pu constituer la phase conclusive. Indique quel est ce paragraphe et résume-le en une phrase.

C Élabore le schéma de la séquence explicative contenue dans la partie *Causes sociologiques*.

CONSEIL Consulte la rubrique *Connaissances* de la page 44.

▪ *Un pédiatre déplore les effets pervers de la course à l'excellence* ▪ CORPUS, PAGE 59 ▪

7 **A** À l'aide du titre du texte, formule une question de type *POURQUOI ?* qui résume le besoin d'explication auquel semble vouloir répondre ce texte.

B Précise les lignes du texte où se trouve la phase de questionnement en tenant compte des mots clés suivants: *course à l'excellence, adolescents, détruire.*

8 Formule des énoncés de type *parce que* qui résument la phase explicative du texte *Les effets pervers de la course à l'excellence* en tenant compte des indices suivants :

A **1re cause** (lignes 10 à 30)

Mots clés: *exigences, performants, surprotection, fragiliser, éclatent.*

B **2e cause** (lignes 31 à 38)

Mots clés: *à l'opposé, décrochage scolaire, délaissés.*

C **3e cause** (lignes 39 à 65)

Mots clés: *compétition omniprésente, stress quotidien, valorisation, performance.*

D **4e cause** (lignes 66 à 103)

Mots clés: *peu de place, écrasant, dignité, deuil, échec, plus de place.*

9 **A** À quelles lignes la phase conclusive de ce texte se trouve-t-elle ?

B Dans l'encadré du numéro 4, choisis l'énoncé qui résume le contenu de cette phase conclusive.

10 Élabore le schéma de la séquence explicative de ce texte.

11 **A** Dans ce texte, relève des passages où le Dr Wilkins décrit les caractéristiques des élèves performants.

B Relève des passages où le Dr Wilkins décrit le comportement de la société envers la jeunesse.

12 Le texte *Un pédiatre déplore les effets pervers de la course à l'excellence* repose sur les propos du Dr Wilkins.

Justifie cette affirmation en reproduisant et en remplissant un tableau semblable au suivant :

PROPOS DU DR WILKINS	
Discours direct	**Discours indirect**
• Extrait : lignes ___✎ à ___✎	• Extrait : lignes ___✎ à ___✎
• Indices textuels : ___✎	• Indices textuels : ___✎

INDICES

1. Tu devrais relever huit extraits.
2. Tu ne dois remplir qu'**une** colonne (discours direct ou discours indirect) pour chaque extrait relevé.

■ *Une, deux, trois mémoires* ■
■ *CORPUS, PAGE 25* ■

13 On peut trouver des séquences explicatives dans des textes descriptifs. Dans les lignes 64 à 99 de ce texte, repère une séquence explicative et fais-en le schéma.

14 As-tu déjà vécu le phénomène qu'on explique dans le texte ? Si oui, raconte ton expérience.

■ *Connais-toi toi-même* ■ *CORPUS, PAGE 4* ■

15 Ce texte contient une phase de questionnement qui n'est pas suivie d'une phase explicative. Dans les lignes 85 à 87, repère cette phase de questionnement, transcris-la et rédige une phase explicative ainsi qu'une phase conclusive.

■ *Une table est une table* ■
■ *CORPUS, PAGE 40* ■

16 **A** À l'aide des renseignements fournis dans le premier paragraphe de ce texte, formule une question de type *POURQUOI ?* qui nécessite une explication.

B Lis le texte et résume en une phrase l'explication fournie pour justifier la situation dans laquelle se trouve le personnage principal.

17 Imagine que tu es psychiatre et que le cas du personnage du texte *Une table est une table* t'intéresse.

Qu'écrirais-tu dans ton rapport pour expliquer les raisons de la situation dans laquelle se trouve le personnage principal de ce texte ? Rédige quelques phrases en respectant les trois phases du schéma de la séquence explicative.

■ *L'oubli* ■ *CORPUS, PAGE 30* ■

18 Dans son texte, Colette Bizourd cite les paroles de trois personnes.

A Relève ces trois passages et précise le nom des personnes qui sont citées.

B Quels indices t'ont permis de trouver ces passages ?

C Comment l'auteure a-t-elle procédé pour faire connaître le nom des personnes dont elle rapporte les paroles ?

Activités
DE DÉCOUVERTE

1 Dans les textes *Les bélugas du Saint-Laurent crèvent* (page 39), *Pourquoi la mer est-elle salée ?* (page 41) et *Pourquoi elles sont veuves* (page 42), indique à quelles lignes correspondent la phase de questionnement, la phase explicative et, s'il y a lieu, la phase conclusive.

2 Dans quel texte la phase explicative te semble-t-elle construite :

A à l'aide d'une addition de causes ? Justifie ta réponse.

B à l'aide d'une comparaison entre deux éléments ? Justifie ta réponse.

C à l'aide d'un enchaînement de causes et de conséquences ? Justifie ta réponse.

Connaissances

LE PLAN D'UN TEXTE EXPLICATIF

Le plan d'un texte explicatif rend compte de **l'organisation en paragraphes** des éléments de l'explication **dans tout le texte.**

Cette organisation du texte en paragraphes est parfois révélée par des **intertitres**. Reconstituer le plan d'un texte explicatif, c'est rendre compte de son organisation selon le modèle :

Introduction – Développement – Conclusion.

LE PLAN D'UN TEXTE EXPLICATIF

INTRODUCTION   (lignes 00 à 00)
Phase de questionnement : affirmation, fait ou phénomène qui sera expliqué dans le texte, besoin d'explication.

DÉVELOPPEMENT
Phase explicative : présentation des différentes explications.
- 1re explication   (lignes 00 à 00)
- 2e explication   (lignes 00 à 00)
- 3e explication   (lignes 00 à 00)
- Etc.

CONCLUSION   (lignes 00 à 00)
Phase conclusive : conséquences, nouveau besoin d'explication ou nouvelles explications.

LES MODES D'ORGANISATION DU DÉVELOPPEMENT

Dans un texte explicatif, le mode d'organisation du développement, c'est **la manière d'enchaîner les éléments de la phase explicative du texte.**

> **Attention !** Les modes d'organisation suivants peuvent servir à organiser un texte complet ou une partie de texte. Dans un même texte, on peut donc trouver plusieurs modes d'organisation selon la nature des éléments de l'explication.

LE MODE «ÉNUMÉRATION DE CAUSES»

L'énumération de causes est le mode d'organisation le plus fréquemment utilisé dans les textes explicatifs. Les éléments de l'explication de l'affirmation, du fait ou du phénomène prennent la forme de **causes** présentées **les unes à la suite des autres.**

Parfois, des **intertitres** mettent ces causes en évidence. Dans un texte explicatif organisé selon le mode «énumération de causes», on trouve des marqueurs comme *la première cause, la deuxième cause, premièrement, d'abord, par ailleurs, d'une part, d'autre part, puis, aussi*, etc.

On peut représenter un texte explicatif dont le développement est organisé selon le mode «énumération de causes» par un organisateur graphique semblable au suivant:

■ *Les bélugas du Saint-Laurent crèvent* ■ *PAGE 39* ■

Phase de questionnement	Phase explicative (énumération de causes) (*parce que*)	Phase conclusive
POURQUOI ? Pourquoi les bélugas crèvent-ils ?		Leur statut d'espèce protégée les protège-t-il vraiment ?

E1	E2
Ils mangent des anguilles toxiques.	Ils sont stressés par le rétrécissement de leur habitat.

LE MODE «CAUSE / CONSÉQUENCE»

Le mode «cause / conséquence» permet d'expliquer une réalité, par exemple un phénomène naturel, en présentant successivement **les causes et les conséquences à l'origine de ce phénomène**.

On peut représenter le développement d'un texte explicatif organisé selon le mode **«cause / conséquence»** par un organisateur graphique semblable au suivant:

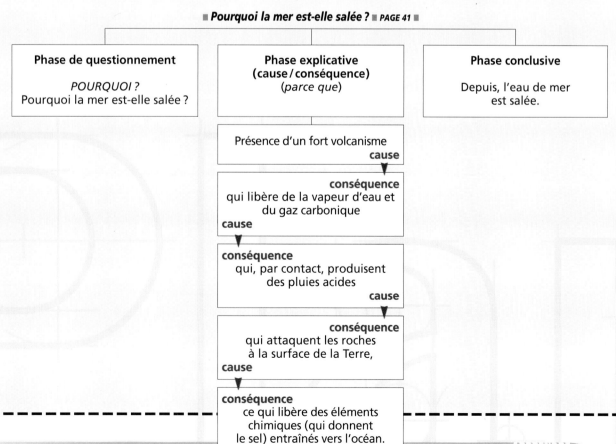

■ *Pourquoi la mer est-elle salée ?* ■ *PAGE 41* ■

Phase de questionnement	Phase explicative (cause / conséquence) (*parce que*)	Phase conclusive
POURQUOI ? Pourquoi la mer est-elle salée ?		Depuis, l'eau de mer est salée.

Présence d'un fort volcanisme
cause

conséquence
qui libère de la vapeur d'eau et du gaz carbonique
cause

conséquence
qui, par contact, produisent des pluies acides
cause

conséquence
qui attaquent les roches à la surface de la Terre,
cause

conséquence
ce qui libère des éléments chimiques (qui donnent le sel) entraînés vers l'océan.

Connaissances

LE MODE «COMPARAISON»

Dans un texte explicatif dont le développement est organisé selon le mode «comparaison», dès la phase de questionnement, on pose généralement une question dans laquelle on compare des éléments de façon implicite ou explicite.

Ex.: • *POURQUOI les cas d'intoxication par le plomb sont-ils plus fréquents chez les enfants ?*

• *POURQUOI fait-il moins froid à Londres qu'à Sept-Îles ?*

Dans la phase explicative, on alterne d'un cas à l'autre pour mettre en évidence des **différences** et des **ressemblances**.

Pour suivre le raisonnement de la personne qui écrit, on trouve des indices textuels comme *quant à, en ce qui concerne, revenons à, dans l'autre cas, à l'inverse, pour sa part, plus ou moins, davantage*, etc.

On peut représenter un texte explicatif dont le développement est organisé selon le mode **«comparaison»** par un organisateur graphique semblable au suivant :

■ *Pourquoi elles sont veuves* ■ *PAGE 42* ■

Phase de questionnement	Phase explicative (comparaison) (*parce que*)	Phase conclusive
POURQUOI ? Pourquoi une femme française vit-elle en moyenne huit ans de plus que son compagnon ?		Absente du texte

LES HOMMES

E1 vivent *plus* dangereusement.	E2 se préoccupent *moins* de leur santé.	E3

POURQUOI ?

E1	E2	E3

POURQUOI ?

E1	E2 consomment *plus* de viandes et de charcuteries.

LES FEMMES

E1	E2	E3 sont *moins* bombardées par les radicaux libres.

POURQUOI ?

E1 avalent *moins* de calories.	E2 sont *moins* surchargées en fer.	E3 *possèdent certaines hormones* aux propriétés antioxydantes.

POURQUOI ?

E1 *perdent mensuellement du sang* entre la puberté et la ménopause	E2

Stratégies

Pour trouver et mettre en évidence l'introduction et la conclusion du texte

1 ▶Chercher, dans le début du texte, un passage qui présente une affirmation, un fait ou un phénomène qui suscite un besoin d'explication. À l'aide de grands crochets, délimiter la partie du texte qui présente cette affirmation, ce fait ou ce phénomène et inscrire le mot **Intro** (introduction) dans la marge de droite. `Intro`

2 ▶Vérifier si le ou les derniers paragraphes du texte présentent des conséquences ou des solutions au problème posé dans l'introduction ou soulèvent de nouveaux besoins d'explication. À l'aide de grands crochets, délimiter la partie du texte qui correspond à la conclusion et inscrire le mot **Conclusion** dans la marge de droite. `Conclusion`

Pour trouver et mettre en évidence le mode d'organisation «énumération de causes»

1 ▶Vérifier si l'on peut séparer le développement du texte à l'aide des mentions *1re cause*, *2e cause*, etc.

2 ▶Vérifier si l'absence d'une cause rend le texte incohérent.

3 ▶Si l'on peut enlever une cause sans nuire à la cohérence, délimiter le développement à l'aide de grands crochets et inscrire le mot **Causes** dans la marge de droite. `Causes`

Pour trouver et mettre en évidence le mode d'organisation «cause/conséquence»

1 ▶Surligner les mots qui mettent en évidence les liens entre les éléments de l'explication.

2 ▶Vérifier dans quelle mesure les éléments de l'explication sont organisés de manière qu'aucun ne puisse être enlevé.

3 ▶Si aucun élément de l'explication ne peut être enlevé, délimiter le développement à l'aide de grands crochets et inscrire **Cause / conséquence** dans la marge de droite. `Cause/conséquence`

Pour trouver et mettre en évidence le mode d'organisation «comparaison»

1 ▶Dans l'introduction (phase de questionnement), vérifier si l'on compare un élément X à un élément Y.

2 ▶Dans le développement, vérifier si l'on utilise des mots ou des expressions comme *quant à, en ce qui concerne, revenons à, dans un cas, dans l'autre cas, à l'inverse, à l'opposé, plus, moins,* etc., et, s'il y a lieu, les surligner.

3 ▶Délimiter la partie du développement du texte à l'aide de grands crochets et inscrire le nom des éléments comparés dans la marge de droite. `X est comparé à Y`

D'UN TEXTE
A l'autre

1 Quel mode d'organisation de la phase explicative (développement) chacun des titres suivants suggère-t-il ?

A *Pourquoi les montagnes Rocheuses sont-elles plus pointues que celles de l'Est du Canada ?*

B *La drogue chez les jeunes : causes et impacts*

C *La chaîne alimentaire est menacée dans la forêt boréale*

D *Pourquoi les humains ont-ils tant de points en commun avec les singes ?*

E *La guerre dans le Golfe entraîne des problèmes jusqu'en Amérique du Sud*

F *Une erreur humaine à l'origine de la catastrophe du 24 janvier – D'autres facteurs expliquent cependant l'explosion de la centrale*

G *Funeste accident sur la 20 : l'alcool, la vitesse et un problème mécanique en seraient les causes*

2 **A** Détermine le mode d'organisation du développement des textes suivants.

B Relève les indices linguistiques qui t'ont permis de le trouver.

TEXTE 2
Anguilles sous roches

Au Québec, les prises d'anguilles ont diminué de 48 % depuis 1986. Dans les Maritimes et sur la côte est des États-Unis, la situation est encore pire. Les chercheurs tentent par tous les moyens de comprendre les causes du déclin.

La première cause que l'on cite pour expliquer ce phénomène, ce sont les polluants. Au cours de leur long séjour dans le lac Ontario, les anguilles sont exposées à plusieurs contaminants, dont les BPC. Des études prouvent que 36 % des anguilles dépassent les normes canadiennes de contamination pour la consommation.

Mais la pollution n'est pas la seule responsable du déclin des anguilles. Autre cause possible : les barrages hydroélectriques de Beauharnois et de Cornwall, qui bloquent le passage des anguillettes vers le lac Ontario et celui des anguilles adultes qui vont vers la mer.

TEXTE 3
L'effet de serre

De récentes observations scientifiques révèlent que le climat mondial change ; la Terre semble se réchauffer. Selon plusieurs chercheurs, cette hausse de température serait attribuable au fait qu'une grande quantité de polluants gazeux sont expédiés dans l'atmosphère et créent de la chaleur. Puisque cette chaleur ne peut se disperser pendant la nuit, il s'est formé une couche de chaleur permanente entre l'atmosphère et la surface terrestre : d'où l'effet de serre et le réchauffement du climat mondial.

TEXTE 1
Pourquoi le sable est-il blanc en Floride ?

Un grain de sable est un fragment de roche dont le diamètre mesure entre 1/16 mm et 2 mm. Pourquoi y a-t-il du sable blanc en Floride et plutôt beige sur la côte est du Canada ? La couleur du sable dépend de la couleur de sa composition.

As-tu déjà regardé de près du sable beige, comme on en voit très souvent en Acadie ? Il contient des grains de roches de différentes couleurs : grains de quartz (grains gris), de feldspath (grains roses ou beiges) et de mica (grains noirs). Ces minéraux sont très abondants sur le continent nord-américain.

Le sable blanc de Floride, lui, est composé de corail. Au large de la Floride, on trouve de grands récifs de coraux formés des squelettes blanchâtres de millions de petits organismes marins. À marée basse, les vagues brisent les coraux en petits fragments de la taille de grains de sable. Ces fragments sont transportés par les vagues vers la côte, où ils forment de belles plages de sable blanc.

LE MODE «ÉNUMÉRATION DE CAUSES»

■ *L'échec scolaire* ■ CORPUS, PAGE 60 ■

3 **A** Quels indices textuels te permettent d'affirmer que le développement de ce texte est organisé selon le mode «énumération de causes»?

B Formule une question de type *POURQUOI?* ou *COMMENT SE FAIT-IL QUE...?* qui te permettrait de cerner la phase de questionnement du texte.

C Élabore le plan de ce texte.

LE MODE «COMPARAISON»

**■ *Les hommes sont-ils plus créatifs
que les femmes?* ■ CORPUS, PAGE 43 ■**

4 Rends compte de ta compréhension du texte *Les hommes sont-ils plus créatifs que les femmes?* en reproduisant et en complétant l'organisateur graphique suivant:

**■ *L'imagination est-elle plus importante
que la connaissance?* ■ CORPUS, PAGE 36 ■**

5 **A** Dans le premier paragraphe de ce texte (lignes 1 à 15), relève les deux indices textuels qui laissent croire que ce texte sera organisé selon le mode «comparaison».

B Même si le début du texte laisse croire qu'il est organisé selon le mode «comparaison», la suite porte principalement sur l'un des deux éléments annoncés. Lequel?

6 Pour justifier ses propos, l'auteur du texte a recours à des exemples et à des témoignages.

A Relève le nom d'une personne qu'il donne en exemple pour prouver que l'imagination est plus importante que la connaissance.

B Relève une grande découverte et une grande invention qui, selon lui, sont dues au pouvoir de l'imagination.

C Dans les lignes 27 à 98, relève le nom de quatre personnes dont il cite les témoignages et résume en une phrase le témoignage de chacune.

LE MODE «CAUSE/CONSÉQUENCE»

7 Mets de l'ordre dans la séquence explicative de l'encadré, organisée selon le mode «cause/conséquence».

> ① Il s'est présenté à l'hôpital.
> ② Durant la nuit, il a manqué d'électricité.
> ③ Il a glissé.
> ④ Il s'est levé à 8 h 30.
> ⑤ Il y a eu hier une grosse tempête de neige.
> ⑥ Pourquoi cet élève n'est-il pas venu à l'école aujourd'hui?
> ⑦ Il a marché dans 30 cm de neige.
> ⑧ Son réveil n'a pas sonné.
> ⑨ Il a manqué l'autobus scolaire qui passe à 8 h 35.
> ⑩ Il s'est blessé à la cheville.

**■ *Un pédiatre déplore les effets pervers
de la course à l'excellence* ■ CORPUS, PAGE 59 ■**

8 Les éléments de l'explication présentée dans les lignes 20 à 30 de ce texte sont organisés selon le mode «cause/conséquence». Élabore un schéma qui en rend compte.

CONSEIL Consulte la rubrique *Connaissances* à la page 51.

■ *Une, deux, trois mémoires* ■ CORPUS, PAGE 25 ■

9 À l'activité 13 de la page 49, tu as fait un schéma pour représenter une séquence explicative (lignes 64 à 99) contenue dans le texte descriptif *Une, deux, trois mémoires*.

Maintenant que tu connais divers modes d'organisation des éléments de l'explication, refais ce schéma en tenant compte que l'explication est organisée selon le mode «cause/conséquence».

Activités DE DÉCOUVERTE

1

Reproduis le schéma suivant et complète-le afin de mettre en évidence les mots et les expressions qui servent à organiser le texte *Les bélugas du Saint-Laurent crèvent* (page 39).

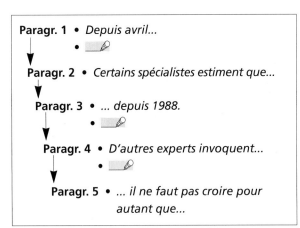

Paragr. 1 • *Depuis avril...*
           •

Paragr. 2 • *Certains spécialistes estiment que...*

Paragr. 3 • *... depuis 1988.*
           •

Paragr. 4 • *D'autres experts invoquent...*
           •

Paragr. 5 • *... il ne faut pas croire pour autant que...*

2

La phase explicative du texte *Pourquoi la mer est-elle salée ?* (page 41) est constituée des phrases complètes contenues dans les lignes 7 à 20. Dans chaque phrase, relève les mots et les expressions qui servent à organiser le texte.

3

Quel est le temps verbal principal de chacun des trois textes d'observation (pages 39, 41 et 42) ? Justifie ta réponse à l'aide d'exemples.

Connaissances

LA COHÉRENCE TEXTUELLE DANS UN TEXTE EXPLICATIF

Un texte explicatif est cohérent lorsque les phrases s'enchaînent les unes aux autres grâce à des liens de manière à rendre **l'explication claire et facile à comprendre**.

Dans un texte explicatif, les mots qui servent à organiser le texte (marqueurs de relation), le système des temps verbaux et la reprise de l'information constituent les principaux éléments qui assurent la cohérence textuelle.

LES MOTS QUI SERVENT À ORGANISER LE TEXTE

Dans un texte explicatif, les explications doivent s'enchaîner de façon claire et les mots qui servent à organiser le texte doivent aider les personnes qui lisent à faire des liens entre des renseignements complexes.

	de cause	de conséquence
Marqueurs de relation (conjonctions simples ou complexes)	*parce que, puisque, vu que, attendu que, étant donné que, comme, car, du fait que, soit que... soit que, d'autant plus que,* etc.	*de telle sorte que, si bien que, donc, alors, par conséquent, c'est pourquoi, de sorte que, de façon que, de manière que, si... que, tellement... que, sans que,* etc.
Prépositions (simples ou complexes)	*à cause de, du fait de, grâce à, en raison de, vu, compte tenu de, étant donné, en raison de, par suite de*	*au point de, jusqu'à,* etc.
Verbes référant à la cause ou à la conséquence	*provenir de, résulter de, être causé par, découler de, être occasionné par,* etc., et tous les verbes introduisant la conséquence employés à la forme passive	*causer, occasionner, engendrer, provoquer, entraîner, susciter, amener, produire, favoriser, déclencher, donner,* etc.
Noms référant à la cause ou à la conséquence	*cause, mobile, motif, origine, prétexte, raison, source*	*conséquence, corollaire, effet, réaction, répercussion, résultat, retombée, séquelle*

LE SYSTÈME DES TEMPS VERBAUX
LE TEXTE EXPLICATIF ÉCRIT AU PRÉSENT

Dans un texte explicatif, on peut expliquer un phénomène qui a toujours existé et qui existe encore. Le présent est alors le temps principal du texte.

Ex.:

Pourquoi bâillons-nous ?

[...] Ce réflexe naturel **est** le signe que nous **désirons** rester éveillés. Il nous **permet** d'amener en une seule fois à nos poumons la grande quantité d'air dont nous **avons besoin** pour stimuler à nouveau nos cellules quand, après une longue période de respiration ralentie, notre corps a épuisé ses réserves d'oxygène, ce qui **arrive** par exemple lorsque nous sommes demeurés longtemps assis et concentrés. [...]

Frédérique Tugault, «Petits mystères 2»,
© Vidéo-Presse.

LE TEXTE EXPLICATIF ÉCRIT AU PASSÉ

Dans d'autres cas, on peut vouloir expliquer un fait ou un phénomène qui est bel et bien terminé. On emploie dans ce cas des temps passés (passé composé et imparfait). Le passé simple est plutôt utilisé dans les textes littéraires de type narratif.

Ex.:

Pourquoi les galaxies tournent-elles ? Malheureusement nous savons peu de choses sur l'origine des galaxies et sur l'origine de leur rotation. Vraisemblablement la matière en expansion, issue de l'Explosion Initiale, **contenait**-elle un très grand nombre de concentrations en mouvements tourbillonnaires qui, par un ensemble de phénomènes encore inconnus, **se sont transformés** en galaxies tournantes...

Ainsi les planètes **ont reçu** leur rotation d'un nuage, qui **a reçu** la sienne d'une galaxie, qui **a reçu** la sienne des mouvements tourbillonnaires existant au début de l'univers. Les saisons, le jour et la nuit, nous viennent de très loin...

Hubert Reeves *et al.*, *Soleil*, Genève, La Nacelle, 1991.

Connaissances

On peut employer d'autres temps pour nuancer une explication, par exemple le condition-nel pour exprimer un doute. On utilise aussi le futur lorsqu'on veut faire un saut dans le futur.

LA REPRISE DE L'INFORMATION

Un texte est cohérent si, au fil de la lecture, on peut établir des liens d'une phrase à l'autre. La reprise de l'information permet d'établir ces liens. Plusieurs procédés peuvent être uti-lisés pour reprendre une information déjà mentionnée dans un texte explicatif. Le tableau suivant en présente quelques-uns.

REPRISE D'UNE INFORMATION À L'AIDE D'UN **GN QUI DÉSIGNE LA MÊME CHOSE** QUE CE QUI A DÉJÀ ÉTÉ EXPRIMÉ	
Exemples	**Procédés de reprise de l'information**
(Une experte) a confirmé que ce volcan allait bientôt faire éruption. (Cette experte) prévoit aussi que ce sera une catastrophe.	GN ← GN Dét. référent + même nom noyau
(L'experte en sismologie) s'est prononcée hier. (Cette experte) prédit que ce volcan fera éruption.	GN ← GN Dét. référent + même nom noyau (sans les expansions)
(Les éruptions volcaniques) sont assez effrayantes. (Ces phénomènes naturels) se répètent à intervalles assez réguliers.	GN ← GN Dét. référent + nom noyau différent
La Protection civile a immédiatement contacté (des experts en séismes) afin d'établir un plan d'urgence. (Les volcanologues) se sont empressés de collaborer.	GN → GN Dét. non référent + nom noyau différent
(Les experts) et (les témoins) ont observé des signes avant-coureurs de l'éruption. (Ces personnes) ont immédiatement averti la Protection civile du pays.	GN + GN ← GN Dét. référent + nom noyau différent
(Les experts) et (les témoins) ont observé des signes avant-coureurs de l'éruption. (Ils) ont immédiatement averti la Protection civile du pays.	GN + GN ← GN pronom

Suite

<table>
<tr><td colspan="2" align="center">**REPRISE D'UNE INFORMATION À L'AIDE D'UN GN QUI DÉSIGNE
LA MÊME CHOSE QUE CE QUI A DÉJÀ ÉTÉ EXPRIMÉ**</td></tr>
<tr><td align="center">**Exemples**</td><td align="center">**Procédés de reprise de l'information**</td></tr>
<tr>
<td>**Le maire** a tenu une conférence de presse télévisée dans l'heure qui a suivi.

Il a informé la population de l'événement et a précisé le nom des régions qui devaient être évacuées.</td>
<td>GN

GN
pronom</td>
</tr>
<tr>
<td>Le responsable de la Protection civile **présenta le plan d'urgence à ses subalternes et aux volontaires**.

Une heure après **cette présentation**, tout était en place et le volcan pouvait faire éruption. On l'attendait !</td>
<td>une phrase ou une partie de phrase

GN
Dét. référent + nom de la même famille
qu'un mot de la phrase ou
de la partie de phrase reprise</td>
</tr>
<tr>
<td>Les étudiants de la faculté **se sont immédiatement portés volontaires pour aider les gens de la Protection civile**.

Ce geste fut grandement apprécié.</td>
<td>une phrase ou une partie de phrase

GN
Dét. référent + nom générique</td>
</tr>
<tr>
<td>**Les étudiants en histoire de l'université locale se sont immédiatement souvenus des événements survenus à Pompéi lors de l'éruption du Vésuve en l'an 79.**

Ces connaissances leur ont fait anticiper le pire.</td>
<td>une ou plusieurs phrases

GN
Dét. référent + nom exprimant une réalité
en lien avec le contexte</td>
</tr>
<tr><td colspan="2" align="center">**REPRISE D'UNE INFORMATION À L'AIDE D'UN GN QUI DÉSIGNE
QUELQUE CHOSE EN RELATION AVEC CE QUI A DÉJÀ ÉTÉ EXPRIMÉ**</td></tr>
<tr>
<td>**un père de famille** a accompli une action héroïque en retournant au pied du volcan en pleine éruption pour chercher un sans-abri auquel personne n'avait pensé.

Son courage fut acclamé par toute la population.</td>
<td>GN

GN
Dét. référent + nom désignant un aspect,
possessif   une caractéristique ou une
(*son, sa, ses...*) partie de l'information
à laquelle il fait référence</td>
</tr>
</table>

59

Stratégies

Pour repérer et mettre en évidence les mots qui servent à organiser le texte

Au fil de la lecture, surligner les mots qui assurent des liens entre différentes parties du texte, entre différentes phrases ou à l'intérieur d'une phrase.

Pour déterminer et mettre en évidence le temps verbal principal du texte

Dans les premiers paragraphes, souligner les verbes au présent ou au passé composé. Déterminer ensuite le temps verbal principal du texte et, selon le cas, inscrire les mots **Présent** ou **Passé composé** sous le titre du texte. | Présent |

Pour s'assurer de bien établir les liens d'une phrase à l'autre

1 ▶ S'assurer de bien faire le lien entre les pronoms et leurs antécédents. En cas de doute, relier par une flèche le pronom et le groupe de mots auquel il fait référence.

2 ▶ Appliquer la même stratégie d'annotation avec les groupes du nom (GN) ayant un déterminant référent (*ce, cet, cette, ces, mon, ta, sa, leur,* etc.).

D'un texte à l'autre

LA COHÉRENCE TEXTUELLE

1 Suppose qu'on retranche des paragraphes dans certains textes de ton manuel *Corpus* pour voir dans quelle mesure la cohérence textuelle serait touchée. Précise l'information qui manquerait si l'on supprimait :

A le paragraphe qui commence à la ligne 14 dans le texte *Connais-toi toi-même* (page 4);

B le paragraphe qui commence par *Seuls quelques individus* (ligne 183) dans la conclusion du texte *Les sept formes d'intelligence : la théorie des intelligences multiples* (page 15);

C la question *Comment peut fonctionner une telle intelligence ?* (lignes 34 et 35) dans le texte *Léonard ou l'intelligence absolue* (page 16);

D le paragraphe qui commence par *Vue sous cet angle* (ligne 66) dans le texte *L'intelligence, ou pourquoi on peut avoir un gros QI et une cervelle de moineau* (page 19);

E l'encadré de la page 36.

LES MOTS QUI SERVENT À ORGANISER LE TEXTE

2 Le paragraphe suivant est incohérent parce qu'on a retranché certains mots qui servaient à organiser le texte. Récris-le en insérant les mots appropriés.

1 le début du siècle, on s'est efforcé de mesurer l'intelligence au moyen de tests «objectifs». **2** récemment, les spécialistes de l'intelligence artificielle ont essayé de définir formellement les facultés mentales **3** concevoir des programmes d'ordinateurs capables d'effectuer des tâches intelligentes. **4** , **5** réussites indéniables, les deux démarches se sont révélées également inaptes à capter l'essentiel : on peut avoir un très gros QI tout en se conduisant stupidement; et les programmes les plus performants, **6** du Deep Blue d'IBM qui, **7** d'un mémorable match d'échecs, a donné une réplique fort honorable à Kasparov, font **8** appel à la «force brute» **9** à l'astuce.

■ *Rameau génial* ■ CORPUS, PAGE 52 ■

3 Si tu devais définir les mots *éléphant, école polyvalente* ou *belle*, tu arriverais sans doute à un résultat semblable à celui qu'on trouve dans un dictionnaire. Mais si tu devais définir un marqueur de relation, comment t'y prendrais-tu ?

A Précise le sens des marqueurs de relation de l'encadré ci-dessous en décrivant le rôle de chacun dans le texte *Rameau génial*.

B Rédige de nouvelles phrases contenant ces marqueurs pour prouver que tu en as compris le sens. Écris toutes tes phrases sur le thème de l'intelligence.

C Trouve des marqueurs de relation synonymes.

---

① *et* (lignes 3 et 4)

② *comme* (ligne 21)

③ *Mais* (ligne 22)

④ *en même temps que* (ligne 29)

⑤ *Bien qu'* (ligne 36)

⑥ *sous prétexte qu'* (ligne 38)

⑦ *Quoique* (ligne 46)

LE SYSTÈME DES TEMPS VERBAUX

■ *Sommes-nous plus intelligents ?* ■ CORPUS, PAGE 20 ■

4 Dans l'introduction (lignes 1 à 18) du texte *Sommes-nous plus intelligents ?*, les verbes sont parfois au présent, parfois au passé. Justifie l'emploi de ces deux temps verbaux à l'aide d'extraits du texte.

CONSEIL Consulte la rubrique *Connaissances* à la page 57.

■ *La rage d'être premier de classe* ■ CORPUS, PAGE 57 ■

5 **A** Pourquoi la plupart des verbes du texte *La rage d'être premier de classe* sont-ils au passé ?

B Dans le texte, relève des verbes au présent et justifie l'emploi de ce temps.

6 Si tu devais écrire un texte explicatif sur les sujets suivants, à quel temps la plupart des verbes devraient-ils être conjugués ? Justifie ta réponse

A Les causes de la guerre de Cent Ans

B Les causes des tornades

C Les causes du démantèlement du mur de Berlin

D Les causes du diabète

LA REPRISE DE L'INFORMATION

■ *L'oubli* ■ CORPUS, PAGE 30 ■

7 Le mot *oubli* est-il masculin ou féminin ? Prouve ta réponse en relevant deux cas de reprise de l'information au début du texte.

8 Réponds aux questions suivantes à l'aide de schémas semblables à ceux des pages 58 et 59.

Dans les lignes 25 à 34 du texte *L'oubli*,

A que reprend le groupe du nom *cette capacité* ?

B que reprend le pronom *celui* ?

C que reprend le pronom *elle* ?

9 Récris les lignes 25 à 34 en remplaçant les mots *cette capacité, celui* et *elle* par d'autres mots.

10 À la fin du texte (lignes 110 à 117), que reprend le mot *cela* ?

■ *La rage d'être premier de classe* ■ CORPUS, PAGE 57 ■

11 **A** Que signifient les sigles *UdM* et *HEC*, et l'abréviation *Poly* ?

B Trouve un mot générique qui pourrait reprendre ces trois mots.

C Complète la phrase suivante avec le terme générique que tu as trouvé :

• *Les enfants de la famille Cloutier fréquentent tous* ✎ .

1 Le texte suivant a été annoté en appliquant les stratégies de lecture des pages 46, 53 et 60. En le lisant, tu pourras faire le bilan de tes découvertes sur l'organisation des textes explicatifs.

Attention ! Au fil de ta lecture, prends le temps de réfléchir au sens des mots *déclin, déboisement, prolifération, pullulent, biomasse, écosystème, boréales.*

Les forêts du Nord ont maigri de 20 % en 25 ans

Présent

OTTAWA (PC) – Une nouvelle étude permet de constater que les forêts du Nord du Canada ont perdu un cinquième de leurs arbres au cours des 25 dernières années.

POURQUOI?
Intro

Le déclin est dû principalement à une augmentation des feux de
5 forêt et aux insectes, soutient l'étude dont les auteurs sont Michael Apps, du Service canadien de foresterie, et Werner Kurz, d'ESSA Technologies, de Vancouver.

pcq

{ Ség. E }
L'exploitation forestière a aussi augmenté mais elle ne constitue qu'un facteur de moindre importance par rapport aux désastres naturels
10 qui provoquent le déboisement, conclut l'étude.

pcq

pcq *Causes*

M. Kurz a laissé entendre au cours d'une interview que le réchauffement de la planète est peut-être une des raisons de la prolifération des sinistres.

pcq

Les insectes pullulent et les feux de forêt sont fréquents lorsque les
15 températures montent au-dessus de la moyenne.

[Ség. D]
La biomasse totale – l'ensemble des plantes vivantes – dans les forêts du Nord du Canada est passée de 8,7 milliards de tonnes en 1970 à 7,1 milliards de tonnes en 1990, rappelle l'étude.

Cela représente une perte de 18 % du volume total des plantes et
20 arbres des forêts boréales, le principal écosystème du Canada.

{ Ség. E }
[...] La découverte la plus déconcertante est que l'ampleur des dégâts provoqués par les insectes et le feu a transformé la forêt canadienne qui, au lieu d'«absorber» les gaz carboniques, est devenue une source de gaz carboniques au cours des dernières années.

pcq
↑
POURQUOI?

25 Le déclin des forêts pourrait aussi accélérer le réchauffement de la planète. M. Kurz a d'ailleurs noté que les années 1980 ont été les plus chaudes jusqu'à présent.

Conclusion

Ség. P
«Si la plus chaude décennie a aussi produit le plus grand nombre de feux de forêt ainsi que la perte de grandes superficies boisées, et si nous
30 continuons à voir grimper les températures, je crois qu'il est juste de présumer que les régions dévastées par le feu ne cesseront de s'étendre.»

Le Soleil, 4 novembre 1995.

POURQUOI les forêts du Nord ont-elles maigri de 20 % en 25 ans ?

2 Qu'as-tu retenu sur l'organisation des textes explicatifs ? À l'aide du texte *Les forêts du Nord ont maigri de 20 % en 25 ans*, fais la synthèse des connaissances que tu as acquises dans les pages précédentes en transcrivant le texte ci-dessous et en le complétant.

LIRE UN TEXTE EXPLICATIF, C'EST...

• EN RECONSTITUER LE CONTENU;

• EN RECONSTITUER L'ORGANISATION.

Un texte explicatif est une longue **séquence explicative** organisée en trois phases :

1. la phase de **1** , dans laquelle **2** ;

2. la phase **3** , dans laquelle **4** ;

3. la phase **5** , dans laquelle **6** .

Un texte explicatif peut aussi contenir d'**autres sortes de séquences** : des séquences **7** , **8** ou **9** . Ces séquences ont généralement pour rôle de **10** .

Je peux résumer l'organisation du texte *Les forêts du Nord ont maigri de 20 % en 25 ans* à l'aide des deux tableaux suivants :

L'organisation en phases
• Affirmation à laquelle je peux associer la question *POURQUOI ?* : **11**
• Quatre énoncés du texte qui constituent des réponses à cette question :   – **12** ; – **14** ;   – **13** ; – **15** .
• Énoncé d'une conséquence du phénomène expliqué dans le texte et qui constitue la conclusion : **16**

L'organisation en séquences
1re séquence explicative (lignes 1 à 14)   *POURQUOI* **17** ?   • *parce que* **18**   • *parce que* **20**   • *parce que* **19**
Séquence descriptive (lignes 15 à 19)   Ce qui est décrit : **21**
2e séquence explicative (lignes 20 à 23)   *POURQUOI* **22** ?   • *parce que* **23**
Séquence de paroles (lignes **24** à **25**)   Qui parle ? **26**

Si je devais faire le **plan** de ce texte, je dirais que l'introduction est contenue dans les lignes **27** à **28** , le développement dans les lignes **29** à **30** et la conclusion dans les lignes **31** à **32** . Je dirais aussi que la phase explicative est organisée selon le mode **33** .

Je peux donc **résumer** ce texte de la manière suivante : **34** .

D'UN TEXTE À l'autre

3 Pour prouver que tu sais reconstituer l'organisation d'un texte explicatif, trouve un texte qui t'intéresse et annote-le de manière à faire ressortir les éléments qui permettent d'en reconstituer l'organisation.

CONSEIL Les annotations du texte *Les forêts du Nord ont maigri de 20 % en 25 ans* ainsi que les stratégies présentées aux pages 46, 53 et 60 peuvent t'aider.

AVANT DE LIRE

Lis les extraits des bandes dessinées mettant en scène Gaston Lagaffe. *CORPUS, PAGES 45 À 47*

1 Crois-tu être une personne créative ? Pourquoi ?

2 Nomme une personne de ton entourage qui est, selon toi, un modèle de créativité et explique pourquoi en une ou deux phrases.

3 À partir des extraits de bandes dessinées que tu as lus, essaie de découvrir les caractéristiques d'une personne créative en donnant des exemples de ce que fait Gaston Lagaffe.

Lis le texte *Pourquoi sommes-nous limités dans notre créativité ?* ■ *CORPUS, PAGE 39* ■

4 En équipes de trois ou quatre, répondez aux questions suivantes :

A Quel est le trait de caractère le plus dérangeant des gens qui font preuve de créativité ?

B Quelle est la condition essentielle pour être créatif ou créative ?

C Comment les gens créatifs sont-ils perçus d'après vous ?

Survole le texte *Le créateur absolu : le cas Lagaffe.* ■ *CORPUS, PAGES 44 À 47* ■

5 **A** Si tu tiens compte seulement des extraits des bandes dessinées, penses-tu que le ton du texte que tu liras sera tragique, poétique, humoristique, neutre ou familier ?

B Si tu observes les intertitres, sur quel ton penses-tu que ce texte est écrit ?

6 **A** Quel mode d'organisation penses-tu que l'auteur a utilisé pour écrire son texte ?

B À quelle question ce texte répondra-t-il ?

POURQUOI Gaston Lagaffe est-il si créatif ?

la première partie du texte ■ *LIGNES 1 À 17* ■

7 Résume ce paragraphe en commençant par les mots *Dans ce texte* et en rédigeant des phrases qui répondront aux trois questions suivantes :

• Qu'est-ce qui est expliqué ?

• Qui explique ?

• À qui est-ce expliqué ?

Dans ton résumé, utilise les mots *explicatif, expert, destinataire*.

8 Avant de poursuivre ta lecture, réponds à la question *POURQUOI Gaston Lagaffe est-il si créatif ?* en n'utilisant que les intertitres.

la deuxième partie du texte ■ *LIGNES 18 À 39* ■

9 Dans ce paragraphe, relève un mot composé synonyme de *indépendance d'esprit*.

10 Le début de ce paragraphe constitue une séquence descriptive (lignes 18 à 33).

A Quels mots du texte le révèlent clairement ?

B Qu'est-ce que l'auteur décrit ?

C Pourquoi fait-il cette description ?

11 À la fin du paragraphe, l'auteur énonce deux raisons qui expliquent pourquoi l'indépendance d'esprit fait de Gaston Lagaffe un être créatif.

A Trouve ces passages et complète la phrase suivante :

• *Son indépendance d'esprit fait de Gaston Lagaffe un être créatif parce que* ___✎ *et parce que* ___✎ *.*

B Schématise la phrase que tu viens d'écrire selon le modèle suivant :

| **POURQUOI ?** (conséquence) | → | **parce que** (causes) |

la troisième partie du texte ■ *LIGNES 40 À 57* ■

12 Dans cette partie du texte, l'auteur a recours à deux procédés explicatifs pour s'assurer d'être bien compris.

A Quel est le premier procédé explicatif utilisé ? Pourquoi l'auteur a-t-il utilisé ce procédé ?

B Quel est le deuxième procédé explicatif utilisé et par quel mot est-il introduit ?

13 À la fin du paragraphe, l'auteur exprime clairement pourquoi l'altruisme est l'une des causes de l'esprit créatif de Gaston Lagaffe. Trouve ce passage et complète la phrase suivante :

• *L'altruisme de Gaston Lagaffe développe son esprit créatif parce que* ___✎ *.*

14 Le premier paragraphe de cette partie du texte (lignes 58 à 72) constitue une séquence descriptive.

A Qu'est-ce qui est décrit ?

B Quelle phrase du paragraphe résume cette description ?

15 Le deuxième paragraphe de cette partie du texte (lignes 73 à 110) contient une séquence narrative.

A À quelles lignes la trouve-t-on ?

B Quel indice t'a permis de repérer cette séquence narrative ?

C Que raconte-t-on dans cette séquence narrative ?

D Quel rôle cette séquence narrative joue-t-elle dans l'explication ?

16 Dans ce même paragraphe, l'auteur a recours à un procédé explicatif pour soutenir son explication.

A Quel est ce procédé explicatif ? Justifie ta réponse.

B Comment ce procédé aide-t-il à répondre à la question *POURQUOI Gaston Lagaffe est-il si créatif* ?

17 En te référant à cette partie du texte, transcris l'énoncé suivant et complète-le :

• *La curiosité de Gaston Lagaffe en fait un être créatif parce que* ____ .

18 **A** Quels sont les deux comportements qui expliquent que le sens de l'observation de Gaston Lagaffe contribue au développement de sa créativité ?

B Quels sont les mots qui t'ont permis de les repérer dans le texte ?

C Quel procédé explicatif l'auteur utilise-t-il pour mieux faire comprendre ces comportements ? Justifie ta réponse à l'aide d'extraits du texte.

D Quelle expression l'auteur utilise-t-il pour reprendre cette information ?

19 À la fin de cette partie, comment l'auteur exprime-t-il d'une autre façon que Gaston Lagaffe est dans un état d'éveil perpétuel ?

APRÈS AVOIR LU

20 Dans tout le texte, relève les mots et les ensembles de mots qui pourraient faire partie du champ lexical de la créativité.

21 Selon quel mode les explications sont-elles organisées dans le développement de ce texte ? Justifie ta réponse.

22 Reproduis le schéma de la séquence explicative de ce texte et complète-le.

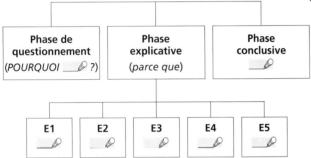

23 Élabore le plan du texte *Le créateur absolu : le cas Lagaffe*.

24 Rédige trois ou quatre phrases dans lesquelles tu expliqueras pourquoi telle personne de ton entourage est douée d'une grande créativité. Utilise des explications semblables à celles que Bernard Demory utilise pour expliquer pourquoi Gaston Lagaffe est si créatif.

25 Parmi les cinq caractéristiques qui font de Gaston Lagaffe un être si créatif, laquelle peut-on le plus fréquemment attribuer à des élèves de ton âge ? Pourquoi ?

26 Dans le texte *Pourquoi sommes-nous limités dans notre créativité ?*, tu as appris que 10 verrous peuvent retenir la créativité. Rédige un court texte dans lequel tu prouveras que la créativité de Gaston Lagaffe n'est retenue par aucun de ces verrous.

27 Construis une fiche pour rendre compte de ta démarche de lecture. Parmi les pistes suivantes, choisis celles qui te permettront de parler de tes difficultés et des moyens que tu as trouvés pour les surmonter.

ÉVALUATION DE LA DÉMARCHE DE LECTURE

Le texte

1. À la première lecture, le texte *Le créateur absolu : le cas Lagaffe* m'a semblé (facile/difficile) _____ parce que _____ .

2. Ce texte porte sur un sujet que (je ne connaissais pas/je connaissais) _____ .

3. J'ai commencé à lire ce texte avec (beaucoup/plus ou moins/peu) _____ d'intérêt parce que _____ .

4. Au fil de la lecture, j'ai pu (facilement/difficilement) _____ utiliser les connaissances sur le texte explicatif présentées dans les rubriques **Connaissances**, notamment _____ .

Les activités

5. De façon générale, les activités m'ont (peu/beaucoup/plus ou moins) _____ aidé(e) à comprendre le texte.

6. J'ai échoué à certaines activités parce que :

- les connaissances qui s'y rattachaient étaient obscures pour moi (activités _____); *La prochaine fois, pour réussir des activités semblables, relis les rubriques* **Connaissances** *des pages 44 et 45, 50 à 52, et 56 à 59.*

- la formulation des questions me causait certaines difficultés (activités _____); *La prochaine fois, pour réussir des activités semblables, consulte le tableau* **Pour bien comprendre les consignes d'une activité de lecture d'un texte explicatif** *à la page 187.*

- je ne comprenais pas certains mots dans la question ou dans le texte (activités _____). *La prochaine fois, analyse le contexte, utilise ton dictionnaire ou demande l'aide d'un ou d'une camarade.*

La prochaine fois

7. Crois-tu que tu réussirais une épreuve d'évaluation sur l'organisation des textes explicatifs avec un texte équivalent ?

☐ Oui. ☐ Non. Pourquoi ? _____

COMMENT EXPLIQUER QUE NOUS SOYONS «FASCINÉS» PAR L'ULTRA-VIOLENCE?

Claude Benjamin
(L'auteur est président de la Régie du cinéma.)

Quand **ON** aborde la question de la violence dans notre société et plus particulièrement quand **ON** se penche sur ses diverses manifestations au petit et au grand écran, on est conduit à chercher à comprendre pourquoi **ON** retrouve aujourd'hui cette violence

5 GRATUITE, TOTALE, si OBSÉDANTE et si MARGINALE dans autant de films? Comment expliquer aussi que certaines stations de télévision **[NOUS]** présentent, à des heures de grande écoute, un FESTIVAL DE FILMS D'HORREUR? Pourquoi enfin Musique Plus s'acharne-t-elle à présenter aux jeunes des vidéoclips pour la plupart à connotation

10 «VIOLENCE-SEXE-FEMMES OBJETS»? Bref, pourquoi autant de COMPLAISANCE dans ce qui n'est que «DÉRÈGLEMENT DE LA CONDUITE HUMAINE»?

POURQUOI sommes-nous «fascinés» par l'ultra-violence?

Comment expliquer aussi que nombre de spectateurs et de téléspectateurs soient littéralement «fascinés» par l'ULTRA-VIOLENCE? Bien sûr, ils sont nombreux aussi ceux qui sont bouleversés, voire 15 choqués par cette VIOLENCE. N'empêche que les FILMS D'HORREUR et de VIOLENCE qui ne cessent depuis quelque temps de recourir aux PSY-CHOPATHES, nouveaux HÉROS de nos écrans, sont en forte demande dans les commerces de matériel vidéo.

Les explications sont peut-être multiples. Quant à MOI, JE suis 20 de ceux qui croient qu'il en est ainsi parce que nos sociétés ont depuis des années opté pour certaines valeurs qui ne peuvent que conduire à un tel cul-de-sac: DOMINATION, PUISSANCE, performance avant tout, place aux plus forts. Ajoutez à cela que le spectateur baigne depuis sa tendre enfance dans le monde de l'image, en 25 ayant peu d'instruments pour exercer un regard critique.

Ces spectateurs sont amenés à franchir toutes les frontières, avec comme postulat de base qu'il est interdit d'interdire. Dans un tel contexte, VIOLENCE et MORT perdent tout leur sens et sont objets de consommation comme tout le reste. VIOLENCE et MORT ont rapporté, 30 uniquement au chapitre de la location de vidéocassettes, un peu plus d'un milliard et demi de dollars l'an passé aux États-Unis. C'est de gros sous et d'industrie qu'il est ici question, pas d'autre chose. Industrie de la VIOLENCE et de la MORT. Tout comme pour celle de la guerre, il s'agit de fabriquer et de répondre aux attentes de tous les 35 clients sans trop chercher à les différencier.

Cette industrie atteint en outre des raffinements inconnus jusqu'à maintenant. C'est ainsi que la guerre du Koweit fut réduite par la télévision américaine à un jeu vidéo, la même scène où la cible était bien atteinte grâce à l'informatique nous étant projetée à 40 répétition. ET TOUT SAUTAIT MAGNIFIQUEMENT BIEN. Une réussite totale quoi, et sur fond de musique parfois... Seule la BBC à ma connaissance s'est refusée à réduire cette guerre à un spectacle vidéo. [...]

Qu'est-ce qui peut conduire une personne à vouloir en voir une autre **SE COMPORTER COMME UN PIT-BULL**? Dans nombre d'œuvres ciné-
45 matographiques, comme d'ailleurs dans nombre d'œuvres litté-raires, les pit-bulls humains se multiplient. L'image devient de plus en plus précise et détaillée: **ON** parvient à reproduire une chair humaine dont **ON** ne doute pas un instant qu'elle soit réelle et surtout sanguinolente.

50 Nombre de ceux qui réalisent ces films nous viennent du milieu de la publicité. Ils sont des **MAÎTRES DE LA SÉDUCTION**. La technique ne connaît aucun secret pour eux: un os qui craque, un œil transpercé par un pouce, tout est rendu réel. Les effets spéciaux, c'est une chose. Mais ce qui **ME** semble encore plus important, c'est l'utilisa-
55 tion que l'on fait de ces effets spéciaux. De plus en plus, **ON** cherche et **ON** réussit fort bien à **[NOUS]** «rapprocher» de l'événe-ment, de l'action. Autrement dit, venez et **ENTREZ DANS CET ŒIL TRANSPERCÉ PAR UN POUCE**. Il n'y a plus de distanciation et surtout il n'y a plus de place pour la compassion. Dans le film *Total Recall*, Arnold
60 Schwarzenegger dira à sa femme qu'il fait presque éclater en morceaux: «*Consider this as a divorce.*» Et l'**ON** est censé rire. L'évé-nement qui **[NOUS]** est présenté est **LITTÉRALEMENT DÉNATURÉ**. Les plus jeunes dans notre société qui, plus souvent qu'autrement, ne disposent pas de tous les outils pour considérer avec un regard cri-
65 tique ce qui leur est présenté sont alors réduits à n'être que des spectateurs qui en viennent à en redemander. Tout comme le *popcorn*... [...]

La Presse, 6 novembre 1992.

Activités
DE DÉCOUVERTE

1 Reproduis la fiche suivante et remplis-la. Cela te permettra d'accumuler des indices pour dégager le point de vue de l'auteur du texte *Comment expliquer que nous soyons «fascinés» par l'ultra-violence ?*

Titre du texte : 🖉

Source : 🖉 Date de parution : 🖉

Sujet du texte : 🖉

Auteur : 🖉

Sa fonction : 🖉

Quelles études faut-il selon toi pour occuper un tel poste ?

☐ Des études secondaires

☐ Des études collégiales

☐ Des études universitaires

2 Dans ce texte, les pronoms sont des indices importants pour aider à discerner le point de vue.

A Dans le titre, relève un pronom qui indique que l'auteur fait partie de ceux qui sont fascinés par l'ultra-violence.

B Dans le premier paragraphe, relève un pronom qui fait référence à la société en général.

C Dans le deuxième paragraphe, relève un pronom qui désigne les téléspectateurs et les spectateurs fascinés par l'ultra-violence.

D Dans le troisième paragraphe, relève un pronom qui révèle la présence de l'auteur.

3 Relève dix mots ou ensembles de mots dont la connotation révèle le point de vue de l'auteur.

4 Résume en une phrase le point de vue de l'auteur sur l'ultra-violence.

Connaissances

LE BUT D'UN TEXTE EXPLICATIF

Le plus souvent, la personne qui écrit un texte explicatif veut **faire comprendre** un fait, une affirmation ou un phénomène à ses lecteurs et à ses lectrices; sa **visée** est avant tout **informative**. Cependant, il peut arriver que son explication soit développée dans le **but d'influencer son destinataire**.

LE POINT DE VUE DANS UN TEXTE EXPLICATIF

Dans un texte explicatif, le point de vue de la personne qui écrit se traduit par le **rapport qu'elle établit avec le sujet traité** et celui qu'elle établit **avec son destinataire**. On peut cerner le point de vue de la personne qui écrit un texte explicatif en répondant aux questions suivantes:

– *Qui explique ?*

– *Quel rapport la personne qui écrit établit-elle avec son sujet ?*

– *À qui explique-t-on ?*

– *Comment la personne qui écrit perçoit-elle le destinataire ?*

LE RAPPORT AUTEUR/SUJET
QUI EXPLIQUE ?

Les personnes qui écrivent des textes explicatifs sont souvent des spécialistes en la matière. Ils ou elles peuvent être journalistes, vulgarisateurs ou vulgarisatrices scientifiques, enseignants ou enseignantes, etc.

QUEL RAPPORT LA PERSONNE QUI ÉCRIT ÉTABLIT-ELLE AVEC SON SUJET ?

La personne qui écrit un texte explicatif doit connaître son sujet à fond. Toutefois, selon qu'elle veut informer ou influencer, elle manifeste sa **neutralité** ou son **engagement** par rapport au sujet traité. Un **point de vue neutre** signifie que la personne qui écrit présente objectivement des explications en utilisant un vocabulaire neutre. Un **point de vue engagé** signifie que la personne qui écrit prend position en fonction de ses valeurs personnelles et qu'elle exprime des opinions et des jugements de valeur **de façon explicite ou implicite**. L'emploi des pronoms personnels *je (j'), nous, moi* et le recours à un vocabulaire connotatif révèlent un point de vue engagé.

Les valeurs

Les valeurs sont des **croyances**, des convictions et des principes qui guident les pensées et les gestes des personnes. Une valeur est donc ce qui est vrai, beau et bien aux yeux d'une personne (ex.: l'amitié, la fidélité, l'argent, la qualité de l'air, l'ambition, l'éducation, la famille, l'environnement, etc.).

Certaines expressions contribuent à marquer la position de la personne par rapport au sujet traité : *je crois sincèrement que..., il faudrait peut-être nuancer*, etc.

LE RAPPORT AUTEUR/DESTINATAIRE
À QUI EXPLIQUE-T-ON ?

Le **destinataire** est la **personne** ou le **groupe de personnes à qui les explications sont destinées**. Dans certains textes explicatifs, il est facile de constater que les explications sont destinées à une catégorie de personnes en particulier, par exemple à des enfants ou à des adultes qui connaissent plus ou moins bien le sujet.

COMMENT LA PERSONNE QUI ÉCRIT PERÇOIT-ELLE LE DESTINATAIRE ?

Selon l'image qu'elle se fait du destinataire, la personne qui écrit établit des rapports d'autorité ou d'égalité.

Certains indices dans le texte révèlent un **rapport d'autorité** (*croyez-moi, je peux me permettre d'affirmer que*, etc.) ou un **rapport d'égalité** (*ne croyez-vous pas, peut-être savez-vous que*, etc.).

De plus, le recours à de nombreux **procédés explicatifs** (exemples, définitions, reformulations, comparaisons et schémas) indique que la personne qui écrit tient compte du degré de **connaissances** que le destinataire peut avoir du sujet traité dans le texte.

LES INDICES QUI RÉVÈLENT LE POINT DE VUE

L'emploi des **pronoms personnels** de la première personne (*je, nous, moi*) marque la présence de la personne qui écrit le texte et le rapport qu'elle établit avec son destinataire.

Certains **marqueurs de modalité** indiquent comment la personne qui écrit se situe par rapport à ses propos:

• des pronoms personnels comme *je, nous, vous*;

• des expressions comme *j'ai démontré que, il m'apparaît important, je crois*, etc.;

• des adjectifs et des adverbes connotatifs (*formidable, heureusement, malheureusement, hélas, sans doute*, etc.);

Connaissances

- des auxiliaires de modalité (il _faut_ comprendre, ils ont _dû_ continuer, etc.);

- l'emploi du conditionnel (il _pourrait_ arriver, il _conviendrait_ toutefois, il _serait_, etc.);

- des constructions de phrases particulières (phrases impersonnelles, non verbales, emphatiques).

Les **phrases transformées** (phrases interrogatives, exclamatives ou impératives) et les pronoms de la deuxième personne (_vous_) permettent d'interpeller le destinataire et révèlent parfois **implicitement** le point de vue engagé de la personne qui écrit ou sa perception du destinataire.

LE TON

Les indices qui révèlent le point de vue de la personne qui écrit contribuent aussi à donner un ton au texte. Le **ton** devient ainsi une **marque de la distanciation** (point de vue neutre) **ou de l'engagement** (point de vue engagé) de la personne qui écrit par rapport à son sujet. Dans un texte explicatif, le ton est généralement **neutre** et **didactique**, puisque le but visé est de faire comprendre une affirmation, un fait ou un phénomène. La personne qui écrit utilise alors de nombreux procédés explicatifs fondés sur des faits vérifiables ou des données scientifiques.

En plus d'être didactique, le ton d'un texte explicatif peut être:

- **critique** lorsque la personne qui écrit laisse deviner son engagement par rapport au sujet dont elle parle;

- **humoristique** lorsque la personne a recours à l'humour pour faire comprendre ses explications.

Stratégies

Pour repérer et mettre en évidence les éléments du texte qui révèlent le point de vue de la personne qui écrit

1 ▶ Dans les premiers paragraphes, encercler les pronoms personnels et inscrire, dans la marge de droite, la lettre **Ⓟ** (présence) si l'auteur ou l'auteure manifeste sa présence et la lettre **Ⓐ** (absence) dans le cas contraire.   Ⓐ

2 ▶ Lire le texte en entier et surligner les passages qui révèlent le rapport que la personne qui écrit établit avec son sujet.

3 ▶ Pour chaque passage surligné, selon le point de vue de la personne qui écrit, inscrire ⊕ (point de vue engagé positif), ⊖ (point de vue engagé négatif), **⓪** (point de vue neutre) ou ⊕⁄⊖ (point de vue nuancé).   ⊕

4 ▶ Souligner les passages qui révèlent l'image que la personne qui écrit se fait du destinataire et, selon le cas, inscrire dans la marge de gauche les mots **Égalité** ou **Autorité**.   Égalité

5 ▶ Après avoir lu le texte, choisir, parmi les affirmations suivantes, celle qui correspond aux réactions que le texte a suscitées:

- En lisant ce texte, j'ai eu l'impression d'assister à un cours donné par un spécialiste (ton didactique).

- En lisant ce texte, j'ai eu l'impression qu'on voulait me dire comment penser (ton critique).

- En lisant ce texte, j'ai souri à plusieurs reprises (ton humoristique).

▪ Splendeurs et misères d'une «bollée» ▪
▪ CORPUS, PAGE 55 ▪

1 Dans ce texte, Sophie parle de la réussite scolaire.

A Dans le chapeau de l'article, relève le passage qui révèle clairement que la réussite scolaire n'est pas une valeur partagée par tous.

B Dans le texte, relève deux autres passages qui révèlent les valeurs de ceux et celles pour qui la réussite scolaire n'est pas aussi importante que pour Sophie.

C À la fin du texte, relève un passage qui révèle explicitement que la réussite scolaire est très importante pour Sophie.

▪ L'intelligence, ou pourquoi on peut avoir un gros QI et une cervelle de moineau ▪ CORPUS, PAGE 18 ▪

2 **A** Lis le titre du texte, le chapeau et le dernier paragraphe et choisis, dans l'encadré, l'énoncé qui décrit le but de l'auteur.

> ① L'auteur veut démontrer que l'intelligence n'est pas une question de performance sophistiquée.
>
> ② L'auteur veut démontrer que l'intelligence est beaucoup plus importante que l'émotion.
>
> ③ L'auteur veut démontrer que l'intelligence doit être accompagnée d'émotion pour bien fonctionner.

B Dans les mêmes parties du texte, relève deux passages qui justifient ton choix.

3 L'auteur du texte *L'intelligence, ou pourquoi on peut avoir un gros QI et une cervelle de moineau* fait appel à une sommité pour défendre son point de vue.

A Cherche dans le dictionnaire le sens du mot *sommité* dans ce contexte.

B À quelle sommité fait-il appel ?

C Quel est le titre de cette sommité ?

D Indique à quelles lignes l'auteur rapporte les propos de cette sommité et relève les indices textuels qui te permettent de l'affirmer.

E Indique à quelles lignes l'auteur mentionne le point de vue de cette sommité sans la citer et relève l'indice textuel qui te permet de l'affirmer.

F Quel est le ton adopté par cette sommité dans ses interventions ? Justifie ta réponse.

▪ Sommes-nous plus intelligents ? ▪
▪ CORPUS, PAGE 20 ▪

4 **A** Dans la réponse à la question *Comment expliquer une telle hausse ?* (lignes 74 à 83), relève quatre indices qui révèlent la présence de la personne qui explique et précise la ressource linguistique utilisée dans chaque cas.

CONSEIL Pour préciser la ressource linguistique utilisée, consulte la rubrique *Connaissances* aux pages 73 et 74.

B Ces indices révèlent-ils le point de vue de la personne interrogée ? Explique ta réponse.

D'UN TEXTE
À l'autre

5 **A** Serge Larivée est professeur. Sa façon de parler le démontre bien : il s'exprime avec clarté, sur un ton didactique. Dans les lignes 138 à 151, relève trois passages qui donnent l'impression qu'il s'adresse à une classe d'étudiants et d'étudiantes.

B Que révèlent ces indices sur le rapport de Serge Larivée avec son destinataire ?

6 À la ligne 151, pourquoi le mot *probabilités* est-il entre guillemets ?

7 Lis les lignes 138 à 151 à haute voix, en jouant le rôle de Serge Larivée. Fais ressortir le point de vue du professeur en insistant sur ses doutes et en adoptant un ton didactique. Crée des effets théâtraux : gesticule, parle plus fort, fais des pauses stratégiques, etc.

8 Répète l'exercice du numéro 7 avec les lignes 155 à 202. Demande à une personne de jouer le rôle d'intervieweur ou d'intervieweuse.

▪ *Pourquoi sommes-nous limités dans notre créativité ?* ▪ CORPUS, PAGE 39 ▪

9 Lis le titre et le chapeau de ce texte.

A Dans le titre, que révèle l'emploi du pronom *nous* sur le rapport auteur / destinataire ?

B Quel changement observes-tu dans ce rapport si tu considères les pronoms personnels employés dans le chapeau du texte ?

C Lis le texte au complet. Quel rapport la personne qui écrit établit-elle réellement avec ses destinataires ? Justifie ta réponse en t'appuyant sur des passages du texte.

▪ *La rage d'être premier de classe* ▪
▪ CORPUS, PAGE 57 ▪

10 Dans ce texte, l'auteur n'utilise jamais le pronom *je*. Pourtant, son point de vue sur le sujet est très marqué et il est clair que l'éducation est une valeur très importante pour lui.

Parmi les énoncés suivants, choisis celui ou ceux qui conviennent et justifie ton choix.

① Gérald Leblanc ne porte aucun jugement négatif sur les comportements des personnes qu'il cite en exemple.

② Gérald Leblanc cite des témoignages qui mettent en évidence les valeurs positives des personnes interviewées.

③ Gérald Leblanc adopte un ton critique. Il remet en question les valeurs des gens qu'il a rencontrés.

④ Gérald Leblanc fournit des statistiques qui présentent les personnes dont il parle sous un jour positif.

11 Es-tu d'accord avec Gérald Leblanc ? Aurais-tu aimé qu'il aborde son sujet avec un point de vue différent ? Discutes-en avec les autres élèves de la classe et avec ton enseignant ou ton enseignante.

▮ *Un pédiatre déplore les effets pervers de la course à l'excellence* ▮
▮ *CORPUS, PAGE 59* ▮

⬤12 Lis tout le texte attentivement avant de répondre aux questions.

Ⓐ De quel spécialiste exprime-t-on le point de vue dans ce texte?

Ⓑ À quelle occasion cette personne a-t-elle eu la chance de faire valoir son point de vue?

Ⓒ À ton avis, quel métier Lilianne Lacroix exerce-t-elle? Pour quelle entreprise travaille-t-elle?

⬤13 **Ⓐ** Dans tout le texte, relève cinq mots ou ensembles de mots qui révèlent le point de vue de la personne dont on rapporte les propos dans le texte.

Ⓑ Dans les lignes 1 à 19, relève l'expression qui personnalise les propos rapportés dans le texte.

Ⓒ Dans les lignes 70 à 79, relève le passage dans lequel on utilise un verbe au conditionnel pour exprimer le point de vue de la personne qui parle. Quel est le rôle de ce conditionnel?

Ⓓ Dans les lignes 80 à 90, relève le passage dans lequel on utilise un auxiliaire de modalité pour exprimer le point de vue de la personne qui parle. Quel est le rôle de cet auxiliaire de modalité?

Ⓔ Dans tout le texte, relève quatre exemples de phrases transformées (phrase à présentatif, phrase emphatique, phrase impersonnelle, phrase interrogative, phrase impérative) qui contribuent à révéler le point de vue de la personne qui parle.

⬤14 Le point de vue exprimé dans ce texte n'est sûrement pas partagé par tout le monde.

Ⓐ À qui ce point de vue pourrait-il déplaire?

Ⓑ Quel reproche pourrait-on adresser à l'auteure de ce texte?

▮ *L'échec scolaire* ▮ *CORPUS, PAGE 60* ▮

⬤15 Le texte est écrit par une personne très crédible.

Ⓐ Pourquoi peut-on dire qu'elle connaît son sujet?

INDICE Consulte la biographie de cette personne à la page 14 de ton manuel *Corpus*.

Ⓑ Sa vision te semble-t-elle juste? Pourquoi?

▮ *Le créateur absolu: le cas Lagaffe* ▮
▮ *CORPUS, PAGE 44* ▮

⬤16 Quel est le ton du texte *Le créateur absolu: le cas Lagaffe*? Justifie ta réponse.

⬤17 Choisis un passage du texte sur Gaston Lagaffe et pastiche-le sur un ton totalement différent.

Ton texte pourrait s'intituler *Pourquoi des individus comme Lagaffe sont-ils indésirables?* Imagine que tu es président ou présidente de l'Association des patrons et des patronnes frustrés (APPF). Utilise des marqueurs de modalité.

CONSEIL Pour rédiger ton pastiche, choisis une partie du développement du texte *Le créateur absolu: le cas Lagaffe.*

1 Le texte suivant a été annoté en appliquant les stratégies de lecture de la page 74. En le lisant, tu pourras faire le bilan de tes découvertes sur le point de vue dans les textes explicatifs.

Attention ! Au fil de ta lecture, prends le temps de réfléchir au sens des mots *sortilège*, *«recordman»*, *voire*, *lectorat*, *paralittéraire*, *sacrificielles*, *irrémédiable*.

Le roi King

Le maître du frisson fait un malheur chez les ados : 5 titres classés dans leur top 25. Analyse du phénomène par la chercheuse Fabienne Soldini.

Pourquoi lui ? Quelle est la magie, le sortilège, la recette qui a fait de Stephen King un stupéfiant *recordman* des ventes tant aux États-Unis qu'en France, où la plupart de ses 35 romans, recueils de nouvelles, voire scénarios édités chez Albin Michel ou en «J'ai lu» font des *best-sellers*? La
5 diversité de son lectorat, composé aussi bien d'hommes que de femmes, d'adolescents que d'adultes, de diplômés d'un troisième cycle universitaire que de détenteurs d'un CAP[1], est étonnante. Elle témoigne de l'habileté de ce conteur né en 1947 dans l'État du Maine, où se déroulent la plupart de ses récits. King est capable de passer avec la même aisance
10 du fantastique à l'horreur, du récit réaliste au drame sur l'adolescence, la prison ou la condition féminine. Il s'impose ainsi dans les différents champs de la production paralittéraire, et conquiert petit à petit de nouveaux publics.

L'œuvre de ce maître du frisson se découpe en deux catégories : les
15 récits pour adolescents et les histoires pour adultes, chacune se subdivisant en récits masculins et récits féminins, soit au bout du compte une production sexuée et classifiée, rassemblant tous les types de lectorat. Cependant, les amateurs de King vont au-delà de cette répartition et tendent à lire la totalité de sa production, voire à collectionner ses livres, qu'ils affichent
20 dans leur bibliothèque, montrant ainsi qu'il ne s'agit pas d'une littérature honteuse, en dépit de la violence et des horreurs qu'elle décrit.

Les romans pour adolescents prennent dans l'imaginaire, et dans leur fonction symbolique, la relève des contes de fées. Ils sont bâtis sur le même schéma : un héros (qu'il s'agisse d'un personnage isolé ou
25 d'une bande d'amis) affronte une menace qui, au départ, apparaît insurmontable. Après toute une série d'épreuves, dont certaines sacrificielles (se soldant par la perte d'un proche ou d'une partie de soi, par mutilation réelle ou symbolique telle la perte de «l'innocence» enfantine), il finira par triompher du mal. Ces récits signifient que toute situation, aussi ter-
30 rible qu'elle puisse paraître, a une solution, même si elle est douloureuse et entraîne une perte irrémédiable. [...]

Fabienne Soldini, *Le Nouvel Observateur*, 4-10 mars 1999.

Autorité

Autorité

Autorité

En lisant ce texte, j'ai eu l'impression qu'on voulait me dire comment penser (ton critique).

1. Certificat d'aptitudes professionnelles.

POURQUOI King fait-il un malheur chez les ados ?

2 Élabore ta propre théorie en faisant la synthèse des connaissances que tu as acquises dans les pages précédentes. Transcris le texte ci-dessous en le complétant. Utilise le texte *Le roi King* pour illustrer tes énoncés.

LIRE UN TEXTE EXPLICATIF, C'EST...

- **EN RECONSTITUER LE CONTENU;**

- **EN RECONSTITUER L'ORGANISATION;**

- **DISCERNER LE POINT DE VUE ADOPTÉ.**

Le but d'un texte explicatif

En plus de **1** ✐, la personne qui écrit un texte explicatif peut avoir comme but **2** ✐. Dans le texte *Le roi King*, le but de l'auteure est **3** ✐.

Le point de vue

Dans un texte explicatif, le point de vue se traduit par:

- **4** ✐;

- **5** ✐.

Le rapport auteur/sujet

Le rapport de l'auteur avec son sujet peut être **neutre**, c'est-à-dire **6** ✐, ou **engagé**, c'est-à-dire **7** ✐. L'auteure du texte *Le roi King* établit un rapport **8** ✐ avec son sujet. Des mots à très forte connotation positive comme **9** ✐ le révèlent.

Le rapport auteur/destinataire

Le **destinataire** est **10** ✐. La personne qui écrit un texte explicatif peut établir des rapports d' **11** ✐ ou d' **12** ✐ avec son destinataire.

Les destinataires du texte *Le roi King* sont **13** ✐. L'auteure établit avec eux des rapports **14** ✐ parce que **15** ✐.

Les indices qui révèlent le point de vue

Voici un organisateur graphique dans lequel sont regroupés des mots du texte afin de mettre en évidence le point de vue de la personne qui écrit:

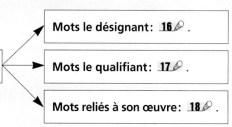

Stephen King

Mots le désignant: **16** ✐.

Mots le qualifiant: **17** ✐.

Mots reliés à son œuvre: **18** ✐.

D'UN TEXTE À l'autre

3 Pour prouver que tu sais discerner le point de vue adopté dans un texte explicatif, trouve un texte explicatif qui t'intéresse et annote-le de manière à faire ressortir les éléments qui permettent d'en discerner le point de vue.

CONSEIL Les annotations du texte *Le roi King* ainsi que les stratégies présentées à la page 74 peuvent t'aider.

AVANT DE LIRE

Survole le texte *L'eau... une alliée*. *CORPUS, PAGE 64*

1 Connais-tu des personnes de ton entourage qui ont toujours une bouteille d'eau à la main ? Selon toi, quelles sont les raisons qui les poussent à agir ainsi ?

2 Si l'on te proposait de lire un article sur l'eau, quel aspect du sujet t'intéresserait particulièrement ?

3 **A** La section du manuel *Corpus* intitulée *Je ne sais pas qui je suis* est divisée en quatre parties. Quel est le titre de chacune de ces parties ?

B Dans quelle partie le texte *L'eau... une alliée* se trouve-t-il ?

C En une ou deux phrases, explique pourquoi, selon toi, ce texte a été placé dans cette partie.

4 Les intertitres révèlent comment l'auteur a décidé de traiter son sujet. Imagine cinq autres intertitres qu'aurait pu contenir un texte explicatif portant sur l'eau.

5 Les intertitres du texte *L'eau... une alliée* révèlent-ils le point de vue de l'auteur ? Justifie ta réponse.

POURQUOI l'eau est-elle une alliée ?

la phase de questionnement du texte ▌ *LIGNES 1 À 15* ▐

6 Les lignes 1 à 15 constituent la phase de questionnement de ce texte explicatif. Relève la phrase qui l'indique clairement.

7 **A** Qui est l'auteur de ce texte ?

B D'où provient le texte ? Quand a-t-il été publié ?

8 Dans les lignes 1 à 15 :

A relève le groupe du nom (GN) qui révèle d'entrée de jeu le point de vue de l'auteur sur le sujet de son texte ;

B précise quels moyens grammaticaux sont utilisés dans la phrase qui contient ce GN et indique l'effet produit ;

C relève un pronom personnel qui laisse entendre que le point de vue de l'auteur est engagé ;

D relève un mot qui est employé trois fois et qui révèle que le point de vue de l'auteur est favorable.

9 À l'aide du contenu du deuxième paragraphe (lignes 10 à 13), imagine quatre intertitres que l'auteur aurait pu employer pour organiser son texte et révéler d'emblée son point de vue.

la phase explicative du texte ▌ *LIGNES 16 À 78* ▐

10 Cette partie du texte constitue la phase explicative.

A Combien d'explications cette partie du texte contient-elle ? Quels indices te permettent de l'affirmer ?

B Résume chacune des explications à l'aide d'un énoncé commençant par :

• *L'eau est essentielle pour apprendre parce qu'elle joue un rôle dans* ___✎ .

C Relève, dans les lignes 16 à 23, un groupe de l'adjectif qui révèle la présence de l'auteur dans son texte et qui pourrait être ajouté aux énoncés rédigés en **B**.

11 **A** Lis les lignes 50 à 63. Quel procédé explicatif l'auteur utilise-t-il pour faire comprendre à ses destinataires ce qu'est la *différence de potentiel* dans ce contexte ?

B Dans cette partie du texte (lignes 16 à 78), quel rapport l'auteur établit-il avec ses destinataires ? Qu'est-ce qui te permet de l'affirmer ?

12 Dans le deuxième paragraphe de la phase conclusive (lignes 90 à 104), l'auteur exprime clairement son point de vue de différentes manières. Relève trois passages particulièrement engagés et précise pour chacun à quelle ressource linguistique l'auteur a eu recours pour exprimer son point de vue.

CONSEIL Consulte la rubrique *Connaissances* aux pages 73 et 74.

13 Relis la dernière phrase du deuxième paragraphe (lignes 98 à 104) et trouve une valeur importante aux yeux de l'auteur en rapport avec l'éducation. Justifie ta réponse.

14 Cette partie du texte constitue la phase conclusive de la séquence explicative.

A Résume chaque paragraphe de cette partie dans un court énoncé.

B Si tu devais retenir un seul paragraphe pour conclure le texte, lequel choisirais-tu afin d'aider les destinataires à faire de l'eau une alliée ?

APRÈS AVOIR LU

15 **A** Quel est le mode d'organisation des explications (énumération de causes, cause / conséquence ou comparaison) dans le développement de ce texte ?

B Trace un schéma pour rendre compte de l'organisation du texte.

INDICE Les réponses aux activités 6, 10 et 13 peuvent t'aider.

16 Élabore le plan du texte.

17 La visée de ce texte est-elle purement informative ? Justifie ta réponse.

18 Qu'as-tu appris de nouveau sur l'eau en lisant ce texte ?

19 Construis une fiche pour rendre compte de ta démarche de lecture. Parmi les pistes suivantes, choisis celles qui te permettront de parler de tes difficultés et des moyens que tu as trouvés pour les surmonter.

ÉVALUATION DE LA DÉMARCHE DE LECTURE

Le texte

1. À la première lecture, le texte *L'eau... une alliée* m'a semblé (facile/difficile) ⟋ parce que ⟋ .

2. Ce texte porte sur un sujet que (je ne connaissais pas/je connaissais) ⟋ .

3. J'ai commencé à lire ce texte avec (beaucoup/plus ou moins/peu) ⟋ d'intérêt parce que ⟋ .

4. Au fil de la lecture, j'ai pu (facilement/difficilement) ⟋ utiliser les connaissances sur le texte explicatif présentées dans la rubrique **Connaissances**, notamment ⟋ .

Les activités

5. De façon générale, les activités m'ont (peu/beaucoup/plus ou moins) ⟋ aidé(e) à comprendre le texte.

6. J'ai échoué à certaines activités parce que :

- les connaissances qui s'y rattachaient étaient obscures pour moi (activités ⟋);
  La prochaine fois, pour réussir des activités semblables, relis la rubrique **Connaissances** *des pages 72 à 74.*

- la formulation des questions me causait des difficultés (activités ⟋);
  La prochaine fois, pour réussir des activités semblables, consulte le tableau **Pour bien comprendre les consignes d'une épreuve de lecture d'un texte explicatif** *à la page 187.*

- je ne comprenais pas certains mots dans la question ou dans le texte (activités ⟋).
  La prochaine fois, analyse le contexte, utilise ton dictionnaire ou demande l'aide d'un ou d'une camarade.

La prochaine fois

7. Crois-tu que tu réussirais une épreuve d'évaluation sur le point de vue adopté dans les textes explicatifs avec un texte équivalent ?

☐ Oui. ☐ Non. Pourquoi ? ⟋

ÉCOUTER
un documentaire

Lorsqu'on doit rédiger un texte courant ou préparer un exposé à caractère informatif, explicatif ou argumentatif, il faut d'abord se documenter.

Plusieurs sources sont à notre disposition : les ouvrages de référence, les ouvrages et les revues scientifiques, les banques de données sur cédéroms, le réseau Internet, ainsi qu'une multitude de documentaires produits pour la télévision et le cinéma.

Les activités qui suivent permettent d'exploiter l'écoute d'un documentaire afin d'en dégager des renseignements qui serviront à la préparation d'un exposé ou à l'écriture d'un texte.

AVANT D'ÉCOUTER

1 **Préciser les raisons** pour lesquelles on écoute le documentaire.

2 **Prendre connaissance de la fiche** *Compte rendu de l'écoute d'un documentaire* (page 87) et relever les éléments importants relativement à son besoin d'information.

3 **Prévoir la longueur du visionnement** et, s'il y a lieu, prévoir l'enregistrement de l'émission de télévision pour pouvoir, au besoin, la visionner de nouveau.

4 **Prévoir des feuilles pour prendre des notes** qui seront ensuite transcrites sur la fiche *Compte rendu de l'écoute d'un documentaire*. Dans cette fiche, on doit rendre compte du **contenu** et de l'**organisation** du documentaire, et du **point de vue** adopté par la personne qui l'a réalisé.

Tu pourrais préparer tes feuilles à l'avance en t'inspirant des modèles de la page suivante.

dt	*doit*
env.	*environ*
etc.	*et cetera*
lrsq.	*lorsque*
pt	*peut*
qq.	*quelque*
qqch.	*quelque chose*
qqf.	*quelquefois*
qqn	*quelqu'un*
qqp.	*quelque part*
svp	*s'il vous plaît*
tt	*tout, tous, toute, toutes*
tps	*temps*
+ / −	*environ, à peu près*
=	*semblable, comme, égal à*
≠	*différent, à l'opposé, alors que*
H	*homme*
F	*femme*
ns	*nous*
vs	*vous*
intro	*introduction*
dév.	*développement*
concl.	*conclusion*
adr.	*adresse*
av.	*avenue*
boul.	*boulevard*
Cie	*compagnie*
rte	*route*
$	*dollars*
D^r	*docteur*
D^{re}	*docteure*
M^e	*maître*
M.	*monsieur*
Mme	*madame*
n^o	*numéro*
n^{os}	*numéros*
p.	*page(s)*
réf.	*référence*
vol.	*volume(s)*
m	*mètre*
cm	*centimètre*
km	*kilomètre*
g	*gramme*
cg	*centigramme*
kg	*kilogramme*
av. J.-C.	*avant Jésus-Christ*
a	*année*
h	*heure*
min	*minute*
s	*seconde*

POUR RENDRE COMPTE DU CONTENU

S'il s'agit d'un documentaire de type **descriptif**

S'il s'agit d'un documentaire de type **explicatif**

Séquences explicatives

- Phase de questionnement:
- Phase explicative:
- Phase conclusive:
- S'il y a lieu, procédés explicatifs:

POUR RENDRE COMPTE DE L'ORGANISATION

S'il s'agit d'un documentaire de type **descriptif**

ORGANISATION PLAN

INTRODUCTION:

DÉVELOPPEMENT:

1er aspect:

2e aspect:

3e aspect:

CONCLUSION:

S'il s'agit d'un documentaire de type **explicatif**

ORGANISATION PLAN

INTRODUCTION
(phase de questionnement):

DÉVELOPPEMENT
(phase explicative)
Mode d'organisation:
- «énumération de causes»
- «cause/conséquence»
- «comparaison»

CONCLUSION
(phase conclusive, s'il y a lieu):

POUR RENDRE COMPTE DU POINT DE VUE

Mots et ensembles de mots qui révèlent le point de vue engagé de la personne qui a réalisé le documentaire:

EN ÉCOUTANT

Prendre des notes sur le contenu du documentaire en suivant les conseils fournis dans le *Guide pour la prise de notes en situation d'écoute* présenté aux pages 88 et 89.

APRÈS AVOIR ÉCOUTÉ

1 Remplir la fiche *Compte rendu de l'écoute d'un documentaire* portant sur le contenu (voir page 87).

2 Évaluer sa démarche d'écoute en remplissant une fiche semblable à la suivante :

ÉVALUATION DE LA DÉMARCHE D'ÉCOUTE

Renseignements à retenir pour le texte ou l'exposé
1. Lis les consignes de l'exposé que tu dois faire ou du texte que tu dois écrire et dresse la liste des renseignements à retenir.

Appréciation personnelle
2. Attribue au documentaire une note de 1 à 10 pour chacun des critères suivants :

   • L'intérêt suscité : ▱🖊

   • La pertinence par rapport à ton besoin d'information : ▱🖊

La prochaine fois
3. Crois-tu que tu réussiras mieux l'écoute d'un documentaire la prochaine fois ?

   ☐ Oui. ☐ Non. Pourquoi ? ▱🖊

4. Quels aspects devrais-tu améliorer ?

   ☐ Mieux préciser les raisons pour lesquelles tu écoutes le documentaire.

   ☐ Mieux préparer la feuille sur laquelle tu prendras des notes.

   ☐ Mieux prendre tes notes.

   ☐ Écouter le documentaire plusieurs fois.

   ☐ Autre : ▱🖊

dt	*doit*
env.	*environ*
etc.	*et cetera*
lrsq.	*lorsque*
pt	*peut*
qq.	*quelque*
qqch.	*quelque chose*
qqf.	*quelquefois*
qqn	*quelqu'un*
qqp.	*quelque part*
svp	*s'il vous plaît*
tt	*tout, tous, toute, toutes*
tps	*temps*
+ / −	*environ, à peu près*
=	*semblable, comme, égal à*
≠	*différent, à l'opposé, alors que*
H	*homme*
F	*femme*
ns	*nous*
vs	*vous*
intro	*introduction*
dév.	*développement*
concl.	*conclusion*
adr.	*adresse*
av.	*avenue*
boul.	*boulevard*
Cie	*compagnie*
rte	*route*
$	*dollars*
D^r	*docteur*
D^re	*docteure*
M^e	*maître*
M.	*monsieur*
Mme	*madame*
n^o	*numéro*
n^os	*numéros*
p.	*page(s)*
réf.	*référence*
vol.	*volume(s)*
m	*mètre*
cm	*centimètre*
km	*kilomètre*
g	*gramme*
cg	*centigramme*
kg	*kilogramme*
av. J.-C.	*avant Jésus-Christ*
a	*année*
h	*heure*
min	*minute*
s	*seconde*

Compte rendu de l'écoute d'un documentaire

IDENTIFICATION
- Titre du documentaire : 🖉   • Année de production : 🖉
- Réalisateur ou réalisatrice : 🖉

LE CONTENU
- Le sujet : 🖉
- L'événement, la situation, l'affirmation, le fait ou le phénomène à l'origine du documentaire : 🖉

L'ORGANISATION
LE PLAN DU DOCUMENTAIRE
- Manière choisie par le réalisateur ou la réalisatrice pour introduire le sujet : 🖉

S'il s'agit d'un documentaire de type descriptif
- Aspects abordés dans le développement du documentaire : 🖉

S'il s'agit d'un documentaire de type explicatif
- Phase de questionnement : 🖉
- Phase explicative :
  – Mode d'organisation : 🖉
  – Les explications : 🖉
- S'il y a lieu, phase conclusive : 🖉

L'INSERTION DE SÉQUENCES
☐ Séquences descriptives (exemple : 🖉)
☐ Séquences narratives (exemple : 🖉)
☐ Séquences de paroles ou de discours rapporté (exemple : 🖉)
☐ Séquences explicatives :
  ☐ Phase de questionnement (exemple : 🖉)
  ☐ Phase explicative (exemple : 🖉)
  ☐ Phase conclusive (exemple : 🖉)
☐ S'il y a lieu, procédés explicatifs utilisés : 🖉

- Manière de conclure retenue par le réalisateur ou la réalisatrice : 🖉

LE POINT DE VUE
- Point de vue (neutre/engagé) : 🖉
- Indices qui le révèlent :
  – dans le commentaire : 🖉
  – autres aspects : 🖉

LES IMAGES
Les images contribuent-elles :
- à rendre le documentaire plus facile à comprendre ? ☐ Oui. ☐ Non. Exemples : 🖉
- à rendre l'organisation du documentaire plus facile à comprendre ? ☐ Oui. ☐ Non. Exemples : 🖉
- à révéler le point de vue de la personne qui a réalisé le documentaire ? ☐ Oui. ☐ Non. Exemples : 🖉

LE SON
Le documentaire est-il accompagné d'une trame sonore ?
☐ Oui. ☐ Non. Si oui, quel est l'effet produit ? 🖉

dt	*doit*
env.	*environ*
etc.	*et cetera*
lrsq.	*lorsque*
pt	*peut*
qq.	*quelque*
qqch.	*quelque chose*
qqf.	*quelquefois*
qqn	*quelqu'un*
qqp.	*quelque part*
svp	*s'il vous plaît*
tt	*tout, tous, toute, toutes*
tps	*temps*
+ / –	*environ, à peu près*
=	*semblable, comme, égal à*
≠	*différent, à l'opposé, alors que*
H	*homme*
F	*femme*
ns	*nous*
vs	*vous*
intro	*introduction*
dév.	*développement*
concl.	*conclusion*
adr.	*adresse*
av.	*avenue*
boul.	*boulevard*
Cie	*compagnie*
rte	*route*
$	*dollars*
D^r	*docteur*
D^{re}	*docteure*
M^e	*maître*
M.	*monsieur*
Mme	*madame*
n^o	*numéro*
n^{os}	*numéros*
p.	*page(s)*
réf.	*référence*
vol.	*volume(s)*
m	*mètre*
cm	*centimètre*
km	*kilomètre*
g	*gramme*
cg	*centigramme*
kg	*kilogramme*
av. J.-C.	*avant Jésus-Christ*
a	*année*
h	*heure*
min	*minute*
s	*seconde*

Guide pour la prise de notes en situation d'écoute

AVANT D'ÉCOUTER

Recueillir de l'information sur le sujet du documentaire afin de dégager les **concepts clés**.

Préciser son besoin d'information et préparer des feuilles sur lesquelles on inscrit les **concepts clés** qui serviront à noter et à organiser les renseignements fournis dans le documentaire.

EN ÉCOUTANT **QUE FAUT-IL NOTER ?**

1. Ne noter que les mots clés.

Ne noter que les **mots clés** qui représentent l'essentiel des renseignements recherchés. Il peut s'agir :

- de noms propres ;
- de dates importantes ;
- de chiffres (statistiques) ;
- des mots importants d'une définition ;
- des mots importants d'une explication ;
- de références à des ouvrages, à des rapports, à des études ;
- etc.

2. Noter les mots qui mettent en évidence les liens entre les divers renseignements.

3. Disposer ses notes.

- Recourir à divers procédés visuels afin de faciliter la compréhension au moment de la relecture.
- Souligner les mots importants.
- Disposer les renseignements en colonnes pour mettre en évidence les ressemblances ou les différences.
- Utiliser des signes tels les flèches, les encerclements, les parenthèses pour mettre en évidence des éléments importants.

Exemples

Voir la page 85.

— Garder mots clés pour relecture.

— Noter mots importants.

— Notes pas tjrs nécessaires.

— Bon fonctionnement du cerveau assure succès.

— 3 causes : 1°
　　　　　　 2°
　　　　　　 3°

— Noter concepts (clés), mots (clés) et les disposer en vue de relecture.

COMMENT FAUT-IL NOTER ?

Exemples

Ns arrivés à tps pcq. ns autobus ≠ vs marché.

1. Recourir aux **abréviations**:

- celles qui correspondent aux règles de l'abrègement (on ne retient que la première syllabe d'un mot et la première consonne de la deuxième syllabe);

- celles que l'on crée soi-même.

diff. pour *différent*

Mont. pour *Montréal*

urb. pour *urbaine*

tot. pour *total*

lrsq. pour *lorsque*

Mtl pour *Montréal*

= pour *semblable, comme, égale*

≠ pour *différent, à l'opposé, alors que*

UN TRUC ! Attribuer en priorité une abréviation aux mots clés qui reviennent le plus souvent dans les propos qu'on écoute.

Dans un documentaire sur l'intelligence:

I pour *intelligence*;

C pour *cerveau*.

2. Écrire en **style télégraphique**.

- Noter les renseignements importants en laissant tomber les mots qui ne sont pas essentiels.

- Ne garder que les mots qui permettront de se rappeler le contenu au moment de la relecture des notes.

Ns arrivés à tps pcq. ns autobus ≠ vs marché.

Relire ses notes immédiatement après l'écoute et faire les ajustements nécessaires de sorte qu'elles soient compréhensibles.

Nous sommes arrivés à temps parce que nous avons pris l'autobus alors que vous avez marché.

APPRENDRE
LE FONCTIONNEMENT DE LA LANGUE

La légende de la langue
ou pourquoi les coordonnants et les subordonnants ont sauvé des enfants

Au début de l'humanité,

un terrible fléau s'était abattu sur un village. Partout, on entendait: «Les enfants sont malades... les enfants sont malades...»

Un jour, une femme sage en découvrit la raison et tenta de la faire connaître à tous. Hélas! on parlait à cette époque une langue simple et rudimentaire. «Les enfants sont malades... les enfants boivent l'eau du ruisseau.»

Aujourd'hui, la relation entre ces deux phrases paraît évidente, mais en ces temps reculés, les gens ne comprenaient qu'une phrase à la fois. Et la femme répétait sur tous les tons. «Les enfants sont malades... les enfants boivent l'eau du ruisseau.»

Le chef du village crut saisir quelque chose. Il ordonna aux enfants de boire davantage d'eau dans le ruisseau. La situation s'aggrava. La femme continuait à crier ses deux phrases dans l'espoir qu'on la comprenne enfin.

Puis, un très vieux monsieur vint à passer, portant sur son dos un grand sac rempli de mots. «Villageois, dit-il à tous, vous trouverez dans ce sac tout ce qu'il faut pour découvrir la cause du mal qui ronge vos enfants. C'est un sac rempli de mots qui peuvent tout expliquer...»

On ouvrit le sac dans une caverne. Des mots s'échappèrent. car... parce que... de sorte que... au point que... en effet, comme... du fait que... vu que... étant donné que...

Et la femme sage s'écria:

«Les enfants sont malades, **CAR** ils boivent l'eau du ruisseau.»
«Les enfants sont malades **PARCE QU'**ils boivent l'eau du ruisseau.»

On venait de découvrir le lien de causalité et d'inventer l'explication. Ce furent les premiers pas des sciences, de la médecine, de la justice...

Et la femme sage devint chef du village (à la place de l'autre qu'on jugea incompétent).

1 LA JONCTION DE PHRASES

«Les phrases se joignent pour former des phrases complexes,
mais pas toujours aussi complexes
que les sujets des **textes explicatifs**.»

Pourquoi la jonction de phrases existe-t-elle ? La réponse à cette question nécessite-t-elle un texte explicatif ? En fait, c'est assez simple : un texte n'est pas simplement formé de mots, mais de phrases qui se suivent et s'enchaînent. Et, parce qu'il existe des liens que l'on veut préciser entre les phrases, on choisit de joindre certaines en une seule phrase. La coordination, la juxtaposition et la subordination sont les principaux procédés dont on dispose pour joindre des phrases et pour marquer le lien qui existe entre elles. Dans un texte explicatif, par exemple, on utilisera ces procédés pour préciser, entre autres, les rapports de cause / conséquence entre des éléments, ou encore pour établir une comparaison entre des éléments, de façon à faire comprendre l'explication d'un fait, d'un phénomène ou d'une affirmation.

Lis ces extraits du texte explicatif *Allergies respiratoires : c'est pire que jamais*, dans lesquels certaines phrases contenant d'autres phrases ont été mises en évidence.

Corpus d'observation

1er EXTRAIT

En ce début de printemps, la ville entière renifle, éternue et se mouche. Mon voisin de bureau a le nez bouché, les yeux qui coulent, une toux persistante — et moi, je ne me sens pas très bien.

On rit, mais ce n'est pas drôle : mal traitées, les allergies peuvent se transformer en infection des sinus et des oreilles, en bronchite ou en asthme chronique. À cause d'un plant d'herbe à poux ou d'un peu de poussière, des enfants de quatre ans se retrouvent à l'urgence au bord de l'asphyxie. [...] ■ *PAGE 17, LIGNES 1 À 7* ■

2e EXTRAIT

Selon Francine Cloutier-Marchand, allergologue au pavillon Hôtel-Dieu du Centre hospitalier de l'Université de Montréal (CHUM), un meilleur dépistage explique en partie l'augmentation du nombre de cas. Mais c'est surtout la pollution qui serait responsable de ce malaise généralisé. Pollution extérieure, causée principalement par les émanations des automobiles, mais aussi intérieure, dans nos maisons hermétiquement isolées. ① Depuis la crise du pétrole, qui a provoqué un incroyable essor de l'industrie de l'isolation, nous nous sommes enfermés avec notre poussière, notre fumée de cigarette, nos acariens [...] ② De plus, nous n'avons jamais eu autant d'animaux domestiques : dans certains quartiers résidentiels de Montréal, on recense chiens et chats dans près d'un foyer sur deux. Il y a de quoi éternuer ! ■ *PAGE 18, LIGNES 19 À 32* ■

3e EXTRAIT

En y réfléchissant, Louise a fait le lien entre le début de son asthme et le déménagement de l'entreprise qui l'emploie dans un immeuble du centre-ville. ③ Son médecin n'a pas été surpris : les allergies professionnelles pullulent ces temps-ci. ④ Pour les travailleurs d'usine, les farines, les fruits de mer et certains durcisseurs de peinture d'automobile sont les irritants les plus fréquents. Et que dire du fameux syndrome des tours à bureaux ? Mal entretenus, les systèmes de ventilation remettent en circulation l'air chargé de poussières, de moisissures et de substances diverses... et font des ravages parmi les employés.

Pourquoi cette intolérance affecte-t-elle Louise et non sa secrétaire ? ⑤ Depuis une dizaine d'années, les scientifiques croient que les allergies et l'asthme seraient en partie héréditaires. Puisque la mère et les tantes de Louise souffrent aussi de la maladie, cette dernière y était prédisposée. ■ *PAGE 19, LIGNES 66 À 80* ■

4e EXTRAIT

L'environnement extérieur échappe malheureusement à notre contrôle, mais on peut s'abstenir de sortir quand le taux de pollution ou de pollen est trop élevé. Durant la belle saison, la chaîne d'informations météorologiques clôture chaque bulletin en indiquant le taux de pollen dans l'atmosphère. ■ *NON REPRODUIT AUX PAGES 17 À 19* ■

5e EXTRAIT

Aux États-Unis, la FDA [Food and Drug Administration] devrait approuver l'an prochain un nouveau vaccin pour les gens allergiques aux chats. Allervax Cat est composé de peptides, de toutes petites molécules obtenues en ne conservant que la portion active des allergènes. Selon les spécialistes, seules quelques injections suffisent. ⑥ Six semaines après le traitement, des cobayes auraient été enfermés dans une pièce avec deux chats pendant une heure et [ils] n'auraient pas éprouvé le moindre inconfort. [...] Des vaccins similaires sont actuellement à l'étude pour contrer les effets désagréables de l'herbe à poux et des acariens. ■ *NON REPRODUIT AUX PAGES 17 À 19* ■

● *UNE GRAMMAIRE POUR TOUS LES JOURS*
• *Les phrases jointes.*
• *Les phrases coordonnées et les phrases juxtaposées.*
• *Les phrases subordonnées.*

Activité 1

> **Les différentes façons de joindre des phrases:**
> • **la coordination et la juxtaposition;**
> • **la subordination.**

A Les schémas ci-dessous illustrent trois façons de joindre des phrases. Dans les extraits du corpus d'observation (pages 92 et 93), **RELÈVE** la ou les phrases numérotées qui pourraient être associées à chacun de ces schémas.

ⓐ | Phrase coordonnée | Coordonnant | Phrase coordonnée |

ⓑ | Phrase juxtaposée | Ponctuation | Phrase juxtaposée |

ⓒ Phrase matrice
Phrase subordonnée
Subordonnant

Attention ! La phrase subordonnée peut être placée ailleurs qu'en fin de phrase.

B **OBSERVE** le fonctionnement des phrases que tu as relevées, puis **INDIQUE** si chacun des énoncés ci-dessous est vrai ou faux.

ⓐ Le coordonnant ou le signe de ponctuation qui sert à joindre deux phrases fait partie de l'une de ces deux phrases coordonnées ou juxtaposées.

ⓑ Le subordonnant ne fait pas partie de la phrase subordonnée.

ⓒ Les phrases juxtaposées ou coordonnées ne dépendent pas l'une de l'autre (elles peuvent fonctionner seules); elles n'ont donc aucune fonction l'une par rapport à l'autre.

ⓓ La phrase subordonnée dépend de la phrase ou d'un élément à l'intérieur de la phrase dans laquelle elle est insérée (elle ne peut pas fonctionner seule) et elle a une fonction dans cette phrase.

Jonction (XVᵉ s.)
▷ « mise en contact » ▷ latin « jŭnctio »

La jonction de phrases:
• l'emploi de la coordination, de la juxtaposition ou de la subordination.

A **Compare** les phrases numérotées de la colonne de gauche aux phrases correspondantes dans la colonne de droite. **Indique** si le rapport de sens qui existe entre les trois phrases est plus clair:

a lorsqu'elles sont séparées par un point

ou:

b lorsqu'elles sont jointes à l'aide d'un subordonnant, d'un coordonnant ou d'un signe de ponctuation comme le deux-points.

① On rit. ② Ce n'est pas drôle. ③ Mal traitées, les allergies peuvent se transformer en infection des sinus et des oreilles, en bronchite ou en asthme chronique.	**1er EXTRAIT** On rit, :mais: ce n'est pas drôle ::: mal traitées, les allergies peuvent se transformer en infection des sinus et des oreilles, en bronchite ou en asthme chronique.
① L'environnement extérieur échappe malheureusement à notre contrôle. ② On peut s'abstenir de sortir. ③ Le taux de pollution ou de pollen est trop élevé.	**4e EXTRAIT** L'environnement extérieur échappe malheureusement à notre contrôle, :mais: on peut s'abstenir de sortir quand le taux de pollution ou de pollen est trop élevé.

B **Compare** la façon de joindre les deux dernières phrases contenues dans la phrase ci-dessous et celles contenues dans la phrase du 1er extrait ci-dessus. Dans laquelle exprime-t-on le plus clairement le rapport de sens entre les deux dernières phrases?

On rit, :mais: ce n'est pas drôle, :car: mal traitées, les allergies peuvent se transformer en infection des sinus et des oreilles, en bronchite ou en asthme chronique.

C **Indique** lequel des énoncés **a** à **d** peut être associé à chacune des subordonnées contenues dans les phrases ① à ④.

① Elle est allergique aux animaux qui ont du poil.

② L'herbe à poux est une plante non vénéneuse, que l'on peut toucher sans avoir de démangeaisons.

③ Vous savez que l'herbe à puce provoque des démangeaisons.

④ On peut s'abstenir de sortir quand le taux de pollution ou de pollen est trop élevé.

a Sur le plan grammatical et sur le plan du sens, la subordonnée est employée comme l'expansion obligatoire d'un mot.

b Sur le plan grammatical, la subordonnée n'est pas obligatoire, mais, sur le plan du sens, elle apporte une précision essentielle dans un groupe de mots.

c Sur le plan du sens et sur le plan grammatical, la subordonnée n'est pas obligatoire; elle apporte une explication, une précision supplémentaire dans un groupe de mots.

d Sur le plan du sens et sur le plan grammatical, la subordonnée n'est pas obligatoire; elle apporte une information supplémentaire à toute la phrase en précisant un temps, un but, une cause, etc.

Activité ☒

Les caractéristiques permettant de distinguer les différentes sortes de phrases subordonnées:
• la subordonnée relative;
• la subordonnée complétive: subordonnée complétive en *que* et subordonnée complétive interrogative indirecte ou exclamative indirecte;
• la subordonnée circonstancielle.

A **INDIQUE** lesquels des énoncés ⓐ à ⓔ peuvent être associés à chacune des subordonnées contenues dans les phrases ① et ②.

① Une personne qui étudie les allergies est une allergologue.

② Je me demande qui tu pourrais consulter pour tes allergies.

ⓐ Son subordonnant a un antécédent: il fait référence à un mot ou à un groupe de mots qui précède dans la phrase.

ⓑ La subordonnée dépend d'un nom ou d'un pronom dans un GN.

ⓒ La subordonnée dépend d'un verbe dans un GV.

ⓓ La subordonnée est une subordonnée relative.

ⓔ La subordonnée est une subordonnée complétive (interrogative indirecte).

B **INDIQUE** lesquels des énoncés ⓐ à ⓔ peuvent être associés à chacune des subordonnées contenues dans les phrases ① à ③.

① Certaines allergies que les gens développent peuvent être mortelles.

② Je crois que certaines allergies sont mortelles.

③ Je suis sûre que cette personne souffre d'allergies.

ⓐ Son subordonnant a un antécédent: il fait référence à un mot ou à un groupe de mots qui précède dans la phrase.

ⓑ Son subordonnant remplace un groupe de mots et a une fonction dans la subordonnée.

ⓒ La subordonnée dépend d'un verbe dans un GV ou d'un adjectif dans un GAdj.

ⓓ La subordonnée est une subordonnée relative.

ⓔ La subordonnée est une subordonnée complétive (en *que*).

C **INDIQUE** lesquels des énoncés ⓐ à ⓔ peuvent être associés à chacune des subordonnées contenues dans les phrases ① à ④.

① Certaines personnes savent à l'avance quand viendra le temps de leurs allergies.

② L'allergie survient quand notre système immunitaire devient hypersensible.

③ Certaines personnes doivent se débarrasser de leurs animaux pour que leurs allergies cessent.

④ Vous ne vous doutez pas comme les allergies respiratoires peuvent être graves.

ⓐ La subordonnée est déplaçable en début de phrase.

ⓑ La subordonnée dépend d'un verbe dans un GV.

ⓒ La subordonnée ne dépend pas d'un mot dans la phrase, mais de l'ensemble formé par les groupes constituants obligatoires de la phrase (GNs + GV).

ⓓ La subordonnée est une subordonnée complétive (interrogative indirecte ou exclamative indirecte).

ⓔ La subordonnée est une subordonnée circonstancielle.

D Voici des énoncés qui permettent de décrire les principales caractéristiques des différentes sortes de subordonnées de façon à les distinguer.

ⓐ La subordonnée a une fonction dans la phrase à l'intérieur de laquelle elle est insérée.

ⓑ La subordonnée dépend d'un nom ou d'un pronom dans un GN.

ⓒ La subordonnée dépend d'un verbe dans un GV ou d'un adjectif dans un GAdj.

ⓓ La subordonnée ne dépend pas d'un mot dans la phrase, mais de l'ensemble formé par les groupes constituants obligatoires de la phrase (GNs + GV).

ⓔ Son subordonnant remplace un groupe de mots et a une fonction dans la subordonnée.

ⓕ Son subordonnant a un antécédent.

ⓖ La subordonnée est déplaçable en début de phrase.

ⓗ La subordonnée n'est pas déplaçable en début de phrase.

En tenant compte des énoncés que tu as associés aux subordonnées en **A**, en **B** et en **C**, DÉCRIS, à l'aide des énoncés ⓐ à ⓗ ci-dessus, les principales caractéristiques:

• de la subordonnée relative;

• de la subordonnée complétive (en *que,* interrogative indirecte et exclamative indirecte);

• de la subordonnée circonstancielle.

Subordonner (1495-J. de Vignay)
▷ du latin médiév. subordinare, d'après « ordonner »
(1872-Littré) linguistique.

A **COMPARE** la construction de la subordonnée complétive interrogative indirecte ou exclamative indirecte dans chacune des paires de phrases suivantes. **EXPLIQUE** pourquoi la seconde phrase est agrammaticale dans chaque cas.

① Il se demande qui a éternué.
  * Il se demande qui qui a éternué.

② Il ne sait pas quand ses allergies cesseront.
  * Il ne sait pas quand est-ce que ses allergies cesseront.

③ Vous ne vous rappelez plus où vous êtes allés vous faire vacciner.
  * Vous ne vous rappelez plus où c'est que vous êtes allés vous faire vacciner.

④ Regardez comme ces fleurs sont belles.
  * Regardez comme que ces fleurs sont belles.

B Dans chacune des subordonnées relatives délimitées par un crochet, **CHOISIS** le pronom relatif (avec ou sans préposition) qui convient, puis **INDIQUE** si tu l'as choisi à cause :

ⓐ de la construction du groupe de mots que le pronom remplace (GN ou GPrép) ;

ⓑ de la fonction du groupe de mots que le pronom remplace ;

ⓒ du trait animé ou non animé du noyau du GN dans le groupe de mots que le pronom remplace ;

ⓓ du genre et du nombre du noyau du GN dans le groupe de mots que le pronom remplace ;

ⓔ du sens du groupe de mots que le pronom remplace : ce groupe répond à la question *Où ?* ou à la question *Quand ?*

Elle ne veut même pas songer à ce moment.
① La saison de l'herbe à poux est un moment (*auxquelles*, *auquel*) elle ne veut même pas songer.

Il a reçu ce chat pour son anniversaire.
② À cause de ses allergies, il ne peut pas garder le chat (*que/qu'*, *qui*) il a reçu pour son anniversaire.

Elle souffre le plus de ses allergies à ce moment.
③ La saison de l'herbe à poux est le moment (*auquel*, *où*) elle souffre le plus de ses allergies.

Cette personne souffre d'allergies.
④ Les allergies (*que/qu'*, *dont*) cette personne souffre cessent à l'automne.

On fait référence à ces recherches dans cet article.
⑤ Les recherches (*à qui*, *auxquelles*) on fait référence dans cet article ont été menées aux États-Unis.

C **COMPARE** la construction de la subordonnée circonstancielle dans la paire de phrases suivante. **EXPLIQUE** pourquoi la seconde phrase est agrammaticale.

Vous respirerez mieux quand vous vous serez fait vacciner.
* Vous respirerez mieux quand que vous vous serez fait vacciner.

D **CHOISIS** le **subordonnant** approprié au début de chacune des subordonnées circonstancielles, puis **INDIQUE** s'il s'agit d'un subordonnant de temps ou de but.

① Les allergologues cherchent des vaccins (*pour que*, *avant que*) les allergiques contrôlent un jour leurs allergies.

② Comme ce sont les fleurs de l'herbe à poux qui causent l'allergie, il faut arracher cette plante (*avant que / qu'*, *après que / qu'*, *afin que / qu'*) elle ait fleuri.

③ Elle s'est fait vacciner (*de sorte que*, *de crainte que*) ses allergies reviennent.

Les phrases coordonnées et les phrases juxtaposées

Activité 1 L'effacement et le remplacement d'un élément par un pronom dans une phrase coordonnée ou juxtaposée.

A **COMPARE** les trois phrases de la colonne de gauche à la phrase correspondante dans la colonne de droite, où ces trois phrases ont été jointes. **EXPLIQUE** pourquoi le GNs et le Gcompl. P ont été effacés dans la deuxième et la troisième des phrases jointes par juxtaposition et par coordination.

	1ᵉʳ EXTRAIT
① *La ville entière renifle en ce début de printemps.*	En ce début de printemps, la ville entière renifle ¦,¦ éternue ¦et¦ se mouche.
② *La ville entière éternue en ce début de printemps.*	
③ *La ville entière se mouche en ce début de printemps.*	

B **OBSERVE** la place du Gcompl. P dans la première phrase juxtaposée de la colonne de droite.

ⓐ Où ce groupe est-il placé ?

ⓑ Ce groupe aurait-il pu être effacé dans cette phrase et conservé dans une des deux phrases jointes qui suivent ? Si oui, où aurait-il été placé ?

C **OBSERVE** la phrase qui a été construite en joignant les phrases ① et ② ci-dessous. Quel élément a été effacé dans la seconde phrase juxtaposée ?

   ① Certains réagissent au pollen. ② D'autres réagissent aux acariens.

   → Certains réagissent au pollen ¦,¦ d'autres aux acariens.

D **OBSERVE** la phrase grammaticale et les phrases agrammaticales qui ont été construites en joignant les phrases ① et ② ci-dessous.

   ① **Certaines personnes** réagissent au pollen. ② **Certaines personnes** s'adaptent au pollen.

   → **Certaines personnes** réagissent, ¦puis¦ s'adaptent au pollen.

   → * **Certaines personnes** réagissent au pollen, ¦puis¦ s'adaptent.

   → * **Certaines personnes** réagissent, ¦puis¦ **certaines personnes** s'adaptent au pollen.

Lorsqu'on supprime une expansion du verbe dans une phrase coordonnée ou juxtaposée :

ⓐ doit-on effacer cette expansion dans la première phrase ou l'effacer dans la phrase coordonnée ou juxtaposée qui suit ?

ⓑ doit-on conserver ou effacer le **GNs** de la phrase coordonnée ou juxtaposée qui suit la première phrase ?

E **EXPLIQUE** pourquoi on ne peut pas effacer les expansions du verbe lorsqu'on joint les phrases ① à ③ ci-dessous à l'aide de la coordination ou de la juxtaposition.

   ① Cet homme a suivi un nouveau traitement contre les allergies. ② Cet homme a cru à ce traitement. ③ Cet homme a été déçu de ce traitement.

   → * Cet homme a suivi ¦,¦ a cru, ¦mais¦ a été déçu de ce traitement.

GRAMMAIRE

F En plus de l'effacement, il existe d'autres façons d'éviter la répétition lorsqu'on joint des phrases à l'aide de la juxtaposition ou de la coordination. **DÉCRIS** comment on a réussi à éviter la répétition dans la phrase ci-dessous.

Cet homme a suivi un nouveau traitement contre les allergies ⦂ il y a cru, ⦂mais⦂ il en a été déçu.

Activité 2 | Le remplacement d'un élément par un pronom ou par un GAdv comme *oui, non, non plus, aussi,* etc. dans une phrase coordonnée ou juxtaposée.

A **COMPARE** les trois phrases ci-dessous.

Cette femme est allergique aux chats, ⦂mais⦂ son frère n'est pas allergique aux chats.

→ Cette femme est allergique aux chats, ⦂mais⦂ son frère ne l'est pas.

→ Cette femme est allergique aux chats, ⦂mais⦂ son frère non.

ⓐ **RELÈVE** l'élément que remplace le pronom *le (l')* dans la deuxième phrase et **INDIQUE** de quel groupe il s'agit.

ⓑ **RELÈVE** l'élément que remplace l'adverbe *non* dans la troisième phrase et **INDIQUE** de quel groupe il s'agit.

B **OBSERVE** la présence ou l'absence de mots de négation dans les phrases coordonnées et juxtaposées suivantes, puis **COMPLÈTE** le tableau ci-après.

aussi (ou de même, également, pareillement)

Cette femme est allergique aux chats ⦂;⦂ son frère ~~est allergique aux chats~~.

oui (ou si)

Cette femme n'est pas allergique aux chats, ⦂mais⦂ son frère ~~est allergique aux chats~~.

non plus

Cette femme n'est pas allergique aux chats ⦂;⦂ son frère ~~n'est pas allergique aux chats~~.

non

Cette femme est allergique aux chats, ⦂mais⦂ son frère ~~n'est pas allergique aux chats~~.

ou

pas (ou non)

⦂mais⦂ son frère ~~n'est pas allergique aux chats~~.

Pour remplacer un GV dans une phrase constituée :			on emploie :
d'une phrase de forme **positive**	jointe à une	phrase de forme **négative**	*non* ou *pas*
d'une phrase de forme __1__	jointe à une	phrase de forme __2__	*oui* ou *si*
d'une phrase de forme __3__	jointe à une	phrase de forme __4__	*non plus*
d'une phrase de forme __5__	jointe à une	phrase de forme __6__	*aussi, de même, également* ou *pareillement*

Connaissances

LES PHRASES COORDONNÉES ET LES PHRASES JUXTAPOSÉES

Les phrases coordonnées et les phrases juxtaposées sont des phrases qui ont un rapport de sens entre elles et qui sont mises côte à côte:

- les **phrases coordonnées** sont jointes à l'aide d'un coordonnant (*et, puis, ou, ni, mais, car, donc, en effet, cependant, ainsi, aussi, par conséquent*, etc.);

  Ex.: *On ne craint rien à arracher de l'herbe à poux avant sa floraison,* `car` *les allergies sont causées par le pollen de ses fleurs.*

- les **phrases juxtaposées** sont jointes à l'aide d'un signe de ponctuation comme la virgule, le deux-points ou le point-virgule.

  Ex.: *On doit arracher l'herbe à poux avant le mois d'août* `:` *c'est le moment de sa floraison.*

REMARQUES: 1. Contrairement à la phrase subordonnée, la phrase coordonnée ou juxtaposée ne dépend pas de la phrase à laquelle elle est jointe ni d'un élément de cette phrase; elle n'occupe donc pas de fonction dans cette phrase et n'en fait pas partie.

2. Il est possible de coordonner ou de juxtaposer une phrase subordonnée à une autre phrase subordonnée ou à un groupe de mots ayant la même fonction; la phrase subordonnée qui est coordonnée ou juxtaposée occupe une **fonction** dans la phrase matrice.

Phrase matrice

      Sub. rel. compl. du N   Sub. rel. compl. du N

Ex.: *L'herbe à poux est une mauvaise herbe* **qui fleurit au mois d'août** `et` **qui est une des causes du rhume des foins.**

☞ *UNE GRAMMAIRE POUR TOUS LES JOURS*
  • *Les phrases coordonnées et les phrases juxtaposées.*

1. L'EFFACEMENT D'UN ÉLÉMENT DANS UNE PHRASE COORDONNÉE OU JUXTAPOSÉE

Pour éviter la répétition, un **élément semblable** peut être effacé dans une ou plusieurs phrases coordonnées à l'aide de certains coordonnants (généralement *et, ni* et *puis*; parfois *ou, mais* et *donc*) ou dans une ou plusieurs phrases juxtaposées à l'aide d'une virgule. Par exemple, l'élément supprimé peut être:

- un **GNs** (cet élément ne peut pas être supprimé dans la première phrase);

  Ex.: ***L'herbe à poux*** *cause le rhume des foins,* `mais` ~~*l'herbe à poux*~~ *ne cause pas de boutons.*

- un **verbe** (cet élément ne peut pas être supprimé dans la première phrase);

  Ex.: *Certaines personnes* ***préfèrent*** *éternuer* `,` *d'autres* ~~*préfèrent*~~ *prendre des antihistaminiques.*

- une **expansion du verbe** (cet élément peut être conservé dans la dernière phrase et supprimé dans celles qui précèdent à condition que le GNs soit semblable et qu'il soit conservé dans la première phrase seulement);

  Ex.: *L'organisme réagit* ~~*au pollen*~~ `ou` ~~*l'organisme*~~ *s'adapte* ***au pollen***.

REMARQUE: Les expansions du verbe doivent avoir la même fonction et, s'il s'agit de GPrép, elles doivent commencer par la même préposition.

GPrép   GPrép
compl. indir. du V   **compl. indir. du V**

Ex.: *L'organisme réagit* ~~*au pollen*~~ `ou` *ø s'adapte* ***au pollen***.

GN   GPrép
compl. dir. du V   compl. indir. du V

Et non: * *L'organisme reçoit* ~~*le pollen*~~ *et ø réagit* ***au pollen***.

GRAMMAIRE

APPRENDRE

101

- un **Gcompl. P** (cet élément peut être conservé au début de la première phrase ou à la fin de la dernière phrase et être supprimé dans les autres phrases).

Ex.: *Vers le mois d'août*, *l'herbe à poux fleurit* ⁝,⁝ *vers le mois d'août*, *le pollen des fleurs se libère* ⁝et⁝ *vers le mois d'août*, *les allergiques éternuent*.

REMARQUE: S'il est impossible d'éviter une répétition en supprimant un élément, on peut employer un pronom ou un groupe de l'adverbe pour remplacer un élément.

2. LE REMPLACEMENT D'UN ÉLÉMENT DANS UNE PHRASE COORDONNÉE OU JUXTAPOSÉE

2.1 Le remplacement par un pronom

Pour éviter la répétition dans une phrase coordonnée ou juxtaposée, on peut généralement remplacer par un **pronom** un **élément** qui est semblable à un <u>élément</u> de la phrase coordonnée ou juxtaposée précédente (ou qui désigne cet <u>élément</u>).

                                 elle

Ex.: <u>*L'herbe à poux*</u> *cause le rhume des foins,* ⁝*mais*⁝ ~~*cette herbe*~~ *ne cause pas de boutons.*

REMARQUES: 1. Le remplacement par un pronom se fait aussi dans une phrase subordonnée ou dans une phrase séparée d'une autre par un point.

         2. Le choix du pronom se fait en fonction de certaines caractéristiques de l'élément à remplacer (sa personne, son nombre, son genre, sa fonction, sa construction, ou son trait animé ou non animé).

                                           elle

         Ex.: <u>*L'herbe à poux*</u> *cause le rhume des foins,* ⁝*mais*⁝ ~~*cette herbe*~~ *ne cause pas de boutons.*

                                              y

         C'est notre devoir d'arracher <u>*l'herbe à poux,*</u> ⁝*car*⁝ *plusieurs personnes sont allergiques* ~~*à l'herbe à poux*~~.

Adverbe

(XIIIᵉ s.-Godefroy) ▷ (av.);
(XVᵉ s.) ▷ (adverbe);
    ▷ le d se prononce depuis le XVIIe s.
(1606-Masset) ▷ lat. adverbium
(de ad, « auprès de », et verbum, « verbe »).

2.2 Le remplacement par un groupe de l'adverbe

Pour éviter la répétition, on peut généralement remplacer par un **GAdv (groupe de l'adverbe)** comme *non, pas, si, oui, non plus, aussi, de même,* etc. un **GV** qui est contenu dans une phrase coordonnée ou juxtaposée et qui est semblable au <u>GV</u> de la phrase coordonnée ou juxtaposée précédente.

Ex.: *La poussière <u>peut causer des allergies</u> :et: les poils d'animaux* **peuvent causer des allergies**.
(aussi)

REMARQUE: Les **pronoms** *je, tu, il* et *ils* changent de forme lorsqu'on remplace le GV de la phrase juxtaposée ou coordonnée par un GAdv (*je → moi; tu → toi; il → lui* et *ils → eux*).

Ex.: *J'ai des allergies :et: tu as des allergies.*
(toi   aussi)

Le choix du GAdv se fait selon la forme négative ou positive des phrases coordonnées ou juxtaposées.

Principaux emplois des groupes de l'adverbe *non, pas; oui, si; non plus; aussi, de même, également, pareillement*	
On peut employer les GAdv:	pour remplacer, dans une phrase coordonnée ou juxtaposée:
non, pas	le GV d'une phrase de **forme négative** qui suit une phrase de **forme positive**; Ex.: *Elle souffre d'allergies,* :mais: *ses enfants ne souffrent pas d'allergies.* (non) *Elle souffre d'allergies,* :mais: *ses enfants ne souffrent pas d'allergies.* (non ou pas)
oui, si	le GV d'une phrase de **forme positive** qui suit une phrase de **forme négative**; Ex.: *Elle ne souffre pas d'allergies* :;: *ses enfants souffrent d'allergies.* (oui ou si)
non plus	le GV d'une phrase de **forme négative** qui suit une phrase de **forme négative**; Ex.: *Elle ne souffre pas d'allergies* :et: *ses enfants ne souffrent pas d'allergies.* (non plus)
aussi, de même, également, pareillement	le GV d'une phrase de **forme positive** qui suit une phrase de **forme positive**. Ex.: *Elle souffre d'allergies* :;: *ses enfants souffrent d'allergies.* (aussi)

Activité

DE DÉCOUVERTE

La subordonnée relative

Activité

L'emploi du pronom relatif (avec ou sans préposition) pour remplacer un GPrép :
• les pronoms *qui, lequel (laquelle, lesquels, lesquelles), dont, où* et *quoi.*

A Le groupe de mots encadré dans la phrase en couleur correspondant à la subordonnée relative est celui que remplace le pronom relatif (avec ou sans préposition). **Indique** si le groupe de mots encadré dans chaque phrase en couleur est un GN ou un GPrép.

On parle de ces personnes dans cet article.

① Les personnes dont/desquelles/de qui on parle dans cet article souffrent d'allergies.

Une personne souffre de ces allergies.

② Il y a plusieurs moyens pour contrôler les allergies dont/desquelles souffre une personne.

De nombreux acariens vivent dans nos matelas et oreillers.

③ Il faut entretenir nos matelas et oreillers, où/dans lesquels vivent de nombreux acariens.

On s'est référé à ces personnes pour faire cet article.

④ Une des personnes auxquelles/à qui on s'est référé pour faire cet article est allergologue.

L'organisme réagit à cette substance.

⑤ Un allergène est une substance étrangère à laquelle réagit l'organisme.

Elle est allergique à cela.

⑥ Elle n'est pas certaine de ce à quoi elle est allergique.

B **Associe** chacune des formules suivantes aux groupes de mots encadrés dans les phrases en couleur.

ⓐ *à* + pronom comme *cela, quelque chose...*   ⓓ *de* + GN (noyau : trait animé)
ⓑ *à* + GN (noyau : trait animé)   ⓔ *de* + GN (noyau : trait non animé)
ⓒ *à* + GN (noyau : trait non animé)   ⓕ *dans* + GN (noyau : trait non animé) : répond à *Où ?*

C **Compare** la préposition au début du groupe de mots encadré dans la phrase en couleur et la préposition qui, dans les phrases ① à ⑥, précède le pronom relatif ou est incluse dans ce pronom. Est-ce la même préposition ?

La préposition *à* est incluse dans les pronoms *auquel, auxquels, auxquelles* ; la préposition *de* est incluse dans les pronoms *duquel, desquels, desquelles.*

D À l'aide des observations que tu as faites, **associe** chacun des pronoms relatifs (avec ou sans préposition) au GPrép qu'il peut remplacer.

• Prép + *qui*	ⓐ un GPrép qui répond à la question *Où ?* ou *Quand ?* ;
• Prép + *quoi*	ⓑ un GPrép qui commence par la préposition *de* ;
• *dont*	ⓒ un GPrép qui contient un GN dont le noyau a le trait animé ;
• *où*	ⓓ un GPrép qui commence par une préposition autre que *de* et qui contient un pronom comme *cela, quelque chose...*
• Prép + *lequel*	ⓔ un GPrép qui contient un GN dont le noyau a le trait non animé (sauf les pronoms comme *cela, quelque chose...*)

☞ *UNE GRAMMAIRE POUR TOUS LES JOURS*
  • *Les phrases subordonnées.*

1. LA PHRASE SUBORDONNÉE RELATIVE ET SON SUBORDONNANT : LE PRONOM RELATIF

La subordonnée relative (Sub. rel.) commence toujours par un **pronom relatif** (*qui, que, où, dont, lequel, quoi*) précédé ou non d'une préposition (*à, de, avec, sur, dans*, etc.). Elle dépend du **nom** ou du **pronom** noyau du GN où elle est insérée ; elle a donc la fonction de complément du nom ou du pronom (compl. du N ou compl. du Pron).

GN

Sub. rel. compl. du N *plante*

Ex.:   *L'herbe à puce est une **plante** vivace* | *dont* | *les feuilles sont composées de trois folioles* .

Sur le plan du sens, le **pronom relatif** fait référence à un GN qui le précède dans la phrase. Ce GN est l'<u>antécédent</u> du pronom relatif.

Ex.:   *Je fais référence à* <u>*une **plante** vivace*</u> | *dont* | *les feuilles sont composées de trois folioles.*

                        antécédent

Sur le plan grammatical, le **pronom relatif** (avec ou sans **préposition**) remplace un groupe de mots dans la subordonnée relative. On détermine le groupe de mots que le pronom remplace en construisant, à l'aide de l'antécédent, la phrase correspondant à la subordonnée relative.

Phrase correspondant à la subordonnée relative :
Les feuilles | *de cette plante* | *sont composées de trois folioles.*

Ex.:   *Je fais référence à* <u>*une **plante** vivace*</u> | *dont* | *les feuilles sont composées de trois folioles.*

Dans la subordonnée relative, le pronom relatif (avec ou sans préposition) a donc la fonction du groupe de mots qu'il remplace. Par exemple, dans la phrase ci-dessus, le groupe de mots que le pronom relatif remplace (*de cette plante*) a la fonction de complément du nom *feuilles,* par conséquent le pronom relatif *dont* a aussi cette fonction.

REMARQUE :   Le pronom relatif a aussi la fonction de subordonnant dans la phrase matrice.

2. LE CHOIX DU PRONOM RELATIF

Le choix du pronom relatif (avec ou sans préposition) varie en fonction du groupe de mots que le pronom remplace dans la subordonnée relative. Pour vérifier le choix du pronom relatif (avec ou sans préposition), on doit donc observer les caractéristiques de ce groupe de mots dans la phrase correspondant à la subordonnée relative.

REMARQUES : 1. Le pronom relatif *lequel (laquelle, lesquels, lesquelles)* prend le genre et le nombre du noyau du GN qu'il remplace.

2. Le pronom relatif *lequel (lesquels, lesquelles),* s'il est précédé des prépositions *à* ou *de,* forme un seul mot avec ces prépositions : *auquel (auxquels, auxquelles); duquel (desquels, desquelles).*

3. Le pronom relatif *où* peut être précédé des prépositions *de, par* et *jusque (jusqu').*
   Ex.: *Dans la ville* | *d'où* | *il vient, il ne pousse pas d'herbe à poux.*

L'emploi du pronom relatif (avec ou sans préposition)	
Pour remplacer :	**on emploie le pronom :**

un **GN** (ou un autre groupe qui ne commence pas par une préposition)	*qui*	→ si ce GN a la fonction de **sujet**. Cette plante peut causer une allergie. **Ex.:** *L'herbe à puce est une plante* qui *peut causer une allergie.*
	que	→ si ce GN (ou ce GAdj) a la fonction de **complément direct du verbe** ou d'**attribut du sujet**. L'herbe à puce cause ces démangeaisons. **Ex.:** *Les démangeaisons* que *cause l'herbe à puce surviennent jusqu'à 48 h après un contact avec cette plante.*
	où	→ si ce GN ou ce GPrép (ou ce GAdv) répond à la **question Où ?** ou à la **question Quand ?** Ce jour, la peau a été en contact avec l'herbe à puce. **Ex.:** *Les boutons n'apparaissent pas le jour* où *la peau a été en contact avec l'herbe à puce.* À cet endroit, la peau a été en contact avec l'herbe à puce. **Ex.:** *Des boutons apparaissent à l'endroit* où *la peau a été en contact avec l'herbe à puce.*
un **GPrép**	*dont*	→ si ce GPrép commence par la **préposition de** (*du / des*). Les feuilles de cette plante sont composées de trois folioles. **Ex.:** *L'herbe à puce est une plante vivace* dont *les feuilles sont composées de trois folioles.*
	qui avec la **préposition** du début du GPrép	→ si ce GPrép est constitué d'un GN dont le noyau a le **trait animé** (faisant référence à une personne, à un animal). Le médecin a prescrit une crème à ces personnes. **Ex.:** *Les personnes* à qui *le médecin a prescrit une crème avaient pique-niqué dans de l'herbe à puce.*
	lequel, laquelle, lesquels, lesquelles avec la **préposition** du début du GPrép	→ peu importe si ce GPrép est constitué d'un GN dont le noyau a le **trait animé** ou **non animé** ; ce GPrép ne doit cependant pas être constitué d'un pronom comme *cela, quelque chose, grand-chose, rien...* Il existe des remèdes efficaces contre cette allergie. **Ex.:** *L'herbe à puce provoque une allergie* contre laquelle *il existe des remèdes efficaces.*
	quoi avec la **préposition** du début du GPrép	→ si ce GPrép est constitué d'un pronom comme *cela, quelque chose, grand-chose, rien...* ; ce GPrép ne doit cependant pas commencer par *de*. Elle n'est pas allergique à quelque chose. **Ex.:** *Existe-t-il quelque chose* à quoi *elle n'est pas allergique ?*

La subordonnée circonstancielle de cause, de conséquence et de comparaison

Activité 1

La subordonnée circonstancielle de cause:
• son sens;
• son subordonnant;
• son fonctionnement.

A Dans chacune des phrases de l'encadré ci-après, on énonce deux faits:

① Des enfants de quatre ans se retrouvent à l'urgence au bord de l'asphyxie.

② Ces enfants sont allergiques à l'herbe à poux ou à la poussière.

INDIQUE lequel des deux faits (① ou ②) est la cause de l'autre fait (une cause, c'est ce qui produit un effet).

2e EXTRAIT	
À cause d'un plant d'herbe à poux ou d'un peu de poussière, des enfants de quatre ans se retrouvent à l'urgence au bord de l'asphyxie.	*Des enfants de quatre ans se retrouvent à l'urgence au bord de l'asphyxie parce qu'ils ont développé une allergie à l'herbe à poux ou à la poussière.*

B Dans chacune des phrases de l'encadré, **RELÈVE** l'élément qui sert à préciser qu'un fait est la cause de l'autre fait.

C L'un des éléments que tu as relevés est le subordonnant d'une phrase subordonnée circonstancielle. **REPÈRE** cette phrase subordonnée, puis **PROUVE** que le subordonnant en fait partie en déplaçant la subordonnée dans la phrase.

D **OBSERVE** les changements qu'implique le déplacement de la subordonnée circonstancielle de cause dans la phrase ci-dessous, puis **EXPLIQUE** pourquoi il faut faire ces changements.

3e EXTRAIT

Puisque la mère et les tantes de Louise souffrent aussi de la maladie, cette dernière y était prédisposée.

Louise   à souffrir de la maladie, sa   ses   en
→ ~~Cette dernière y~~ était prédisposée   puisque ~~la~~ mère et ~~les~~ tantes ~~de Louise~~ souffrent aussi ~~de la maladie~~.

Circonstanciel (1747-Girard)
▷ gramm.

La subordonnée circonstancielle de conséquence:
• son sens;
• son subordonnant;
• son fonctionnement.

A Dans chacune des phrases de l'encadré ci-après, on énonce deux faits:

① Les médecins dépistent mieux les cas d'allergies.

② Il y a une augmentation du nombre de patients allergiques.

INDIQUE lequel des deux faits (① ou ②) est la conséquence de l'autre fait (une conséquence, c'est un effet produit, un résultat).

2ᵉ EXTRAIT	
Selon Francine Cloutier-Marchand, allergologue au pavillon Hôtel-Dieu du Centre hospitalier de l'Université de Montréal (CHUM), un meilleur dépistage explique en partie l'augmentation du nombre de cas.	*Les médecins font un meilleur dépistage des cas d'allergies de sorte que le nombre de patients allergiques augmente.*

B **RELÈVE** l'élément qui, dans chacune des phrases de l'encadré, sert à préciser qu'un fait est la conséquence de l'autre fait.

C **INDIQUE** dans laquelle des phrases de l'encadré la conséquence est exprimée à l'aide d'une subordonnée circonstancielle.

D **TRANSCRIS** les phrases suivantes. **SOULIGNE** ensuite, s'il y a lieu, le terme employé pour marquer une intensité dans la gravité de la pollution.

① La pollution de la ville de New York est grave.

② La pollution de la ville de Tokyo est si grave !

③ La pollution de la ville de Mexico est assez grave.

E Dans chacune des trois phrases que tu as transcrites, **AJOUTE** l'une des trois subordonnées circonstancielles de conséquence suivantes.

ⓐ que certaines personnes portent un masque

ⓑ pour que certaines personnes portent un masque

ⓒ au point que certaines personnes portent un masque

F **OBSERVE** les phrases que tu as complétées et **INDIQUE** quels subordonnants on emploie au début d'une subordonnée circonstancielle de conséquence qui est liée à un terme marquant l'intensité.

G Les deux phrases suivantes ont le même sens. **INDIQUE** si le fait exprimé dans chacune des deux subordonnées circonstancielles est la cause ou la conséquence du fait exprimé dans le reste de la phrase.

① Des enfants de quatre ans ont développé une allergie à l'herbe à poux ou à la poussière de sorte qu'ils se retrouvent à l'urgence au bord de l'asphyxie.

② Des enfants de quatre ans se retrouvent à l'urgence au bord de l'asphyxie parce qu'ils ont développé une allergie à l'herbe à poux ou à la poussière.

H **COMPARE** le fonctionnement de la subordonnée circonstancielle de cause à celui de la subordonnée circonstancielle de conséquence: sont-elles toutes deux supprimables? déplaçables?

Activité 3

La subordonnée circonstancielle de comparaison:
• son sens;
• son subordonnant;
• son fonctionnement.

A Dans les phrases suivantes, on établit une comparaison entre deux choses. Qu'est-ce qui est comparé dans ces phrases?

① La reproduction des plantes à petites fleurs, qui est assurée par le vent, est une cause d'allergies, de même que l'est la reproduction des plantes à grosses fleurs.

② La reproduction des plantes à petites fleurs, qui est assurée par le vent, est une cause d'allergies, bien plus que l'est la reproduction des plantes à grosses fleurs.

B **RELÈVE** le subordonnant de la subordonnée circonstancielle qui précise le rapport de comparaison dans chacune des phrases précédentes, puis **INDIQUE** si ce rapport de comparaison en est un d'égalité, de supériorité ou d'infériorité.

C **CLASSE** les allergies comparées dans les phrases suivantes selon leur degré de fréquence: les plus fréquentes sont ◾1🖉 ; les moins fréquentes sont ◾2🖉 .

① Les allergies causées par les plantes à petites fleurs sont plus fréquentes que le sont les allergies causées par les plantes à grosses fleurs.

② Les allergies causées par les plantes à grosses fleurs sont moins fréquentes que le sont les allergies causées par les plantes à petites fleurs.

D **RELÈVE** l'élément de chacune des phrases ci-dessus qui t'a permis de faire ton classement. Cet élément fait-il partie de la subordonnée circonstancielle ou du reste de la phrase?

E **COMPARE** les subordonnées circonstancielles dans les phrases ci-après:

ⓐ se distinguent-elles par leur subordonnant? **JUSTIFIE** ta réponse.

ⓑ se distinguent-elles par leur sens? **JUSTIFIE** ta réponse.

① Les allergies au pollen sont aussi fréquentes que les allergies à la poussière le sont.

② Les allergies au pollen sont si fréquentes que de nouveaux fabricants d'antihistaminiques s'ajoutent chaque année.

F **COMPARE** la subordonnée circonstancielle dans la phrase suivante à celle de la phrase ① ci-dessus: qu'est-ce qui les distingue?

Les allergies au pollen sont aussi fréquentes que les allergies à la poussière.

G **INDIQUE** ce qui est comparé dans chacune des phrases suivantes, puis **EXPLIQUE** pourquoi la seconde phrase est agrammaticale.

① Tes allergies sont plus fréquentes que les miennes.

② * Tes allergies sont plus fréquentes que moi.

Cause

(1120) ▷ **Ps. de Cambridge**, jurid.;

(1361-Oresme) ▷ « Principe, origine »;

(1552-Rabelais) ▷ « ce qui occasionne ».

Connaissances

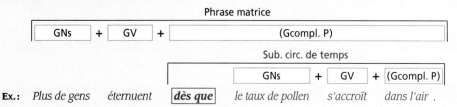

LA PHRASE SUBORDONNÉE CIRCONSTANCIELLE DE CAUSE, DE CONSÉQUENCE ET DE COMPARAISON

La subordonnée circonstancielle (Sub. circ.), peu importe qu'elle soit une subordonnée circonstancielle de temps, de but, de cause, de conséquence ou de comparaison, est une phrase qui est insérée dans une phrase de niveau supérieur (appelée *phrase matrice*) à l'aide d'un **subordonnant**. Le sens du subordonnant indique généralement de quelle subordonnée circonstancielle il s'agit.

La subordonnée circonstancielle a une fonction dans la phrase matrice, généralement la fonction de complément de phrase; elle fait donc partie de la phrase matrice.

```
                             Phrase matrice
  ┌───────────────────────────────────────────────────────────────┐
  │  GNs  +  GV  +            (Gcompl. P)                           │
  └───────────────────────────────────────────────────────────────┘
                                 Sub. circ. de temps
                          ┌─────────────────────────────────────┐
                          │  GNs  +  GV  +  (Gcompl. P)          │
                          └─────────────────────────────────────┘
```

Ex.: *Plus de gens   éternuent* ⟨dès que⟩ *le taux de pollen   s'accroît   dans l'air* .

REMARQUE : Le **mode du verbe** dans la subordonnée circonstancielle varie, entre autres, selon qu'il s'agit d'une subordonnée de temps, de but, de cause, etc. et selon le subordonnant placé au début de la subordonnée. Par exemple :

- dans la subordonnée circonstancielle de temps qui commence par les **subordonnants** *avant que, jusqu'à ce que, d'ici (à ce) que, en attendant que*, le <u>verbe</u> est au **mode subjonctif**;

  Ex.: *Généralement, on ne connaît pas ses allergies* ⟨avant qu'⟩ *on <u>ait</u> une première réaction à un allergène.*

- dans les autres subordonnées circonstancielles de temps, le <u>verbe</u> est au **mode indicatif**;

  Ex.: *Plus de gens éternuent* ⟨dès que⟩ *le taux de pollen <u>s'accroît</u> dans l'air.*

- dans les subordonnées circonstancielles de but, le <u>verbe</u> est au **mode subjonctif**.

  Ex.: *Certaines personnes prennent des médicaments* ⟨pour que⟩ *leurs allergies ne <u>soient</u> pas trop incommodantes.*

  ☛ *UNE GRAMMAIRE POUR TOUS LES JOURS*
  - *Les phrases subordonnées.*
  - *Les phrases subordonnées circonstancielles.*

1. LA PHRASE SUBORDONNÉE CIRCONSTANCIELLE DE CAUSE

1.1 Le sens de la phrase subordonnée circonstancielle de cause

Il existe plusieurs façons d'exprimer une cause (une **cause**, c'est **ce qui produit un effet**). Par exemple, on peut préciser qu'un fait est la cause d'un autre fait à l'aide :

- d'expressions comme *avoir pour cause, être dû à, s'expliquer par, la cause de, la raison de*;

  Ex.: *Les gens développent davantage d'allergies. <u>La cause de</u> ce phénomène est l'accroissement du taux de pollution.*

Circonstance
(1265-Br. Latini) ▷ « détail »
            (1668) ▷ Molière, sens actuel.

- de prépositions comme *à cause de, en raison de, étant donné, grâce à*;

  Ex.: *Les gens développent davantage d'allergies <u>à cause de</u> l'accroissement du taux de pollution.*

- des coordonnants *car* ou *en effet*;

  Ex.: *Les gens développent davantage d'allergies,* ⦙car⦙ *le taux de pollution s'accroît.*

- du deux-points.

  Ex.: *Les gens développent davantage d'allergies* ⦙:⦙ *le taux de pollution s'accroît.*

La subordonnée circonstancielle de cause est aussi un moyen dont on dispose pour exprimer une cause. Son **subordonnant** précise que ce qui est exprimé dans cette subordonnée constitue la cause de ce qui est exprimé dans le reste de la phrase.

Ex.: *Les gens développent davantage d'allergies* **parce que** *le taux de pollution s'accroît.*

1.2 Le choix du subordonnant dans la phrase subordonnée circonstancielle de cause

Dans la subordonnée circonstancielle de cause...	
on emploie les **subordonnants**:	pour préciser que ce qui est exprimé dans la subordonnée est:
parce que, du fait que, comme, puisque, vu que, attendu que, étant donné que, etc.	la cause de ce qui est exprimé dans le reste de la phrase. **Ex.:** *Les gens développent davantage d'allergies* **parce que** *le taux de pollution s'accroît.* **Comme** *le taux de pollution s'accroît, les gens développent davantage d'allergies.*

1.3 Le fonctionnement de la phrase subordonnée circonstancielle de cause

La subordonnée circonstancielle de cause ne dépend pas d'un mot dans la phrase matrice où elle est insérée, mais de l'ensemble formé par les groupes constituants obligatoires de la phrase (GNs + GV). Elle fonctionne donc comme un groupe constituant facultatif de la phrase ayant la fonction de complément de phrase (Gcompl. P).

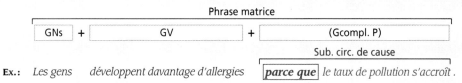

Ex.: *Les gens développent davantage d'allergies* **parce que** *le taux de pollution s'accroît.*

REMARQUES: 1. Tout comme les autres éléments ayant la fonction de complément de phrase, la subordonnée circonstancielle de cause qui commence par le **subordonnant** *comme* est supprimable. Cependant, elle a généralement une place fixe dans la phrase: elle est détachée en début de phrase.

    Ex.: **Comme** *le taux de pollution s'accroît, les gens développent davantage d'allergies.*

      Et non: **Les gens développent davantage d'allergies* **comme** *le taux de pollution s'accroît.*

2. Dans la subordonnée circonstancielle de cause, le <u>verbe</u> est au **mode indicatif**.

    Ex.: **Comme** *le taux de pollution <u>s'accroît</u>, les gens développent davantage d'allergies.*

2. La phrase subordonnée circonstancielle de conséquence

2.1 Le sens de la phrase subordonnée circonstancielle de conséquence

Il existe plusieurs façons d'exprimer une conséquence (une **conséquence,** c'est **un effet produit, un résultat non recherché**). Par exemple, on peut préciser qu'un fait est la conséquence d'un autre fait à l'aide :

- de verbes comme *causer, entraîner, produire, provoquer, expliquer* ;

   Ex.: *L'accroissement du taux de pollution <u>explique</u> que les gens développent davantage d'allergies.*

- d'expressions comme *la conséquence de, l'effet de* ;

   Ex.: *Le taux de pollution s'accroît. <u>La conséquence de</u> cet accroissement est que les gens développent davantage d'allergies.*

- des coordonnants *donc, aussi, c'est pourquoi* ou *par conséquent.*

   Ex.: *Le taux de pollution s'accroît,* $\boxed{par\ conséquent}$ *les gens développent davantage d'allergies.*

La subordonnée circonstancielle de conséquence est aussi un moyen dont on dispose pour exprimer une conséquence. Son **subordonnant** précise que ce qui est exprimé dans cette subordonnée constitue la conséquence de ce qui est exprimé dans le reste de la phrase.

Ex.: *Le taux de pollution s'accroît* $\boxed{\textbf{\textit{de sorte que}}}$ *les gens développent davantage d'allergies.*

Le **subordonnant** de certaines subordonnées circonstancielles de conséquence est en relation avec un **terme** qui sert à marquer l'**intensité** ou le **degré**.

Ex.: *Le taux de pollution est **tellement** élevé* $\boxed{que}$ *les gens développent davantage d'allergies.*

Conséquence (XIIIᵉ s.-de Fontaines)
➤ latin <u>consequentia</u>.

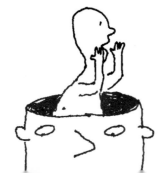

2.2 Le choix du subordonnant dans la phrase subordonnée circonstancielle de conséquence

Dans la subordonnée circonstancielle de conséquence...		
on emploie les **subordonnants** :		pour préciser que ce qui est exprimé dans la subordonnée est :
de (telle) façon que, *de (telle) sorte que*, *de (telle) manière que*, *au point que*, *à tel point que*, *à un point tel que*, *si bien que*, etc.		une conséquence de ce qui est exprimé dans le reste de la phrase; **Ex.:** *Le taux de pollution s'accroît* à tel point que *les gens développent davantage d'allergies.*
ou les **termes** :	et les **subordonnants** :	pour préciser que ce qui est exprimé dans la subordonnée est :
tel/*telle*/*tels*/*tels*... *tant*... *tellement*... *si*... *aussi*... etc.	*que*	une conséquence qui est liée à l'**intensité**, au **degré** d'un élément en particulier dans le reste de la phrase. **Ex.:** *Dans certaines villes, le taux de pollution est* **si** élevé que *les gens doivent porter un masque.*
(pas) assez... *suffisamment*... *trop (peu)*...	*pour que*	*Dans certaines villes, le taux de pollution est* **suffisamment** élevé **pour que** *les gens portent un masque.*

REMARQUES: 1. Dans les subordonnées circonstancielles de conséquence qui commencent par les subordonnants *que* ou *pour que*, le subordonnant est en relation avec un **terme** qui sert à marquer l'**intensité** ou le **degré** d'un élément. Ce terme est généralement un adverbe. (Les subordonnants *que* et *pour que* et les termes avec lesquels ils sont en relation sont appelés *corrélatifs*.)

2. L'adverbe d'intensité ou de degré est parfois associé au déterminant *de (d')* et forme avec lui un déterminant complexe.

               déterminant

    Ex.: *Certaines personnes ont* **tellement** d'allergies qu' *elles prennent constamment des médicaments.*

2.3 Le fonctionnement de la phrase subordonnée circonstancielle de conséquence

La subordonnée circonstancielle de conséquence qui commence par les **subordonnants** *de sorte que*, *de manière que*, *au point que*, etc. ne dépend pas d'un mot dans la phrase matrice où elle est insérée, mais de l'ensemble formé par les groupes constituants obligatoires de la phrase (GNs + GV). Elle fonctionne donc comme un groupe constituant facultatif de la phrase ayant la fonction de complément de phrase (Gcompl. P).

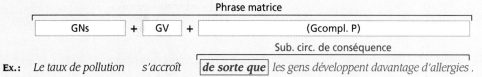

Ex.: *Le taux de pollution   s'accroît*   de sorte que   *les gens développent davantage d'allergies* .

REMARQUES: 1. Tout comme les autres éléments ayant la fonction de complément de phrase, la subordonnée circonstancielle de conséquence qui commence par les subordonnants *de sorte que*, *de manière que*, *au point que*, etc. est supprimable. Cependant, elle a généralement une place fixe dans la phrase : elle est placée en fin de phrase.

2. Dans la subordonnée circonstancielle de conséquence qui commence par les subordonnants *de sorte que*, *de manière que*, *au point que*, etc., le <u>verbe</u> est généralement au **mode indicatif**.

     Ex.: *Le taux de pollution s'est accru* de sorte que *les gens <u>ont développé</u> davantage d'allergies.*

La subordonnée circonstancielle de conséquence qui commence par les **subordonnants** *que* et *pour que* dépend d'un mot à l'intérieur du groupe de mots de la phrase matrice où est elle insérée. Le **terme** servant à marquer l'**intensité** ou le **degré**, avec lequel le subordonnant est en relation, dépend aussi de ce mot. Par exemple, dans la phrase suivante, la subordonnée circonstancielle de conséquence et l'adverbe d'intensité *si* dépendent de l'<u>adjectif *élevé*</u>. Ensemble, ils ont la fonction de modificateur de l'adjectif.

GAdj

modif. de l'Adj

Ex.: *Dans certaines villes, le taux de pollution est* **si** <u>*élevé*</u> que *les gens doivent porter un masque* .

REMARQUES: 1. La subordonnée circonstancielle de conséquence qui commence par les **subordonnants** *que* et *pour que* peut dépendre d'un adjectif dans un GAdj, d'un adverbe dans un GAdv, d'un verbe dans un GV ou d'un nom dans un GN.

2. Dans la subordonnée circonstancielle de conséquence qui commence par :
- le **subordonnant** *que*, le <u>verbe</u> est généralement au **mode indicatif**;

     Ex.: *Le taux de pollution s'est tellement accru* que *les gens <u>ont développé</u> davantage d'allergies.*

- le **subordonnant** *pour que*, le <u>verbe</u> est généralement au **mode subjonctif**.

     Ex.: *Le taux de pollution s'est suffisamment accru* pour que *les gens <u>aient développé</u> davantage d'allergies.*

GRAMMAIRE

3. LA PHRASE SUBORDONNÉE CIRCONSTANCIELLE DE COMPARAISON

3.1 Le sens de la phrase subordonnée circonstancielle de comparaison

Il existe plusieurs façons d'établir une comparaison (une **comparaison**, c'est l'expression d'une **ressemblance** ou d'une **différence** entre des personnes, des choses, etc.). Par exemple, on peut établir une comparaison à l'aide :

- de verbes comme *être, sembler, ressembler, (se) différencier, (se) distinguer* ;

  Ex.: *Les réactions allergiques aux abeilles et aux guêpes <u>se distinguent</u> de celles aux autres insectes.*

- d'expressions comme *pareil à, semblable à, différent de* ;

  Ex.: *Les réactions allergiques aux abeilles et aux guêpes sont <u>différentes de</u> celles aux autres insectes.*

- de prépositions comme *à l'instar de, comme, contrairement à*.

  Ex.: *<u>Contrairement aux</u> allergies aux abeilles et aux guêpes, les allergies aux autres insectes provoquent rarement une réaction allergique généralisée.*

La subordonnée circonstancielle de comparaison est aussi un moyen dont on dispose pour établir une comparaison. Son **subordonnant** précise le rapport de comparaison qui existe entre deux personnes, deux choses, etc. Il peut s'agir d'un rapport d'égalité, de supériorité ou d'infériorité.

Ex.: *Une piqûre d'abeille ou de guêpe peut être très dangereuse,* | *bien plus que* | *peuvent l'être les piqûres d'autres insectes.*
Une piqûre de guêpe peut être dangereuse, | *autant que* | *peut l'être une piqûre d'abeille.*

Le **subordonnant** de certaines subordonnées circonstancielles de comparaison est en relation avec un **terme** qui sert à marquer le **degré**.

Ex.: *Les allergies aux piqûres d'abeille ou de guêpe sont **plus** violentes* | *que* | *le sont les allergies aux autres insectes.*
*Les allergies aux maringouins sont **moins** violentes* | *que* | *le sont les allergies aux abeilles et aux guêpes.*

3.2 Le choix du subordonnant dans la phrase subordonnée circonstancielle de comparaison

Dans la subordonnée circonstancielle de comparaison...	
on emploie les **subordonnants** :	pour établir :
***ainsi que**, **comme**, **autant que**, **bien plus que**, **bien moins que**, **de même que**, etc.*	une comparaison entre des personnes, des choses, etc. **Ex.:** *Une piqûre d'abeille ou de guêpe peut être très dangereuse,* | *bien plus que* | *l'ingestion de certains aliments peut l'être.*
ou les **termes** :	et le **subordonnant**:
davantage... autant... moins... aussi... plus... meilleur... pire... même... *que*	**Ex.:** *Les allergies aux piqûres d'abeille ou de guêpe sont **plus** violentes* | *que* | *les allergies aux autres insectes le sont.* *Les allergies aux piqûres d'abeille ou de guêpe sont **plus** violentes* | *que* | *les allergies aux autres insectes.*

3.3 Le fonctionnement de la phrase subordonnée circonstancielle de comparaison

La subordonnée circonstancielle de comparaison qui commence par les **subordonnants** *ainsi que*, ***comme**, **autant que**, **de même que***, etc. ne dépend pas d'un mot dans la phrase matrice où elle est insérée, mais de l'ensemble formé par les groupes constituants obligatoires de la phrase (GNs + GV). Elle fonctionne donc généralement comme un groupe constituant facultatif de la phrase ayant la fonction de complément de phrase (Gcompl. P).

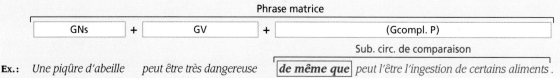

Phrase matrice

| GNs | **+** | GV | **+** | (Gcompl. P) |

Sub. circ. de comparaison

Ex.: *Une piqûre d'abeille* | *peut être très dangereuse* | de même que | *peut l'être l'ingestion de certains aliments* .

La subordonnée circonstancielle de comparaison qui commence par le **subordonnant *que*** dépend d'un mot à l'intérieur du groupe de mots de la phrase matrice où elle est insérée. Le **terme** servant à marquer le **degré**, avec lequel le subordonnant est en relation, dépend aussi de ce mot. Par exemple, dans la phrase suivante, la subordonnée circonstancielle de comparaison et l'adverbe de degré *plus* dépendent de l'adjectif *désagréables*. Ensemble, ils ont la fonction de modificateur de l'adjectif.

GAdj

— modif. de l'Adj —

Ex.: *Les allergies à l'herbe à puce sont **plus** désagréables* | qu' | *elles sont dangereuses* .

REMARQUES: 1. La subordonnée circonstancielle de comparaison qui commence par le subordonnant *que* peut dépendre d'un adjectif dans un GAdj, d'un adverbe dans un GAdv, d'un verbe dans un GV ou d'un nom dans un GN.

2. Dans les subordonnées circonstancielles de comparaison, le verbe est au mode indicatif.

3.4 L'effacement d'éléments dans la subordonnée circonstancielle de comparaison

Dans certaines subordonnées circonstancielles de comparaison, des **éléments créant une répétition** peuvent être supprimés.

Ex.: *Une piqûre d'abeille ou de guêpe **peut être très dangereuse**,* | bien plus que | *les piqûres d'autres insectes ~~peuvent l'être~~*.

*Les allergies aux piqûres d'abeille ou de guêpe **sont** plus **violentes*** | que | *les allergies aux autres insectes ~~le sont~~*.

***Les allergies à l'herbe à puce sont** plus désagréables* | qu'~~elles sont~~ dangereuses.

REMARQUE: Sur le plan du sens, les éléments que l'on compare doivent être de même catégorie. Par exemple, on peut comparer des allergies avec des allergies, mais non des allergies avec une personne.

Ex.: *Tes allergies* sont **plus** *violentes* | que | *les miennes*.

Et non: * *Tes allergies* sont **plus** *violentes* | que | *moi*.

Comparaison (1190-Garnier)
▶ latin comparatio.

ENRICHISSEMENT

1 **A** **RELÈVE** les coordonnants, les signes de ponctuation et les subordonnants qui, dans les phrases numérotées, servent à joindre des phrases.

B **RELÈVE** le numéro des phrases qui sont formées :

a) à l'aide de trois phrases jointes ;

b) à l'aide de deux phrases jointes.

C **ILLUSTRE** chacune des phrases à l'aide d'un schéma.

Ex.: ①

②

① Les déchets toxiques se distinguent des autres types de déchets parce qu'ils contiennent des substances dangereuses pendant longtemps.
② Les pesticides et les BPC contiennent tous deux des produits chimiques nocifs pour le foie et les reins, de plus ils provoquent certains cancers.
③ Certains produits chimiques sont toxiques en très faibles quantités, d'autres ne le sont qu'à forte dose. ④ Les usines de produits chimiques utilisent souvent des substances nuisibles dans la fabrication de leurs produits, et les déchets qui en découlent sont toxiques.

DÉFI !

⑤ Les déchets toxiques qui sont déversés dans les sites d'enfouissement contaminent le sol et les nappes d'eau souterraines, ils sont donc très dangereux pour les gens des régions avoisinantes.

2 **EXPLIQUE** pourquoi le fait de repérer, dans un premier temps, le ou les verbes contenus dans une phrase peut aider à savoir s'il y a des phrases jointes à l'intérieur de cette phrase et, si c'est le cas, à savoir combien il y en a.

3 **A** La phrase infinitive insérée dans les phrases ci-dessous est une subordonnée infinitive. Sur le plan de la construction, qu'est-ce qui la différencie des autres phrases subordonnées ?

① Privilégier l'achat de matériaux naturels ou recyclables dans notre vie de tous les jours est une des conditions à l'amélioration de notre qualité de vie.

② De plus en plus de gens aiment acheter des matériaux recyclés.

B Quelle est la fonction de la subordonnée infinitive dans la phrase ① ci-dessus ?

GRAMMAIRE

4 **A** Dans chacune des phrases, RELÈVE la ou les phrases coordonnées ou juxtaposées dans lesquelles un ou des éléments ont été effacés.

B Dans chaque phrase relevée, AJOUTE l'élément ou les éléments effacés.

① Les déchets industriels sont rejetés dans les fleuves et dans l'air, ou sont mis en décharge dans le sol. ② Les cendres des déchets toxiques sont enterrées dans des décharges, et les liquides déversés en mer. ③ Lorsque l'on brûle du charbon et du pétrole, du dioxyde de soufre est libéré et se mélange à l'eau des nuages. ④ Les fumées d'échappement des voitures et des camions contiennent et libèrent des gaz toxiques nocifs pour les humains et pour l'environnement.

DÉFI !

⑤ Dans les décharges modernes, on prélève et on brûle des gaz comme le méthane pour produire de l'énergie.

5 **A** À quelle phrase la phrase subordonnée en couleur est-elle coordonnée ?

Les déchets radioactifs sont les plus dangereux de tous parce qu'il est impossible de les détruire et qu'ils demeurent dangereux pendant des milliers d'années.

B Quel élément a été effacé dans la phrase subordonnée en couleur ci-dessus ?

6 EXPLIQUE pourquoi la phrase suivante est agrammaticale.

*Les industries chimiques créent et se débarrassent de la plus grande quantité de déchets toxiques.

7 **A** Dans chacune des phrases, RELÈVE le ou les pronoms ou l'adverbe qui remplacent un élément.

B TROUVE l'élément que chaque pronom ou adverbe relevé remplace, puis NOTE-le.

① Certains produits chimiques sont toxiques en très faibles quantités, d'autres ne le sont qu'à forte dose. ② Les produits chimiques toxiques mis en décharge et répandus dans les mers et les fleuves peuvent causer des malformations à la faune qui y vit. ③ Les usines produisent des déchets toxiques, mais les familles également.

DÉFI !

④ Parmi les milliers de produits chimiques utilisés dans les industries, certains sont testés pour que l'on puisse déterminer s'ils sont inoffensifs et d'autres pas. ⑤ En brûlant, le charbon libère du dioxyde de soufre qui se mélange à l'eau des nuages pour former les pluies acides ; le pétrole aussi.

8 DONNE un exemple pour prouver que le remplacement par un pronom est un moyen d'éviter la répétition non seulement dans les phrases coordonnées, juxtaposées ou subordonnées, mais aussi dans les phrases séparées par un point.

GRAMMAIRE

9 **A** **RELÈVE** le numéro des phrases contenant une subordonnée complétive complément du verbe ou de l'adjectif, puis **NOTE** le subordonnant au début de chaque subordonnée.

B Parmi les phrases relevées, laquelle ou lesquelles contiennent:

ⓐ une subordonnée complétive interrogative indirecte?

ⓑ une subordonnée complétive exclamative indirecte?

① Savais-tu que certains pays riches envoient leurs déchets toxiques dans des pays plus pauvres? ② Elle se demande si les pays plus pauvres ont les moyens de gérer les déchets toxiques en toute sécurité. ③ Les déchets toxiques sont parfois stockés dans des conditions si mauvaises qu'une catastrophe devient inévitable. ④ Elle est outrée que certains pays riches ne se préoccupent pas davantage de l'environnement. ⑤ Elle comprend combien le stockage des déchets toxiques peut être dangereux pour les gens et pour l'environnement. ⑥ Elle ne comprend pas pourquoi les pays riches ne subventionnent pas plus de projets de recherche pour trouver des solutions au stockage des déchets.

DÉFI!

⑦ Les recherches ont démontré que les sites d'enfouissement des déchets toxiques ne sont pas à l'abri des catastrophes que des fuites éventuelles pourraient causer.

10 Quelle est la fonction de la subordonnée complétive en *que* dans la phrase suivante.

Que le commerce des déchets toxiques ne soit pas plus réglementé est scandaleux.

11 À quelle classe de mots appartient le mot qui précède le subordonnant dans la subordonnée complétive interrogative indirecte?

Elle sait à qui elle s'adressera pour avoir de l'information sur le stockage des déchets dans sa ville.

---

12 **A** **RELÈVE** les pronoms relatifs et le noyau de leur groupe antécédent.

B **REPÈRE** les subordonnées relatives, puis **CONSTRUIS** la phrase correspondant à chacune.

C **ENCADRE** le groupe de mots que le pronom (avec préposition, s'il y a lieu) remplace dans chacune des phrases que tu as construites.

① Les pays pauvres vers lesquels les déchets toxiques sont acheminés reçoivent, en échange, de l'argent, de la nourriture ou de l'équipement agricole. ② Les mauvaises conditions dans lesquelles les déchets toxiques sont stockés accentuent les risques de fuites dans l'environnement. ③ Certains pays déversent illégalement des déchets toxiques dans des pays où la réglementation est insuffisante. ④ Beaucoup de gens à qui on montre des images de catastrophes écologiques sont prêts à appuyer des projets visant à protéger l'environnement.

DÉFI!

⑤ Ce par quoi on peut commencer pour limiter les déversements dangereux de déchets est la sensibilisation aux conséquences désastreuses des fuites toxiques.

13 Pour quelle raison pourrait-on demander à l'auteur de cette phrase de remplacer *qui* par *laquelle*?

Ce matin, le journal contenait un article sur la voisine du maire à *qui* on reprochait d'avoir déversé des déchets toxiques dans les égouts.

Conjonction (1160-Benoît)
▷ « action de joindre »;
(XIVᵉ s.) gramm. (repris du latin)

14 **A** **RELÈVE** les subordonnées circonstancielles, puis, pour chacune, **INDIQUE** s'il s'agit d'une subordonnée circonstancielle de temps, de but, de cause, de conséquence ou de comparaison.

B S'il s'agit d'une subordonnée circonstancielle de conséquence ou de comparaison qui commence par le subordonnant *que* ou *pour que*, **RELÈVE** le terme marquant le degré ou l'intensité avec lequel cette subordonnée est en relation.

① En 1974, à Flixborough en Angleterre, 28 personnes sont mortes parce qu'un conteneur de produits chimiques a explosé. ② La quantité de produits toxiques dans la mer est suffisamment importante pour que certains poissons ou crustacés soient incapables de se reproduire. ③ En 1986, les industries chimiques ont pollué le Rhin au point que toute vie dans le fleuve fut tuée sur une distance de 100 km. ④ À Mexico, le simple fait de respirer est aussi nocif que l'est le fait de fumer 40 cigarettes par jour. ⑤ Lorsque les gaz qui retiennent la chaleur près de la surface de la Terre sont produits en trop grande quantité, il en résulte un réchauffement de la planète.

DÉFI !

⑥ La carène des navires est souvent enduite d'un produit toxique pour que les algues ne s'y accrochent pas. ⑦ À Cubati, au Brésil, la pollution atmosphérique est si forte que les arbres ne sont que des souches noires.

15 **COMPARE** la subordonnée circonstancielle de but dans la phrase ① et celle de conséquence dans la phrase ②. Dans quel cas l'effet ou le résultat exprimé à l'aide de la subordonnée est-il recherché ?

① Certains fermiers épandent des produits chimiques sur leurs terres pour que leurs récoltes soient plus abondantes.

② Certains fermiers épandent assez de produits chimiques sur leurs terres pour que certaines personnes développent des allergies en mangeant leurs légumes.

Subordonnée (1770-Condillac)

GRAMMAIRE

1 **A** **RÉCRIS** les phrases suivantes en supprimant, s'il y a lieu, les éléments semblables dans les phrases coordonnées ou juxtaposées.

① Le squelette soutient notre corps [et] le squelette protège certains de nos organes internes.

② La cage thoracique entoure certains organes comme le cœur [et] elle protège ces organes.

③ Quand on fait un faux mouvement, il arrive qu'un os se déboîte, [mais], quand on fait un faux mouvement, on peut aussi simplement s'étirer un ligament.

④ Les osselets de l'oreille sont les os les plus petits [;] le fémur est l'os le plus long.

⑤ Le sang nourrit les cellules [et] il débarrasse les cellules des déchets qu'elles renferment.

B S'il y a lieu, **REMPLACE** l'élément en gras par un pronom ou par un groupe de l'adverbe comme *non, pas; oui, si; non plus; aussi, de même, également, pareillement.*

① Le sang nourrit les cellules et débarrasse **les cellules** des déchets qu'elles renferment.

② Les os contiennent de la moelle, mais les cartilages ne contiennent pas **de moelle**.

③ Les os contiennent de la moelle, mais les cartilages **ne contiennent pas de moelle**.

④ Les veines véhiculent le sang, les artères **véhiculent le sang**.

⑤ Les artères transportent le sang du cœur vers les organes, et les veines ramènent **le sang** des organes vers le cœur.

---

2 **A** **ASSOCIE** chaque phrase de la colonne de gauche à une phrase de la colonne de droite avec laquelle elle pourrait avoir une relation de sens.

Ne **RELÈVE** que le numéro de ces phrases.

① Le premier cri du bébé signifie que désormais le bébé est un individu autonome.

② La division des cellules de notre corps nous fait grandir.

③ Dans les pays du tiers-monde, les conditions de vie trop difficiles ralentissent le développement des enfants.

④ Les cellules du cerveau, appelées neurones, captent toutes sortes de messages.

⑤ Pour faire battre son cœur, on ne fournit pas un effort volontaire.

⑥ Ces cellules transmettent toutes sortes de messages aux différentes parties du corps.

⑦ Dans les pays développés, les enfants se développent généralement au mieux de leurs aptitudes naturelles.

⑧ Pour porter la main à son cœur, on fournit un effort volontaire.

⑨ Rien ne peut empêcher cette croissance.

⑩ Il n'a plus besoin de sa mère pour respirer.

B Parmi les coordonnants et les signes de ponctuation suivants, **NOTE** celui qui pourrait servir à marquer la relation de sens entre les phrases de chacune des paires que tu as formées.

donc   et   puis   mais   par conséquent   ,   :

C Parmi les phrases que tu as associées, **JOINS** celles dans lesquelles des éléments qui se répètent peuvent être remplacés par un pronom ou par un groupe de l'adverbe comme *non, pas; oui, si; non plus; aussi, de même, également, pareillement.* **REMPLACE** l'élément qui se répète dans ces phrases.

3 **A** Dans chaque subordonnée complétive en *que*, **ÉCRIS** le verbe entre parenthèses au mode qui convient.

Lorsqu'il n'y a pas de différence à l'oral entre le verbe à l'indicatif et le verbe au subjonctif, **REMPLACE** ce verbe par un verbe qui ne se termine pas en *-er*, par exemple *pouvoir,* pour trouver le mode qui convient.

① Je doute que tu (pouvoir) répondre à toutes mes questions.

② Je crois que tu (pouvoir) répondre à toutes mes questions.

③ J'espère que tu ne (croire) pas tout ce qui est dit.

④ Je suis heureux que tu ne (croire) pas tout ce qui est dit.

B S'il y a lieu, **REMPLACE** la construction en gras par une subordonnée complétive en *que*. **ASSURE**-toi que le verbe de chaque subordonnée complétive est au mode qui convient.

que notre cerveau était capable de sécréter des endorphines.

EX.: *Il y a environ 30 ans, les scientifiques découvraient* ~~**la capacité de notre cerveau à sécréter des endorphines**~~.

① Lorsqu'on fournit un effort physique, on sent **son cœur battre plus vite**.

② Nous sommes heureux **de sa guérison**.

③ Parlez-nous **de sa guérison**.

④ Sentez-vous **les vibrations de votre tympan lorsque les sons passent au travers**?

⑤ Je doute **de la possibilité pour les daltoniens de distinguer la couleur des feux de circulation**.

C **REPÈRE** les subordonnées interrogatives indirectes ou exclamatives indirectes dans les phrases suivantes et, s'il y a lieu, **CORRIGES**-en la construction. **VÉRIFIE** aussi la ponctuation à la fin de chacune des phrases.

① J'aimerais que vous m'expliquiez pourquoi qu'on sent des odeurs.

② Sais-tu comment la langue reconnaît les différents goûts?

③ Je vous montrerai où est-ce que les aliments vont au cours de la digestion.

④ J'aimerais savoir par quoi le système nerveux est-il le plus agressé?

⑤ Je me demande qui qui a étudié pour la première fois le fonctionnement du système nerveux.

D **COMPLÈTE** la subordonnée complétive dans chacune des phrases suivantes. **VÉRIFIE** le mode dans les subordonnées complétives en *que* et **VÉRIFIE** la construction des subordonnées complétives interrogatives indirectes.

① Je ne crois pas que….

② Je veux savoir quand…

③ Expliquez-moi pourquoi…

④ Savez-vous qui…

⑤ Je me demande si…

*Attention!
Erreurs.*

Relatif (1265-J. de Meung)
▷ « non absolu »;
(1677-Miege)▷ gramm.; bas latin
philos. et gramm. relativus, de relatus.

4 **A** **CONSTRUIS** mentalement la phrase correspondant à la subordonnée relative contenue dans chacune des phrases suivantes et **NOTE** le groupe de mots que remplace le pronom relatif (avec préposition, s'il y a lieu).

① La maladie mentale de qui on entend le plus souvent parler **est la schizophrénie.**

② Les malades chez laquelle la schizophrénie apparaît **manifestent toute une série de symptômes.**

③ Les hallucinations auditives sont un symptôme dont on observe chez la majorité des schizophrènes.

④ Généralement, les médecins s'entendent sur ce dont on reconnaît un schizophrène.

⑤ La schizophrénie est une maladie que les symptômes se manifestent tôt, souvent à l'adolescence.

Attention! Erreurs.

B Si le groupe de mots que le pronom relatif remplace est un GPrép, **ENCERCLE** la préposition placée au début de ce GPrép.

C **VÉRIFIE**, s'il y a lieu, le choix de la préposition placée au début du pronom relatif ainsi que le choix du pronom relatif, et **CORRIGE**-les au besoin.

---

5 **A** **REMPLACE** l'explication ou la précision entre parenthèses par une subordonnée relative et **INSÈRE**-la au bon endroit dans chaque phrase.

① Dans le ventre de la mère, le placenta sert à nourrir le fœtus et à lui apporter l'oxygène (il a besoin de cet oxygène pour vivre).

② Dès que le bébé apparaît à l'air libre, on peut couper le cordon ombilical (l'oxygène et la nourriture passaient par ce cordon).

③ Les gènes du nouveau-né peuvent être porteurs d'une maladie comme l'hémophilie (ces gènes sont transmis par ses parents).

④ Le plasma sanguin est un liquide jaune clair (les globules, les plaquettes de même que la fibrogène se trouvent dans ce liquide).

⑤ La rubéole peut causer des malformations graves chez le fœtus (on suggère aux femmes enceintes de se faire vacciner contre la rubéole).

B Si plus d'un pronom relatif peut être employé au début de la subordonnée relative, **INDIQUE** toutes les possibilités.

C Dans les phrases ②, ③ et ⑤, **DÉTACHE** la subordonnée relative à l'aide de la virgule, puis **ESSAIE** d'expliquer pourquoi on fait ce détachement.

---

6 Parmi les questions suivantes, **REPÈRE** celles qui interrogent sur la cause d'un fait ou d'un phénomène. **RÉPONDS** à ces questions en employant une phrase qui contient une subordonnée circonstancielle de cause. (La réponse que tu donnes peut être scientifique, logique, comique ou poétique.)

① Comment notre cerveau fonctionne-t-il ?

② Pourquoi grandissons-nous ?

③ Comment se fait-il que certains enfants aient les mêmes maladies que leurs parents ?

④ Que signifie «avoir la chair de poule» ?

⑤ Pour quelles raisons certaines personnes perdent-elles la mémoire ?

7 **A** **RÉPÈRE** les phrases dans lesquelles on exprime la conséquence d'un fait ou d'un événement. **RÉCRIS** ces phrases en exprimant la conséquence à l'aide d'une phrase contenant une subordonnée circonstancielle de conséquence.

① Certaines personnes restent longtemps exposées au soleil, par conséquent leur peau vieillit plus rapidement.

② Certaines personnes sont si myopes. Cela fait en sorte qu'elles doivent porter des verres très épais.

③ Le cristallin de certaines personnes s'use assez rapidement; vers quarante-cinq ans, ces personnes souffrent de presbytie.

④ La presbytie, dont souffrent plusieurs personnes à partir de quarante-cinq ans, peut être corrigée par des verres optiques ou des lentilles.

⑤ Les chiens guides sont suffisamment bien dressés; les aveugles peuvent donc être plus autonomes.

B **VÉRIFIE** le mode du verbe dans chacune des subordonnées circonstancielles de conséquence.

---

8 **JOINS** les deux phrases suivantes dans une phrase contenant une subordonnée circonstancielle de cause, puis dans une phrase contenant une subordonnée circonstancielle de conséquence.

CAUSE

① Ces dernières années, on a commis des négligences dans la collecte du sang.

CONSÉQUENCE

② Plusieurs hémophiles ont contracté le virus du sida ou l'hépatite.

---

9 **A** Voici deux énoncés faux. **REMPLACE**-les par une phrase avec subordonnée circonstancielle de comparaison de façon à les rendre vrais.

EX.: ~~Le tibia est court~~. Le tibia est _plus_ court **que le fémur l'est**.

① La varicelle est une maladie grave.

② Le cœur bat rapidement quand on dort.

B S'il y a lieu, **SUPPRIME** les éléments semblables dans les subordonnées circonstancielles de comparaison que tu as construites.

EX.: ~~Le tibia est court~~. Le tibia est _plus_ court **que le fémur ~~l'est~~**.

C **VÉRIFIE** si, sur le plan du sens, les éléments comparés dans ces phrases sont de même catégorie et, s'il y a lieu, **CORRIGE** ces phrases.

① Les muscles des athlètes sont plus développés que moi.

② La grippe que mon frère a attrapée est aussi mauvaise que ma mère.

③ Proportionnellement, le cerveau des humains est plus gros que les éléphants.

Attention!
Erreurs.

Et (842)
▷ Serments; souvent écrit é;
le t a été rétabli au XIIᵉ s., d'apr. l'origine lat.: et.

Stratégie

Pour réviser et corriger la construction et l'emploi des phrases jointes à l'intérieur d'une phrase

Je vérifie si une phrase contient des phrases coordonnées, des phrases juxtaposées, ou une phrase subordonnée relative, complétive ou circonstancielle

1 **Souligne** le ou les verbes conjugués contenus dans la phrase, puis, s'il y a lieu, **repère** les différents regroupements GNs + GV + (Gcompl. P) dans la phrase.

2 **Repère** les phrases coordonnées et juxtaposées et **encadre** en pointillés le coordonnant ou le signe de ponctuation qui sert à les joindre.

Ex.: Tu _sais_ pourquoi il _a peur_, ┊_mais_┊ tu ne _comprends_ pas sa peur.

3 **Repère** chacune des phrases subordonnées complétives, relatives ou circonstancielles. **Encadre** le subordonnant et **mets** entre crochets la phrase subordonnée.

Si une préposition précède le subordonnant, elle fait partie de la phrase subordonnée.

Ex.: Tu _sais_ [de │quoi│ il _a peur_].

Je vérifie la construction et l'emploi des phrases coordonnées ou juxtaposées

1 **Assure**-toi que les phrases qui sont coordonnées ou juxtaposées ont une relation de sens entre elles, puis **vérifie** si le coordonnant ou le signe de ponctuation marque clairement cette relation de sens.

Ex.: Tu _sais_ [[│pourquoi│ il _a peur_]┊~~et~~┊ tu ne _comprends_ pas
sa peur.
mais

2 **Vérifie** si le coordonnant doit être précédé d'une virgule.

Ex.: Tu _sais_ [[│pourquoi│ il _a peur_], ┊_mais_┊ tu ne _comprends_
pas sa peur.

3 **Vérifie** si des éléments qui se répètent peuvent être effacés ou remplacés par un pronom, ou par un adverbe comme _oui, si, non, pas, non plus, également..._

Ex.: Il _a peur_ du tonnerre, ┊_mais_┊ ~~tu n'as pas peur du~~
~~tonnerre~~.
toi   _non_

4 **Vérifie** si, dans ton texte, deux phrases qui se suivent ont une relation de sens qui permettrait de les coordonner ou de les juxtaposer pour former une seule phrase.

Ex.: Tu _sais_ [[│pourquoi│ il _a peur_]/ tu ne _comprends_ pas
sa peur.
,mais t

Je vérifie la construction des phrases subordonnées complétives

1 Au-dessus du verbe de la **subordonnée complétive en _que_**, **indique** s'il doit être au mode indicatif (indic.) ou subjonctif (subj.), puis **vérifie** la terminaison de ce verbe.

indic.   subj.
(comprends)   _(comprennes)_

Ex.: Je _sais_ [[│que│ tu me _vois_]. Je _doute_ [[│que│ tu me _voies_].

2 **Vérifie** la construction de la **subordonnée complétive interrogative indirecte**:

- **assure**-toi qu'il ne s'agit pas d'une construction de type interrogatif:

  – le subordonnant ne doit pas être accompagné de _est-ce que_ ou de _est-ce qui_;
  Ex.: Tu _sais_ [[│pourquoi│ ~~est-ce qu~~'il _a peur_].

  – si le GNs est un pronom, il ne doit pas être placé après le verbe et relié à ce verbe par un trait d'union;
  _il_
  Ex.: Tu _sais_ [[│pourquoi│ ~~a-t-il~~ _peur_].

  – le GNs ne doit pas être repris par un pronom après le verbe.
  Ex.: Tu _sais_ [[│pourquoi│ cet enfant _a~~-t-il~~ peur_].

- **assure**-toi que le subordonnant n'est pas encadré de _c'est... que_ ou de _c'est... qui_, ou suivi de _que_ ou de _qui_, ou encore de _c'est que_ ou de _c'est qui_.
  Ex.: Tu _sais_ [[│pourquoi│ ~~qu~~'il _a peur_].

Attention ! On met un point d'interrogation à la fin d'une phrase qui contient une subordonnée complétive interrogative indirecte seulement quand la phrase matrice est de type interrogatif. **Ex.:** _Sais_-tu [[│pourquoi│ il _a peur_]?

APPRENDRE

GRAMMAIRE

Je vérifie la construction et l'emploi des phrases subordonnées relatives

1 **RELIE** le pronom relatif au noyau de son antécédent.

Ex.: *Les peurs,* [[*dont*] *on ne comprend pas toujours la raison*], *finissent généralement par être contrôlées.*

2 **CONSTRUIS** mentalement la phrase correspondant à la subordonnée relative et, au-dessus de cette subordonnée, **INSCRIS** entre parenthèses le groupe de mots que le pronom (avec préposition, s'il y a lieu) remplace. S'il s'agit d'un GPrép, **ENCERCLE** la préposition.

Ex.: *Les peurs,* [[*dont*] *on ne comprend pas toujours la*
    ((de)ces peurs)
raison], *finissent généralement par être contrôlées.*

3 Si le groupe de mots que le pronom remplace **n'est pas un GPrép**, **VÉRIFIE** le choix du pronom relatif:

- *qui* pour un GN sujet;
- *que* pour un GN complément direct du verbe ou pour un GN ou un GAdj attribut du sujet;
- *où* pour un GN ou un GAdv répondant aux questions *Où?* ou *Quand?*

4 Si le groupe de mots que le pronom remplace **est un GPrép**, **VÉRIFIE**, s'il y a lieu, le choix de la préposition devant le pronom relatif (elle doit être la même que celle au début du GPrép) et **VÉRIFIE** le choix du pronom relatif:

- *dont* pour un GPrép commençant par *de*;
- *qui* pour un GPrép constitué d'un GN dont le noyau a le trait animé;
- *quoi* pour un GPrép constitué d'un pronom comme *cela, quelque chose, grand-chose, rien…*, sauf s'il commence par *de*;
- *lequel, laquelle, lesquels, lesquelles* pour n'importe quel GPrép, sauf ceux constitués d'un pronom comme *cela, quelque chose, grand-chose, rien…*

5 **VÉRIFIE** si une phrase qui exprime une précision ou une explication peut être insérée dans une autre phrase à l'aide d'un pronom relatif.

    , dont on ne comprend pas toujours la raison,
Ex.: *Les peurs finissent généralement par être contrôlées.*
~~*On ne comprend pas toujours la raison de ces peurs.*~~

Je vérifie la construction et l'emploi des phrases subordonnées circonstancielles

1 **ASSURE**-toi que la subordonnée circonstancielle est insérée dans la phrase matrice, qu'elle n'en est pas séparée par un point.

Ex.: *On ne comprend pas toutes les peurs,* [[*parce qu'*~~p~~*elles sont parfois irrationnelles*].

2 **ASSURE**-toi que la subordonnée circonstancielle est détachée à l'aide d'une virgule si elle est déplacée en début de phrase, et à l'aide de deux virgules si elle est déplacée ailleurs dans la phrase.

3 **ASSURE**-toi que le subordonnant:

- précise adéquatement le rapport de sens entre ce qui est dit dans la subordonnée et ce qui est dit dans le reste de la phrase;
- n'est pas suivi de *que* s'il s'agit d'un subordonnant de forme simple comme *quand* ou *comme*.

4 S'il s'agit d'une subordonnée circonstancielle **de comparaison**:

- **VÉRIFIE** si des éléments qui se répètent peuvent être supprimés;

    Ex.: *Sa peur des araignées est aussi forte* [[*que*] *la tienne* ~~*l'est*~~].

- **ASSURE**-toi que, sur le plan du sens, ce qui est comparé dans cette subordonnée et dans le reste de la phrase est de même catégorie.

    la tienne
    Ex.: *Sa peur des araignées est aussi forte* [[*que*] ~~*toi*~~].

5 Au-dessus du verbe de la subordonnée circonstancielle, **INDIQUE** s'il doit être au mode indicatif (indic.) ou subjonctif (subj.), puis **VÉRIFIE** la terminaison de ce verbe.

6 **VÉRIFIE** si une phrase qui exprime un temps, un but, une cause, une conséquence ou une comparaison peut être insérée dans une autre à l'aide d'un subordonnant.

    parce qu' ~~e~~
Ex.: *On ne comprend pas toutes les peurs,* ~~*Elles sont*~~ *parfois irrationnelles.*

Le texte suivant est le début d'un texte explicatif qu'une élève a écrit parce qu'elle s'interrogeait sur les peurs des enfants. **Poursuis** la révision et la correction de ce texte en y appliquant la **Stratégie** *Pour réviser et corriger la construction et l'emploi des phrases jointes à l'intérieur d'une phrase* (pages 125 et 126).

Les peurs enfantines

Peur des monstres, peur du noir, peur des bruits, peur des insectes, peur de l'eau… peur d'avoir peur. On se demande [pourquoi que les enfants ont toutes sortes de peurs] et [pourquoi est-ce que certaines de ces peurs persistent même à l'âge adulte]?.

La peur est une émotion normale, comme la gêne peut l'être. C'est un mécanisme de défense ; ce mécanisme se manifeste lorsqu'on se sent menacé par un élément dont on considère dangereux. La peur accélère les battements du coeur et la pression du sang, et elle active les sécrétions d'adrénaline. De sorte que la personne qui ressent la peur a une plus grande capacité à lutter contre le danger. La peur est donc utile. Elle permet aux gens de survivre. Par exemple, une personne sans peur pourrait se faire renverser par une voiture. Cette personne traverserait la rue avec insouciance.

La peur, toutefois, doit être contrôlée. D'une part, la personne qui a peur doit se demander comment doit-elle réagir par rapport aux différents dangers à quoi elle est confrontée. Par exemple, la réaction de peur face à une abeille devrait être moins forte qu'une tarentule peut l'être. D'autre part, ce qu'on a peur devrait constituer une réelle source de danger. Par exemple, puisque les abeilles piquent, les abeilles font peur mais les fourmis ne font pas peur.

Chez les enfants, les réactions de peur sont souvent exagérées. Puisque les enfants n'ont pas encore appris à mesurer le danger. Ainsi, tout ce qu'ils ne connaissent pas bien ou tout ce dont on ne leur a pas expliqué peut devenir source de peur…

Si on devait lire un texte sans ponctuation ou un texte mal ponctué, peut-être arriverait-on à en saisir le sens général. Mais si on devait y puiser des informations précises ou y chercher une explication, on risquerait de comprendre autre chose que ce qu'il est censé exprimer. La ponctuation est essentielle au sens d'un texte. Savoir employer correctement les signes de ponctuation, c'est donc guider la personne qui nous lit vers une interprétation juste de notre texte.

Lis cet extrait de l'article *Les bélugas du Saint-Laurent crèvent*, dans lequel des éléments juxtaposés et des éléments détachés ont été mis en évidence.

Corpus d'observation

EXTRAIT

Depuis avril, 18 bélugas ont été trouvés morts sur les rives du Saint-Laurent, une situation qui sème l'inquiétude parmi les spécialistes de la faune marine. «Au rythme actuel, nous nous dirigeons vers une année record», déplore Patrice Corbeil, le directeur du Centre d'interprétation des mammifères marins de Tadoussac. [...]

Les causes

Certains spécialistes estiment que la toxicité des anguilles, dont raffolent les bélugas, pourrait être la principale cause du problème. Les anguilles passent la plus grande partie de leur vie dans les eaux contaminées des Grands Lacs. Quand elles remontent le Saint-Laurent pour aller frayer dans la mer des Sargasses, elles servent alors de plat de choix aux bélugas. [...]

D'autres experts invoquent le stress intense que subit le béluga du Saint-Laurent, stress qui aurait pour effet d'accroître le métabolisme des substances chimiques toxiques accumulées dans les tissus. Au fil des ans, son habitat a considérablement rétréci à cause de la navigation de plaisance, du tourisme de mer, de la construction de quais et de barrages ainsi que du dragage du fleuve.

Leur statut d'espèce menacée, proclamé en 1983, protège les bélugas contre l'observation touristique, mais il ne faut pas croire pour autant que certains bateaux ne s'aventurent pas à proximité de l'espèce. Les moteurs des petits bateaux causeraient de l'interférence dans le système d'écholocation des bélugas. [...] ■ *PAGES 39 ET 40* ■

☞ *UNE GRAMMAIRE POUR TOUS LES JOURS*
  • *Les phrases coordonnées et les phrases juxtaposées.*
  • *Les signes de ponctuation.*

Activité **1**   La ponctuation employée pour juxtaposer des éléments.

A Dans les phrases numérotées ci-dessous, certains signes de ponctuation sont employés pour juxtaposer une phrase à une autre ou pour juxtaposer des éléments à l'intérieur de la phrase. **Repère** les éléments juxtaposés dans les phrases numérotées, puis **précise** si ce sont :

ⓐ des phrases;

ⓑ des groupes de mots de même fonction;

ⓒ des mots qui appartiennent à la même classe grammaticale.

> ① La navigation de plaisance, le tourisme de mer, la construction de quais, le dragage du fleuve sont autant d'activités qui nuisent aux bélugas du Saint-Laurent.   ② Au fil des ans, la navigation de plaisance s'est accrue, le tourisme de mer a pris de l'expansion, la construction de quais n'a cessé d'augmenter.   ③ La présence de deux, trois ou quatre petits bateaux à moteur seulement peut créer un stress chez les mammifères marins.   ④ Les spécialistes de la faune marine s'inquiètent: depuis avril, 18 bélugas ont été trouvés morts sur les rives du Saint-Laurent.

B Dans la dernière phrase du troisième paragraphe du corpus d'observation, **repère** les groupes de mots juxtaposés, puis :

• **transcris**-les avec l'élément qui a été supprimé dans certains d'entre eux;

• **précise** si les groupes de mots juxtaposés ont la même fonction dans la phrase.

Activité **2**   La virgule employée devant certains coordonnants.

A Certains coordonnants sont généralement précédés d'une virgule. On trouve l'un de ces coordonnants dans le dernier paragraphe du corpus d'observation. **Relève**-le.

B **Repère** des coordonnants dans différents textes (par exemple, les coordonnants *et, ou, ni, car, puis, donc, c'est-à-dire, soit, à savoir, alors*), puis **classe**-les selon qu'ils sont ou non généralement précédés d'une virgule.

> Si les cas repérés dans les textes ne te permettent pas de classer certains coordonnants, **repère**-les dans l'index d'un ouvrage de référence en grammaire ou dans un dictionnaire et **observe** les exemples qu'on y donne.

C Lequel des énoncés ci-dessous correspond à tes observations en **B** ?

> ① Les coordonnants *et, ou, ni* sont généralement précédés d'une virgule.

> ② Les coordonnants autres que *et, ou, ni* sont généralement précédés d'une virgule.

Insérer

(1319) ▷ Coutum. d'Anjou; « s'insérer »,

(1560-Paré) ▷ lat. *inserere*, « introduire »,
de *serere*, « tresser ».

Activité 3

La virgule employée pour détacher un élément à l'intérieur de la phrase:
• le détachement de certains Gcompl. P;
• le détachement de certaines subordonnées relatives.

A Parmi les phrases ci-dessous, **RELÈVE** celle dont les groupes constituants se succèdent dans le même ordre que ceux de la PHRASE DE BASE.

① Le gouvernement a attribué aux bélugas le statut d'espèce menacée en 1983.

② En 1983, le gouvernement a attribué aux bélugas le statut d'espèce menacée.

③ Le gouvernement a, en 1983, attribué aux bélugas le statut d'espèce menacée.

B **JUSTIFIE** l'emploi de la virgule pour détacher:

a le groupe *en 1983* dans les phrases ② et ③ ci-dessus;

b les éléments soulignés dans le corpus d'observation (page 128).

C Dans laquelle ou lesquelles des phrases ci-dessous la subordonnée relative apporte-t-elle:

a une information essentielle sur le plan du sens (si on la supprime, la phrase n'a plus le même sens ou devient un énoncé faux)?

b simplement une précision ou une explication?

① **Les mammifères** qui vivent sur la terre ferme **sont des mammifères terrestres.**

② **Les mammifères** qui vivent dans l'eau **sont des mammifères marins.**

③ **Les bélugas,** qui vivent dans l'eau, **sont des mammifères marins.**

D **EXPLIQUE** pourquoi la subordonnée relative dans les phrases ① et ② ci-dessus n'est pas détachée par la virgule.

E **JUSTIFIE** l'emploi de la virgule pour détacher la subordonnée en couleur dans le corpus d'observation.

Ponctuer
(fin XVᵉ s.-J. Lemaire de Belges) ▷ « discerner »;
(1550-Meigret) ▷ sens actuel;
lat. médiév. punctuare, proprem.
▷ « mettre les points », du latin punctum.

Activité 1

La ponctuation employée pour juxtaposer des éléments:
• **le sens indiqué par le deux-points.**

A INDIQUE si le coordonnant ou le subordonnant dans chacune des phrases ci-dessous introduit une cause, une conséquence ou une explication en rapport avec ce qui précède.

① Les anguilles passent la plus grande partie de leur vie dans les eaux contaminées des Grands Lacs, par conséquent leur chair contient diverses substances toxiques comme les BPC, les DDT et le Mirex. ② La chair des anguilles des Grands Lacs contient des substances toxiques, c'est-à-dire des produits qui peuvent empoisonner ceux qui les absorbent. ③ Au fil des ans, l'habitat du béluga a considérablement rétréci parce que la navigation de plaisance, le tourisme de mer et la construction de quais et de barrages ont pris de plus en plus d'ampleur.

B Tout comme certains coordonnants et certains subordonnants, le deux-points peut aussi servir à introduire une cause, une conséquence ou une explication.

PRÉCISE le sens (cause, conséquence ou explication) indiqué par le deux-points dans chacune des phrases ci-dessous.

> Tu peux vérifier le sens indiqué par le deux-points en remplaçant celui-ci par un coordonnant ou un subordonnant qui introduit généralement une cause (ex.: *parce que, car*), une conséquence (ex.: *par conséquent, de sorte que*) ou une explication (ex.: *c'est-à-dire*).

① Les spécialistes de la faune marine s'inquiètent : depuis avril, 18 bélugas ont été trouvés morts sur les rives du Saint-Laurent. ② Le taux de mortalité des bélugas du Saint-Laurent est inquiétant : le gouvernement a attribué à ces mammifères marins le statut d'espèce menacée. ③ Les moteurs des petits bateaux causeraient de l'interférence dans le système d'écholocation des bélugas : le système leur permettant de repérer des proies ou des obstacles en émettant des ultrasons qui produisent un écho.

C Le deux-points peut servir à introduire une cause, une conséquence ou une explication en rapport avec ce qui précède, et peut, en plus, être employé pour introduire une énumération d'éléments juxtaposés ou coordonnés.

Dans chacune des phrases ci-dessous, RELÈVE les éléments qui forment une énumération.

① Les eaux des Grands Lacs sont contaminées principalement par trois substances : les BPC, les DDT et le Mirex. ② Deux facteurs expliqueraient le taux de mortalité des bélugas du Saint-Laurent : la toxicité des anguilles dont se nourrissent les bélugas et le stress intense qu'ils subissent. ③ Le parcours de vie d'une partie des anguilles pourrait se résumer ainsi : elles grandissent dans les eaux contaminées des Grands Lacs, remontent le Saint-Laurent pour aller frayer dans la mer des Sargasses, puis terminent leurs jours dans le ventre des bélugas.

D L'énumération introduite par le deux-points est, sur le plan du sens, en relation avec un élément qui précède le deux-points. Par exemple, dans la phrase ① en **C**, l'énumération *les BPC, les DDT et le Mirex* fait référence à l'élément *trois substances.*

Dans les phrases ② et ③ en **C**, RELÈVE l'élément auquel fait référence l'énumération introduite par le deux-points.

Activité 2

La ponctuation employée pour détacher un élément à l'intérieur de la phrase:
• le détachement de certains éléments ayant la fonction de complément du nom ou du pronom;
• le détachement de certains éléments qui n'ont pas de fonction dans la phrase.

A Parmi les compléments du nom ou du pronom en couleur dans les phrases ci-dessous, RELÈVE ceux qui apportent une information non essentielle à caractère explicatif.

① M. Corbeil, un spécialiste de la faune marine, affirme que la situation des bélugas du Saint-Laurent est inquiétante. ② Depuis 1983, les espèces menacées incluent le béluga, qui appartient à la classe des mammifères. ③ Difficiles à identifier, les causes du haut taux de mortalité des bélugas demeurent encore incertaines.

B OBSERVE la ponctuation qui accompagne les compléments du nom ou du pronom relevés en **A**, puis CHOISIS l'énoncé qui correspond à l'emploi de la virgule avec ces compléments.

① Les compléments du nom ou du pronom qui apportent une information non essentielle à caractère explicatif sont détachés à l'aide de la virgule.

② Les compléments du nom ou du pronom qui apportent une information non essentielle à caractère explicatif ne sont pas détachés à l'aide de la virgule.

C Les éléments en couleur dans le texte ci-après sont des éléments qui n'ont pas de fonction dans la phrase. Quel rôle chacun de ces éléments joue-t-il?

ⓐ C'est un marqueur de relation.

ⓑ Il sert à désigner la personne à qui l'on s'adresse.

ⓒ Il sert à préciser qui a formulé les paroles rapportées.

ⓓ Il sert à émettre un commentaire à propos du fait énoncé.

Dans un article paru dans *Le Soleil* en 1993, Patrice Corbeil, le directeur du Centre d'interprétation des mammifères marins de Tadoussac, déplorait le taux élevé de mortalité chez les bélugas: «Au rythme actuel, ① disait-il, nous nous dirigeons vers une année record». Six ans se sont écoulés depuis la parution de cet article. La situation des bélugas n'est sûrement plus la même aujourd'hui. ② Du moins, on le souhaite!

Comme le sort de ces mammifères marins m'intéresse et que je me rendrai prochainement à Tadoussac, j'ai projeté de rencontrer M. Corbeil en vue d'être éclairé sur leur situation actuelle. ③ Aussi, je me suis préparé à cette rencontre en notant mes questions. En voici quelques-unes:

• ④ M. Corbeil, qu'en est-il de la situation des bélugas en 1999?

• Le gouvernement, ⑤ on le sait, a attribué aux bélugas le statut d'espèce menacée au début des années 80. J'aimerais savoir, ⑥ d'une part, quelles sont les mesures qui ont été prises par le gouvernement pour faire respecter ce statut et, ⑦ d'autre part, si les bélugas font encore partie des espèces menacées aujourd'hui.

D Que remarques-tu à propos de la ponctuation qui accompagne les éléments en couleur dans le texte ci-dessus?

Ponctuation (1521-Fabri)

La ponctuation

☞ *UNE GRAMMAIRE POUR TOUS LES JOURS*
- *Les phrases coordonnées et les phrases juxtaposées.*
- *Les signes de ponctuation.*

1. L'EMPLOI DE LA VIRGULE

La virgule est employée, entre autres :

❶ pour juxtaposer des éléments ;

❷ devant certains coordonnants ;

❸ pour détacher un élément à l'intérieur de la phrase.

Principaux emplois de la virgule	Exemples
❶ Elle est employée pour **juxtaposer des éléments** : • des phrases entre lesquelles il y a un rapport d'addition, de succession, d'opposition, etc. ; • des groupes de mots et des phrases subordonnées qui ont la même fonction dans la phrase ; • des mots qui appartiennent à la même classe grammaticale ; • des éléments (phrases, groupes de mots ou mots) qui forment une énumération.	*Au fil des ans, la navigation de plaisance s'est accrue [,] le tourisme de mer a pris de l'expansion [,] la construction de quais n'a cessé d'augmenter.* *La navigation de plaisance [,] le tourisme de mer [,] la construction de quais sont autant d'activités qui nuisent aux bélugas du Saint-Laurent.* *La présence de deux [,] trois ou quatre petits bateaux à moteur semble inoffensive, mais elle peut créer un stress chez les mammifères marins.* *Plusieurs facteurs expliqueraient le haut taux de mortalité des bélugas : le rétrécissement de leur habitat [,] le stress intense qu'ils subissent et la toxicité des anguilles dont ils se nourrissent.*
❷ Elle est généralement employée **devant les coordonnants autres que *et, ou, ni*** (par exemple, les coordonnants *mais, car, puis, donc, c'est-à-dire*). **REMARQUES :** 1. Dans certains contextes, les coordonnants *et, ou, ni* sont eux aussi précédés d'une virgule. 2. Certains coordonnants autres que *et, ou, ni* (par exemple, *or, cependant, aussi, en effet, par conséquent*) sont plus souvent précédés d'un point-virgule que d'une virgule.	*La navigation de plaisance sur le fleuve nuit aux bélugas,* [car] *les vibrations des petits moteurs causent de l'interférence dans leur système d'écholocation.*
❸ Elle est employée pour **détacher un élément dans la phrase**. **REMARQUE :** Un élément détaché est : • suivi d'une virgule s'il se trouve au tout début de la phrase ; • précédé d'une virgule s'il se trouve à la toute fin de la phrase ; • encadré de virgules s'il se trouve ailleurs dans la phrase.	

Principaux emplois de la virgule	Exemples
On détache, à l'aide de la virgule :	
ⓐ un Gcompl. P déplacé par rapport à sa place habituelle dans la construction correspondant à la PHRASE DE BASE ;	*En 1983*, *le gouvernement a attribué aux bélugas le statut d'espèce menacée.*
ⓑ un complément du nom ou du pronom (généralement un GN, une subordonnée relative ou un GAdj) qui apporte une information non essentielle à caractère explicatif ;	*M. Corbeil*, *un spécialiste de la faune marine*, *affirme que la situation des bélugas du Saint-Laurent est inquiétante.* *Les espèces menacées incluent maintenant le béluga*, *qui appartient à la classe des mammifères.* *Difficiles à identifier*, *les causes du haut taux de mortalité des bélugas demeurent encore incertaines.*
ⓒ un groupe de mots mis en emphase (sans l'aide d'un marqueur d'emphase) dans une phrase de forme emphatique ; REMARQUE : Dans ce cas, la phrase emphatique est marquée en plus par la présence d'un **pronom** faisant référence au groupe de mots détaché.	*Les causes du haut taux de mortalité des bélugas*, **ça** *m'intéresse.* *Quand* **les** *connaîtrons-nous de façon certaine*, *les causes du haut taux de mortalité des bélugas ?*
ⓓ certains éléments qui n'ont pas de fonction dans la phrase ; ce peut être :	
• un marqueur de relation placé au début de la phrase (par exemple, les marqueurs *tout d'abord, ensuite, finalement, bref, à cet effet, par exemple, par contre, aussi, pourtant, en effet, certes, en outre, par ailleurs, en revanche*) ;	*Le taux de mortalité des bélugas du Saint-Laurent est inquiétant. Aussi*, *le gouvernement a attribué à ces mammifères marins le statut d'espèce menacée.*
• une apostrophe ; REMARQUE : Une apostrophe, c'est un groupe de mots inséré dans une phrase et qui désigne la ou les personnes à qui l'on s'adresse.	*«M. Corbeil*, *quand les experts seront-ils en mesure d'identifier les causes du haut taux de mortalité des bélugas ?»*
• une phrase incise ; REMARQUE : Une phrase incise, c'est une phrase insérée dans une autre phrase et qui sert à préciser qui a formulé les paroles rapportées.	*«Ces causes sont difficiles à identifier*, *affirme ce spécialiste de la faune marine.»*
• une phrase incidente ou un groupe de mots incident. REMARQUE : Une phrase incidente ou un groupe de mots incident, c'est une phrase ou un groupe de mots inséré dans une phrase et qui sert à émettre un commentaire à propos du fait énoncé.	*Le haut taux de mortalité des bélugas*, *on s'en doute*, *est attribuable à certaines activités humaines.* *Le haut taux de mortalité des bélugas*, *de toute évidence*, *est attribuable à certaines activités humaines.*

Attention ! La virgule ne doit pas être employée:

- entre le GNs et le GV si le GNs est immédiatement suivi du GV;

<table>
<tr><td style="text-align:center">GNs</td><td style="text-align:center">GV</td></tr>
</table>

> **Ex.:** * _Les anguilles des Grands Lacs_ **,** _représentent une menace pour les bélugas qui s'en nourrissent._
>
> _Les anguilles des Grands Lacs représentent une menace pour les bélugas qui s'en nourrissent._

- entre un verbe et son expansion si le <u>verbe</u> est immédiatement suivi de cette expansion;

<table>
<tr><td style="text-align:center">compl. dir. du V</td></tr>
</table>

> **Ex.:** * _La chair des anguilles des Grands Lacs_ <u>contient</u> **,** _diverses substances toxiques._
>
> _La chair des anguilles des Grands Lacs_ <u>contient</u> _diverses substances toxiques._

- entre deux expansions d'un verbe si ces expansions n'ont pas la même fonction dans la phrase.

<table>
<tr><td style="text-align:center">compl. dir. du V</td><td style="text-align:center">compl. indir. du V</td></tr>
</table>

> **Ex.:** * _Ces anguilles_ <u>passent</u> _la plus grande partie de leur vie_ **,** _dans des eaux contaminées._
>
> _Ces anguilles_ <u>passent</u> _la plus grande partie de leur vie dans des eaux contaminées._

2. L'EMPLOI DU DEUX-POINTS

Principaux emplois du deux-points	Exemples
❶ Il est employé pour **juxtaposer des phrases** entre lesquelles il y a un rapport de sens:	
• la deuxième phrase énonce la cause de ce qui est exprimé dans la première;	_Les spécialistes de la faune marine s'inquiètent_ **:** _depuis avril, 18 bélugas ont été trouvés morts sur les rives du Saint-Laurent._
• la deuxième phrase énonce la conséquence de ce qui est exprimé dans la première;	_Le taux de mortalité des bélugas du Saint-Laurent est inquiétant_ **:** _le gouvernement a attribué à ces mammifères marins le statut d'espèce menacée._
• la deuxième phrase énonce l'explication de ce qui est exprimé dans la première.	_Les anguilles des Grands Lacs représentent une menace pour les bélugas_ **:** _leur chair chargée de substances toxiques empoisonne les bélugas qui s'en nourrissent._
❷ Il est employé pour **introduire une énumération** faisant référence à un <u>élément</u> qui précède le deux-points.	_Les eaux des Grands Lacs sont contaminées principalement par trois_ <u>substances</u> **:** _les BPC, les DDT et le Mirex._
❸ Il est employé pour **introduire des paroles rapportées**. REMARQUE: Les paroles rapportées sont encadrées par des guillemets.	_M. Corbeil, un spécialiste de la faune marine, a exprimé son inquiétude à propos du taux de mortalité des bélugas du Saint-Laurent_ **:** _«Au rythme actuel, nous nous dirigeons vers une année record.»_

Virgule (1534-Rabelais)
▷ lat. virgula.

1 **A** Dans le texte ci-contre, **RELÈVE** les éléments qui sont juxtaposés à l'aide de la virgule.

B **RELÈVE** le coordonnant qui est précédé d'une virgule.

C **RELÈVE** les éléments détachés à l'aide de la virgule en précisant pour chacun s'il s'agit:

ⓐ d'un Gcompl. P déplacé;

ⓑ d'un complément du nom ou du pronom;

ⓒ d'un groupe de mots mis en emphase;

ⓓ d'un élément sans fonction: un marqueur de relation, une apostrophe, une phrase incise ou incidente, un groupe de mots incident.

2 **A** Dans le texte, **RELÈVE** l'énumération introduite par le deux-points ainsi que l'élément auquel cette énumération fait référence dans la phrase.

B **RELÈVE** le numéro des phrases contenant des phrases juxtaposées à l'aide du deux-points en précisant, dans chaque cas, si la seconde phrase juxtaposée énonce la cause, la conséquence ou l'explication de la première phrase.

① Quand l'année scolaire se termine, ma famille fait la tournée de villes situées en bord de mer: Gaspé, Percé, Bonaventure et quelques autres. ② Sur les plages, mon frère et moi ramassons des agates, qui se reconnaissent par leurs teintes nuancées et contrastées. ③ Ces pierres, nous les rapportons à la maison et les trions: nous les classons par couleur et par forme. ④ «Les enfants, la voiture ne pourra pas avancer: vos agates pèsent au moins une tonne!» ⑤ Mon frère et moi, réticents à faire un choix, devons nous résoudre à laisser plusieurs agates derrière nous. ⑥ Évidemment, nous en sommes désolés, mais nous nous disons que, l'année prochaine, nous en trouverons de plus belles.

DÉFI!

⑦ Avec nos parents, qui, tous les étés, nous entraînent vers de nouveaux horizons, nous avons découvert des sites inoubliables.

3 **EXPLIQUE** l'erreur de ponctuation dans ces phrases.

① *Mon frère et moi cet été, visiterons la ville de Gaspé.

② *Je me réjouis à l'idée que, cet été ma famille et moi visiterons la ville de Gaspé.

4 **EXPLIQUE** pourquoi la subordonnée relative doit être détachée dans la phrase ① et non dans la phrase ②.

① J'aime la ville de Gaspé, qui borde le Saint-Laurent.

② J'aime les villes qui bordent le Saint-Laurent.

5 **EXPLIQUE** pourquoi l'emploi de la virgule est fautif dans les phrases ci-dessous.

① *Ma famille et moi, visiterons la ville de Gaspé cet été.

② *Ma famille et moi visiterons, la ville de Gaspé cet été.

1 **A** Parmi les phrases ci-dessous, **TRANSCRIS** celles dans lesquelles on a supprimé les virgules et **AJOUTE** ces virgules.

Attention!
Erreurs.

① Notre professeur de géographie un homme passionné nous a expliqué la formation des océans.

② Nous avons appris que 4,5 milliards d'années plus tôt de nombreux volcans ont libéré de la vapeur d'eau et du gaz carbonique.   ③ «Le contact de ces gaz a précisé notre professeur a donné naissance à des pluies acides.»   ④ Ces pluies ont arraché aux roches les éléments chimiques qui donnèrent le sel.

⑤ Enfin ce sel les précipitations l'ont entraîné par ruissellement vers l'océan.   ⑥ C'est pourquoi l'océan est salé.

B **INDIQUE**, dans chaque cas, si tu détaches à l'aide de la virgule:

ⓐ un Gcompl. P déplacé;

ⓑ un complément du nom ou du pronom;

ⓒ un groupe de mots mis en emphase;

ⓓ un élément sans fonction: un marqueur de relation, une apostrophe, une phrase incise ou incidente, un groupe de mots incident.

2 **A** Les phrases ① à ③ ci-dessous contiennent chacune des phrases qui pourraient être jointes à l'aide du deux-points. **INDIQUE** entre quels mots il conviendrait d'ajouter le deux-points dans chacune de ces phrases.

Attention!
Erreurs.

① Les spécialistes de la faune marine surveillent les bélugas de façon continue ils observent quotidiennement leurs activités d'alimentation et d'élevage.

② Les spécialistes de la faune marine surveillent les bélugas de façon continue ils veulent s'assurer de la survie de cette espèce.

③ Les bélugas supportent mal les dérangements causés par l'observation touristique intensive leur statut d'espèce menacée interdit maintenant cette pratique.

B **PRÉCISE**, dans chaque cas, si la seconde phrase juxtaposée en **A** énonce la cause, la conséquence ou l'explication de la première phrase, puis **INDIQUE** quel marqueur de relation pourrait remplacer le deux-points:

• *car* ou *parce que*;

• *par conséquent* ou *aussi*;

• *c'est-à-dire que*.

Corrélatif (milieu **XIV**ᵉ s.)
☞ latin scolast. *correlativus*, de *relatio*, «relation»

3 Dans les phrases ① à ③ ci-dessous, la ponctuation servant à juxtaposer des éléments, à accompagner un coordonnant ou à introduire une énumération a été supprimée. **TRANSCRIS** les phrases en ajoutant la ponctuation qui manque.

① Nous avons appris que les bélugas les phoques et les rorquals font partie des espèces marines c'est-à-dire des espèces qui vivent dans la mer.

② Le béluga se nourrit principalement de trois espèces de poissons les anguilles les harengs et les capelans.

③ On ne peut dire si la population actuelle de bélugas compte 500 800 ou 1000 individus mais on sait qu'elle demeure une population fragile.

Attention!
Erreurs.

4 **TRANSCRIS** les phrases ci-dessous, puis **PONCTUE**-les correctement à l'aide de la virgule et du deux-points en appliquant la stratégie présentée à la page suivante.

① Ma sœur aînée Catherine m'accompagne volontiers dans la cueillette d'agates mais elle s'intéresse davantage aux poissons tropicaux. ② Chaque fois que nous entrons dans une animalerie elle se précipite, vers les aquariums elle veut toujours vérifier si une nouvelle espèce ne s'y trouverait pas. ③ Elle a mentionné, à mes parents, que pour son anniversaire, elle aimerait recevoir un bocal et un grand aquarium. ④ Cet aquarium, elle l'installerait sur sa commode. ⑤ «Le bocal hébergera deux piranhas car ces poissons cohabitent mal avec les autres espèces» a-t-elle précisé. ⑥ L'aquarium accueillerait de nombreux poissons aux couleurs et motifs variés des rouges des dorés des tachetés noir et blanc des rayés bleu et gris etc. ⑦ Ces poissons nageraient dans un environnement pittoresque. ⑧ Ils côtoieraient de belles agates des plantes marines ondulantes et une grotte mystérieuse. ⑨ Catherine assure mes parents qu'elle se chargera de nourrir ses poissons de changer leur eau et de nettoyer l'aquarium.

Attention!
Erreurs.

Point (1550-Meigret)
▷ signe de ponctuation.

Stratégie

Pour employer correctement la virgule et le deux-points

Je vérifie certains emplois de la virgule et du deux-points

1 **VÉRIFIE** s'il y a lieu de juxtaposer des éléments à l'aide de la virgule (par exemple, des groupes de mots et des phrases subordonnées qui ont la même fonction dans la phrase, des éléments qui forment une énumération, etc.).

Ex.: *Mes amis, mon frère et moi avons observé plusieurs espèces d'animaux marins à l'aquarium municipal : des pieuvres, des hippocampes, des requins, des bélugas et quelques autres.*

2 **VÉRIFIE** si la phrase contient un coordonnant autre que *et, ou, ni*, puis **ASSURE**-toi, s'il y a lieu, que ce coordonnant est précédé d'une virgule (ou d'un point-virgule, dans certains cas).

Ex.: *Nous avons visité l'aquarium, mais nous n'avons pas assisté au spectacle des dauphins.*

3 **VÉRIFIE** s'il y a lieu de joindre deux phrases à l'aide du deux-points dans le cas où la seconde phrase énonce une cause, une conséquence ou une explication liée à la phrase qui la précède.

                       : e   (cause)

Ex.: *La directrice de l'aquarium municipal a convoqué des journalistes : elle annoncera l'arrivée d'un tout jeune béluga.*

4 **VÉRIFIE** si la phrase contient une énumération faisant référence à un <u>élément</u> qui précède cette énumération, puis **ASSURE**-toi, s'il y a lieu, que cette énumération est précédée d'un deux-points.

Ex.: *Il y a <u>plusieurs espèces d'animaux marins</u> à l'aquarium municipal : des pieuvres, des hippocampes, des requins, des bélugas et quelques autres.*

5 **VÉRIFIE** si la phrase contient l'un ou l'autre des éléments suivants :

ⓐ un Gcompl. P déplacé ;

ⓑ un complément du nom ou du pronom apportant une information non essentielle à caractère explicatif ;

ⓒ un groupe de mots mis en emphase (sans l'aide d'un marqueur d'emphase) ;

ⓓ un élément sans fonction : un marqueur de relation, une apostrophe, une phrase incise ou incidente, un groupe de mots incident.

ASSURE-toi, s'il y a lieu, que cet élément ou ces éléments sont détachés à l'aide de la virgule.

         ⓐ   ⓑ

Ex.: *Dans deux jours, l'aquarium municipal, qui a reçu une subvention spéciale, accueillera un jeune béluga.*

        ⓒ   ⓓ (phrase incise)

      «Ce béluga, nous l'hébergerons durant quelques semaines», a annoncé la directrice de l'aquarium.

6 **ASSURE**-toi que tu n'as pas employé la virgule :

• entre le GNs et le GV si le GNs est immédiatement suivi du GV ;

• entre un <u>verbe</u> et son expansion si le verbe est immédiatement suivi de cette expansion ;

• entre deux expansions d'un <u>verbe</u> si ces expansions ont des fonctions différentes dans la phrase.

Ex.: *La directrice de l'aquarium municipal / <u>annoncera</u> à la population / l'arrivée d'un tout jeune béluga.*

3 LA FORMATION DU FÉMININ ET DU PLURIEL DE CERTAINS NOMS ET ADJECTIFS

«Les mots du français n'ont-ils pas quelque chose de vivant lorsque leur forme varie selon leur genre et leur nombre ?»

LES ADJECTIFS DE COULEUR

La formation du féminin et du pluriel des noms et des adjectifs n'est pas toujours aussi prévisible qu'on le voudrait. Elle varie selon la ou les lettres qui terminent le nom ou l'adjectif, tout en comportant quelques exceptions.

Quant à l'accord des adjectifs, il a aussi ses caprices. Par exemple, les adjectifs de couleur s'accorderont ou non selon qu'ils ont une forme simple ou complexe et qu'ils proviennent ou non d'un mot appartenant à la classe du nom.

Connaissances

LA FORMATION DU FÉMININ DES NOMS ET DES ADJECTIFS SE TERMINANT PAR -AL, -C, -ET, -EAU ET -EU

Le symbole ✍ signifie que, dans certains cas, la marque du féminin de l'écrit ne s'entend pas.

Formation du féminin	Exemples		Exceptions
	Masculin	**Féminin**	
Formation générale du féminin des noms et des adjectifs : + *e* Les noms et les adjectifs en **-al** et en **-eu**.	*banal* *bleu*	✍ *banale* *bleue*	
Changement des dernières lettres • **-c** → **-que** → **-che**	*un Turc* *public* *un Blanc* *franc*	✍ *une Turque* *publique* *une Blanche* *franche*	*un Grec / une Grecque* *sec / sèche*
• **-eau** → **-elle**	*un nouveau* *beau (bel)*	*une nouvelle* *belle*	

Formation du féminin	Exemples		Exceptions
	Masculin	**Féminin**	
• **doublement du** *t + e* Les noms et les adjectifs en **-et** (+ **chat**, **sot**).	*un muet* *coquet*	*une muette* *coquette*	*complet / complète* *concret / concrète* *désuet / désuète* *discret / discrète* *inquiet / inquiète* *secret / secrète*

Exercice

Dans les phrases ci-dessous, **REPÈRE** les noms et les adjectifs en *-al,* en *-c,* en *-et,* en *-eau* et en *-eu,* puis **TRANSCRIS**-les en les mettant au féminin.

① N'ayant pas fait d'apparition public depuis longtemps, la célèbre chanteuse, une Grec fort peu banal, était restée muet sur ses projets. ② Vêtue d'une original robe bleu, elle jouait depuis peu dans une toute nouveau comédie musical présentée sur la scène d'un paquebot de croisière. ③ La répétition général avait eu lieu devant une salle complet de passagers éblouis. ④ Parmi eux se trouvaient une missionnaire laïc et sa sœur jumeau en route vers l'Afrique. ⑤ Près d'elles, une coquet princesse turc s'était couvert les épaules d'une somptueuse étole blanc. ⑥ Dans la cale du navire, où résonnaient des craquements, une jeune chameau semblait inquiet. ⑦ Habituée à la brise sec du désert silencieux, elle frissonnait dans ce lieu sombre et humide.

Attention!
Erreurs.

Comme
(842) ▷ *Serments (cum);*
(Xᵉ s.) ▷ *Eulalie (com jusqu'au XIVᵉ s.);*
la forme allongée comme apparaît au XIIᵉ s.
▷ *Dans les interrogations,*
comme a gardé la valeur de comment
jusqu'au XVIIIᵉ s.

Connaissances

Le symbole ✍ signifie que, dans certains cas, la marque du pluriel de l'écrit ne s'entend pas.

Formation du pluriel	Exemples		Exceptions
	Singulier	**Pluriel**	
Formation générale du pluriel des noms et des adjectifs : **+ s** Les noms et les adjectifs en **-c** et en **-et**.	un éche**c** se**c** un sach**et** secr**et**	✍ des éche**cs** se**cs** des sach**ets** secr**ets**	
+ x Les noms et les adjectifs en **-eau**, en **-au** et en **-eu**.	un gât**eau** b**eau** un tuy**au** un j**eu** hébr**eu**	✍ des gât**eaux** b**eaux** des tuy**aux** des j**eux** hébr**eux**	✍ un land**au** / des land**aus** un sarr**au** / des sarr**aus** un pn**eu** / des pn**eus** bl**eu** / bl**eus**
Changement des dernières lettres Les noms et les adjectifs en **-al** : **-al** → aux	un journ**al** famili**al** norm**al**	des journ**aux** famili**aux** norm**aux**	✍ un b**al** / des b**als** un carnav**al** / des carnav**als** un chac**al** / des chac**als** un chor**al** / des chor**als** un festiv**al** / des festiv**als** un récit**al** / des récit**als** un rég**al** / des rég**als** ban**al** / ban**als** banc**al** / banc**als** fat**al** / fat**als** nat**al** / nat**als** nav**al** / nav**als**

Matrice (1265-Br. Latini)
  ▷ (matrice), anat.; lat. *mātrix*,
de *mater*, mère, d'après *nutrix, genetrix*.

Dans les phrases ci-dessous, **REPÈRE** les noms et les adjectifs en *-al,* en *-c,* en *-et,* en *-eau,* en *-au* et en *-eu,* puis **TRANSCRIS**-les en mettant les noms au pluriel et les adjectifs au masculin pluriel.

① Des fusées pyrotechniques avaient lancé des signal annonçant le début du spectacle. ② Les artificiers, vêtus de sarrau, avaient gardé secret les préparatifs des feu d'artifice qui clôtureraient les jeu d'été. *Attention!* *Erreurs.* ③ S'élevant au-dessus des eau du port, des éclats roses, argentés, jaunes, bleu et verts avaient illuminé le ciel. ④ Ce spectacle fut parmi les plus beau du genre. ⑤ Deux récital avaient été donnés sur la place où on avait hissé les drapeau de tous les pays ayant participé aux compétitions. ⑥ Des personnages royal avaient assisté à ces festivités favorisées par des jours chauds et sec. ⑦ Dans les journal, on fait état de problèmes touchant les milieu liés aux activités maritimes. ⑧ Les transports naval, entre autres, seront soumis à de nouveau règlements.

Connaissances

LES ADJECTIFS DE COULEUR

1. LA FORME DES ADJECTIFS DE COULEUR

Les adjectifs de couleur peuvent être formés d'un mot ou de plus d'un mot. Ils peuvent donc avoir :

- une **forme simple** : *bleu, gris, jaune, vert,* etc. Certains adjectifs de forme simple proviennent d'un nom : *argent, citron, ivoire, orange,* etc.;

- une **forme complexe** : *bleu marine, bleu-vert, gris foncé, jaune vif, noir de jais, rouge tomate, vert fluorescent, vert bouteille,* etc.

REMARQUE : Généralement, on joint à l'aide du trait d'union les deux adjectifs de couleur de forme simple qui forment un adjectif de forme complexe désignant une teinte intermédiaire entre les deux couleurs désignées : *bleu-gris, bleu-vert, brun-roux, châtain-roux,* etc.

2. L'ACCORD DES ADJECTIFS DE COULEUR

Lorsqu'ils s'accordent, les adjectifs de couleur suivent les mêmes règles d'accord que les autres adjectifs :

- s'ils sont le noyau d'un GAdj complément du nom ou du pronom, ils reçoivent le genre et le nombre de ce nom ou de ce pronom;

- s'ils sont le noyau d'un GAdj attribut du sujet, ils reçoivent le genre et le nombre du noyau du GNs ou de l'ensemble des noyaux des GNs.

Ex.: *Deux pavillons blancs flottent au-dessus du navire dont les cheminées sont noires.*

☛ *UNE GRAMMAIRE POUR TOUS LES JOURS*
- *Les accords dans le GN.*
- *Les accords dans le GV.*

Le tableau ci-dessous indique dans quel cas on doit accorder l'adjectif de couleur et dans quels cas on ne doit pas l'accorder.

L'adjectif de couleur...		
s'accorde	**reste invariable**	
• s'il a une **forme simple** et qu'il **ne provient pas d'un nom**. FP Ex.: *Des embarcations blanches* *se laissent porter par les* MP *flots bleus.* FP *Nos vestes de sauvetage* *sont jaunes.*	• s'il a une **forme simple** et qu'il **provient d'un nom**. Ex.: *Des embarcations argent se laissent porter par les flots azur.* *Nos vestes de sauvetage sont orange.* **Exceptions:** *rose, fauve, mauve, pourpre, écarlate.* MP Ex.: *Des fanions pourpres* *surmontent les* FP *bouées écarlates.*	• s'il a une **forme complexe**. Ex.: *Des embarcations gris argenté se laissent porter par les flots bleu turquoise.* *Nos vestes de sauvetage sont orange clair.*

REMARQUE: Les adjectifs de couleur joints à l'aide du coordonnant *et* peuvent rester invariables.
Ex.: *Il porte une veste à rayures rouge et bleu.*

Exercice

Dans les phrases suivantes, certains des adjectifs de couleur sont mal orthographiés. **Transcris** ces phrases, puis **applique** la stratégie de révision proposée à la page suivante.

① À l'avant du navire à la coque noir de jais, le capitaine et ses officiers en uniformes bleu marine scrutent la vaste étendue vert d'une mer agitée. ② Des matelots vêtus de leurs débardeurs et pantalons blanc lavent les plaques gris acier du pont. ③ Les yeux brun foncé du capitaine cherchent le dos d'une baleine bleu. ④ Il aperçoit enfin des jets argent qui jaillissent au-dessus des flots turquoise; son souffle s'arrête, ses joues deviennent écarlate, ses épais sourcils blond-roux se froncent. ⑤ La silhouette de l'énorme mammifère marin qu'il poursuit se détache sur fond de cieux azur. ⑥ Spécimen rare, cette baleine a la particularité de porter deux taches jaune maïs sur le dos.

Attention! Erreurs.

Stratégie

Pour réviser et corriger l'accord des adjectifs de couleur

Je vérifie la construction et l'accord des adjectifs de couleur

1 **Surligne** le mot ou les mots qui forment un adjectif de couleur.

2 Si l'adjectif de couleur surligné a une **forme simple**, **vérifie** s'il provient ou non d'un **nom** :

• **s'il provient d'un nom**, **assure**-toi qu'il n'est pas accordé;

Ex.: *Deux pavillons* ivoire *flottent au-dessus du navire dont les cheminées sont* ébène .

Attention ! *Rose, fauve, mauve, pourpre* et *écarlate* sont des exceptions;
ils s'accordent comme les adjectifs de couleur qui ne proviennent pas d'un nom.

• **s'il ne provient pas d'un nom** :

– **mets** une flèche au-dessus de l'adjectif et **relie**-le à son donneur d'accord;

– **corrige**, s'il y a lieu, l'accord de l'adjectif de couleur.

MP   FP

Ex.: *Deux pavillons* blancs *flottent au-dessus du navire dont les cheminées sont* noires.

REMARQUE: Les adjectifs de couleur joints à l'aide du coordonnant *et* peuvent rester invariables.

Ex.: *Deux pavillons* bleu *et* blanc *flottent au-dessus du navire dont les cheminées sont* gris *et* noir .

3 Si l'adjectif de couleur surligné a une **forme complexe**, **assure**-toi qu'il n'est pas accordé.

Ex.: *Deux pavillons* blanc crème *flottent au-dessus du navire dont les cheminées sont* noir ébène .

Insertion (1535-Biggar)
▷ bas lat. insertio, « greffe ».

APPRENDRE

145

Les mots et la science

1

Le texte explicatif est souvent associé aux sciences, qu'il s'agisse des sciences humaines ou des sciences de la nature. Il existe un vocabulaire particulier propre à chaque domaine.

A Définis les termes *sciences humaines* et *sciences de la nature* (ou *sciences pures*).

B Les mots suivants pourraient se retrouver dans un texte explicatif à caractère scientifique.

> âge mental • analyse • attitudes • behaviorisme • cataclysme • catastrophes naturelles • chimie • cognitivisme • comportement • démographie • dosage • éducation • Einstein • études • géographie • hypothèse • laboratoire • linguistique • médecine • microscope • moléculaire • observation • personnalité • philosophie • Platon • prédication • psychanalyse • psychiatrie • psychologie • QI • radiographie • rapport de recherche • recherche • recherche clinique • socioéconomique • sociologique • sondage • stades de développement • statistiques • thérapeute

Classe les mots de l'encadré dans un schéma semblable à celui-ci:

Sciences humaines　　　　**Sciences de la nature**

C Ajoute cinq mots dans chacun des trois ensembles du diagramme.

D Choisis trois mots dans chacun des ensembles et rédige avec chacun une phrase qui pourrait être insérée dans un texte explicatif.

Le vocabulaire dénotatif et les termes techniques

Le vocabulaire scientifique est un vocabulaire dénotatif. Les mots généralement employés dans un texte explicatif sont de nature scientifique et ont un sens très précis. Les ambiguïtés sémantiques sont à éviter. Les mots sont souvent formés à partir de suffixes et de préfixes empruntés principalement au grec et au latin. Sans connaître ces mots, tu peux en déduire le sens en déterminant à quelle famille de mots ils appartiennent.

A Donne ta propre définition des mots de l'encadré en faisant ressortir leur composition.

B Imagine une question de type *POURQUOI ?* à partir de ces mots.

① anticoagulant	⑨ prodarwinien
② héliport	⑩ mozartien
③ bionique	⑪ pédopsychiatre
④ bioéthique	⑫ pédopsychiatrie
⑤ hyperglycémique	⑬ névralgique
⑥ hypoglycémique	⑭ cervelet
⑦ hypermnémisé	⑮ mnémotechnique
⑧ superstructure	⑯ surrénal

Une banque de mots «intelligente»

Tu auras peut-être un jour à écrire un texte explicatif sur l'intelligence. Sur une feuille, construis un champ lexical organisé en constellation de mots sur le modèle suivant :

Pour t'aider, commence ta constellation avec les mots de l'encadré suivant :

cérébral • cervical • mémorisation • créatif • créative • création • réfléchir • intelligemment • intelligence • raisonner • esprit • raisonnement • cognition

CONSEILS

1. L'ajout de préfixes et de suffixes permet de créer un grand nombre de mots de même famille.
2. Survole les textes de la partie *L'intelligence* de ton manuel *Corpus* (pages 6 à 23) pour trouver des mots.

Des mots pour marquer le rapport cause/conséquence

Connaissances ■ PAGE 51 ■

4 On peut établir un rapport cause / conséquence de diverses façons. La plus simple consiste à utiliser le marqueur de relation *parce que*, mais il en existe bien d'autres. Rédige des phrases qui établiront de deux manières différentes un lien cause / conséquence entre les éléments du tableau. Utilise les noms ou les verbes suggérés dans la colonne de droite.

Ex.: a) <u>Cause</u>: un virus très puissant et très contagieux.

<u>Conséquence</u>: les épidémies de grippe.

- *Un virus très puissant et très contagieux <u>cause</u> les épidémies de grippe.*

- *Les épidémies de grippe sont la <u>conséquence</u> d'un virus très puissant et très contagieux.*

Informations à lier...

			... de deux manières différentes
a)	Les épidémies de grippe	Un virus très puissant et très contagieux	causer / conséquence
b)	La décalcification des os	Des fractures	provoquer / cause
c)	L'engorgement des urgences dans les hôpitaux	Le vieillissement de la population	avoir un impact / facteur
d)	L'accumulation des déchets	Des visiteurs indésirables	amener / résultat
e)	Les problèmes familiaux	Les résultats scolaires	influencer / effet
f)	Des dépenses annuelles non négligeables	L'achat d'une voiture	occasionner / résulter
g)	Les pluies acides	Une baisse du rendement des érablières	produire / corollaire
h)	Des problèmes d'argent	Le suicide chez les adultes	cause / motif
i)	Le meurtre	Le vol	mobile / résultat
j)	La hausse des frais de scolarité	Une baisse de la fréquentation des universités	être lié à / engendrer

Informations à lier...		... de deux manières différentes
k)	Le congrès de la présidence	Pour faire du ski	prétexte motif
l)	La contamination des eaux	La mort des bélugas	facteur entraîner
m)	Je suis arrivé en retard	J'ai manqué mon autobus	raison prétexte
n)	Un manque flagrant d'entretien	La fermeture du manège	découler séquelles
o)	L'effondrement du pont	Des vibrations causées par les camions transportant des charges trop lourdes	résulter facteur
p)	Le corps tente de combattre la grippe	Une violente poussée de fièvre	s'ensuivre résultat
q)	Les problèmes économiques de l'Asie	La crise politique au Japon	être à l'origine de répercussion
r)	Des manifestations monstres	La libération de ces prisonniers	conséquence attribuer
s)	Un manque de nourriture	La guerre dans cette partie de l'Afrique	effet engendrer
t)	Le médicament	La somnolence et l'insuffisance rénale	réactions provoquer
u)	L'échange de Patrick Roy	La performance de l'équipe	répercussions séquelles
v)	L'invention du téléphone	De nombreuses années de travail de la part de Graham Bell	résultat être nécessaire
w)	Des diarrhées chroniques et des douleurs osseuses	Maladie cœliaque	symptôme diagnostiquer
x)	Le développement du larynx et l'apparition de la barbe	La puberté chez les garçons	manifestation engendrer
y)	Une erreur humaine	L'écrasement du Cessna	causer résultat

Expliquer une citation

La partie du manuel *Corpus* intitulée *Je ne sais pas qui je suis* contient de nombreuses citations. Relève celles qui sont insérées dans les pages 6, 24, 25, 34, 40, 42 et 48 et, dans chaque cas :

A précise quel est le sujet de la citation ;

B explique le sens de la citation dans tes propres mots ;

C donne quelques renseignements sur la personne citée (profession, nationalité, période où elle a vécu, titre d'une de ses œuvres) ;

D trouve une nouvelle citation sur le même sujet.

6 Ajoute deux énoncés qui commenceront par *parce que* et qui compléteront l'explication de la citation de Baudelaire :

« J'ai plus de souvenirs que si j'avais mille ans. »

Baudelaire (*Corpus*, page 26)

- **parce que** j'ai voyagé à travers le monde ;
- **parce que** j'ai rencontré des milliers de personnes ;
- **parce que** mon père m'a raconté sa vie mouvementée ;
- **parce que** ✎ ;
- **parce que** ✎ .

7 Choisis l'une des citations relevées dans ton manuel *Corpus* et rédige une explication semblable à celle du numéro 6.

Ce, cette, ces...

Connaissances ▪ *PAGES 60 ET 61* ▪

8 Les déterminants *ce, cette* et *ces* sont souvent utilisés pour reprendre une information. Complète chacune des phrases suivantes à l'aide d'un nom afin d'illustrer l'importance de ces déterminants dans les textes explicatifs.

INDICE Le nombre d'astérisques indique le nombre de lettres contenues dans le mot à trouver.

a) *On sait que la consommation de tabac provoque le cancer du poumon.* **Cette** **h**∗**p**∗∗∗∗∗∗ *a été validée depuis longtemps par des chercheurs américains.*

b) *La bonne santé d'une plante dépend de la lumière, de la qualité du sol et de la quantité d'eau qu'on lui donne. Tous* **ces f**∗**c**∗∗∗**r**∗ *sont cependant difficiles à contrôler.*

c) *Dans son film* Erreur boréale, *Richard Desjardins déplore l'exploitation éhontée des forêts du Nord québécois. Selon lui,* **cette ca**∗∗∗∗∗∗∗∗∗ *doit cesser si on veut préserver les riches écosystèmes de* **cette r**∗∗∗∗∗ *du Québec.*

d) *La course à l'excellence cause trop de stress chez les jeunes.* **Cette af**∗∗∗∗∗**t**∗∗∗ *ne fait toutefois pas l'unanimité.*

e) *Pour éviter que les contaminants au fond du canal Lachine ne montent à la surface, on songe à couvrir le fond d'une toile qui retiendrait les sédiments.* **Cette s**∗**l**∗∗∗∗∗ *s'avère toutefois très onéreuse.*

f) *Pour permettre à tous les Québécois et à toutes les Québécoises de jouir du potentiel hydroélectrique de la province, René Lévesque a nationalisé l'électricité.* **Cette n**∗∗**i**∗∗∗∗∗∗∗∗∗∗ *aura été l'un de ses grands succès politiques.*

g) *Avez-vous vu* Le fleuve aux grandes eaux *de Frédéric Back ?* **Ce f**∗∗∗ *explique notamment pourquoi le fleuve Saint-Laurent a été essentiel dans le développement de l'Amérique du Nord.*

h) *Il a le nez qui coule, les yeux larmoyants et le front chaud.* **Ces** ∗**y**∗∗∗∗∗∗∗ *laissent deviner qu'il a la grippe.*

i) *Julie Payette et Marc Garneau ont raconté leur aventure avec passion.* **Ces** ∗∗**t**∗∗∗∗∗∗∗∗ *peuvent être fiers de leur contribution à l'exploration spatiale.*

j) *Il faut prendre soin de ses neurones.* **Ces c**∗∗∗∗∗∗ ∗**erv**∗∗∗∗∗ *ne se renouvellent pas.*

k) *Pourquoi est-il si difficile d'apprendre une langue étrangère quand on est adulte ? Pourquoi certaines langues disparaissent-elles ? Qu'est-ce qui fait qu'une langue évolue ? Toutes* **ces** ∗**u**∗∗∗∗∗∗ *intéressent beaucoup les linguistes.*

l) *À la mort d'un proche, certaines personnes réagissent de façon extrêmement démonstrative.* **Ces r**∗**ac**∗∗∗∗∗ *sont souvent culturelles et il faut les respecter.*

9

Lorsqu'on veut organiser le développement d'un texte explicatif selon le mode «comparaison», il peut être intéressant d'utiliser l'antonymie.

Transcris les phrases suivantes et:

• s'il y a lieu, souligne les termes qui indiquent une comparaison;

• complète-les en utilisant un antonyme du mot écrit en gras.

CONSEIL Si tu ne trouves pas un mot simple comme antonyme, utilise une périphrase (un ensemble de mots).

a) *Certains artistes, c'est bien connu, sont très **politisés**. D'autres sont toutefois* _____ .

b) *Les gens qui ont un potentiel créatif faible sont, dit-on, relativement **conformistes**. Les vrais artistes sont plutôt* _____ .

c) *On dit souvent que certaines personnes sont **manuelles** et que d'autres sont* _____ .

d) *Beaucoup de **militaires** ont perdu la vie pendant les événements du Kosovo en 1999, mais c'est surtout chez les* _____ *qu'on a enregistré des décès.*

e) *Au contraire de beaucoup de vedettes qui sont* _____ *, les membres de cette troupe de théâtre ont eu un geste très **généreux**.*

f) *Il s'agit d'un **organisme culturel sans but lucratif**, contrairement à Miroir inc, qui est* _____ .

g) *Piloter une voiture de Formule 1 exige un grand effort physique, car les **accélérations** et les* _____ *se succèdent constamment.*

h) *Le système nerveux entraîne des réponses **subites** du corps. Le système endocrinien, quant à lui, entraîne des réponses* _____ .

10

Une image vaut mille mots... et 500 paires d'antonymes... Ces deux photos sont très contrastées. Trouve le plus de paires d'antonymes possible à partir de ces photos. Classe tes paires d'antonymes dans un tableau semblable à celui-ci:

Noms	Adjectifs	Verbes	Adverbes
_____	_____	_____	_____

Un champ lexical pour organiser un texte

Les champs lexicaux contribuent aussi à assurer la cohérence dans un texte. Ils créent, à l'intérieur même du texte, une espèce de toile d'araignée qui aide le lecteur ou la lectrice à suivre les idées énoncées dans les phrases. On dit d'ailleurs qu'un bon lecteur ou une bonne lectrice peut deviner les mots simplement en lisant les premières lignes d'un texte.

En écriture, la construction d'un champ lexical permet non seulement de trouver des idées pour le contenu du texte, mais aussi de voir comment on pourrait l'organiser.

11 En équipes de deux ou trois, imaginez que vous devez écrire un texte sur **la créativité**. Construisez un champ lexical que vous organiserez dans une constellation.

CONSEILS

1. Les procédés de formation des mots (dérivation, composition, abrègement, etc.) vous permettront d'enrichir votre champ lexical.
2. La créativité est un sujet très vaste. Voici quelques mots qui pourraient se trouver dans votre champ lexical : *artiste, sculpture, public, applaudir, bouillonnement, idées, œuvre...*
3. Dans votre manuel *Corpus*, survolez les textes consacrés à la créativité (pages 35 à 47). Vous pourriez y trouver des mots à insérer dans votre constellation.

12A Sur la constellation de mots que tu as faite au numéro 11, fais cinq grands regroupements à l'aide de crayons de couleur ou de surligneurs de sorte que ces mots puissent servir dans cinq paragraphes.

Connaissances ■ *PAGE 50* ■

B Élabore un mini-plan de texte explicatif portant sur la créativité à partir des activités précédentes. Compare-le avec celui de tes camarades.

13

Les registres de langue

Voici des mots peu utilisés dans les textes explicatifs dits «sérieux».

A Remplace chacun de ces mots par le mot ou l'expression qu'on devrait utiliser dans un texte explicatif.

B Si tu devais absolument utiliser l'un de ces mots dans un texte explicatif, quelle marque typographique emploierais-tu pour signaler que tu sais que ce mot ou cette expression est inapproprié ?

① les mamans
② les puces (en parlant des petits)
③ une grosse cabane
④ un infirme
⑤ la poly
⑥ les profs
⑦ leur blonde
⑧ s'énerver
⑨ il mouille
⑩ c'est *cool*

Les modalisateurs

Connaissances ■ *PAGES 73 ET 74* ■

14

Reproduis le tableau suivant et remplis-le en rédigeant des phrases qui démontrent qu'une même affirmation peut être exprimée avec des points de vue différents. Pour ce faire, utilise des adverbes, des temps verbaux ou des expressions qu'on entend parfois dans les médias.

Sûr à 100 %	Sûr à 50 %	Sûr à 5 %	100 % improbable
Cette année, les records de température sont, **sans l'ombre d'un doute**, dus aux éruptions volcaniques en Indonésie.	1 🖉	2 🖉	3 🖉
4 🖉	5 🖉	6 🖉	**On ne peut établir aucun** lien de causalité entre la disparition de la morue et la surpopulation des phoques.
7 🖉	8 🖉	À l'heure actuelle, on **n'**exclut **pas** l'erreur humaine pour expliquer l'accident.	9 🖉
On ne peut contester le fait que la pollution est responsable de l'augmentation des cas d'asthme.	10 🖉	11 🖉	12 🖉

LEXIQUE

Parole de spécialiste !

15

UQAC

1003281-2
LATRAVERSE
LINA

Professeure, chercheure et directrice
du Centre d'études sur les séismes

LATL26077605

Date d'expir.
30-09-2017

Imagine que tu es Lina Latraverse.

- Tu es sismologue.
- Tu as survécu à un tremblement de terre.
- Tu enseignes à l'UQAC (Université du Québec à Chicoutimi).
- Tu es très amie avec Haroun Birk, célèbre volcanologue.
- Tu as étudié un séisme en Californie avec un éminent collègue.
- Tu lis tous les rapports de géologie publiés partout dans le monde.
- **Tu dois récrire le texte *Des secousses meurtrières* pour expliquer pourquoi les séismes sont si dévastateurs en lui donnant un caractère plus scientifique. Ce texte sera publié dans la revue *Sismologie d'aujourd'hui*.**

CONSEILS

1. Ajoute des mots savants. Tu peux même en inventer, mais il faudra les signaler à l'aide d'un astérisque.
2. Cite des collègues et des extraits de rapports ou d'enquêtes. Pour ce faire, utilise des guillemets et ajoute des verbes introducteurs tels que *prouver, affirmer, déclarer, soutenir, prétendre, conclure, justifier*, etc.

Des secousses meurtrières

Les tremblements de terre, appelés aussi séismes, sont plus meurtriers encore que les volcans.

Provoqués par les déplacements des plaques de la croûte terrestre sur une couche profonde de roches fondues, ils sont assez puissants pour soulever une montagne, affaisser les fosses d'un océan ou déplacer un terrain.

À titre d'exemple, lors d'un séisme en Chine, une route et les arbres qui la bordaient ont été déplacés sur 1 500 m, sans qu'un seul arbre tombe ! Chaque année, on enregistre en moyenne 500 000 secousses. Seules 100 000 sont ressenties et 1 000 causent des désastres.

L'Asie, une grande victime

Ce continent est régulièrement agité par des séismes. Ils sont provoqués par la rencontre des plaques indienne et asiatique, dont la poussée a créé la chaîne de l'Himalaya ! Les vibrations des tremblements de terre surviennent même à 5 000 km de l'Himalaya !

Christine Lazier, *Nature : des phénomènes extraordinaires*,
© Éditions Fleurus, coll. «Imagia», 1995.

Un point de vue «à l'eau»

16

Le mot *eau* peut prendre un sens différent selon la personne qui parle ou selon la situation de communication. Si tu devais écrire un texte pour parler de l'eau de façon tragique, quels mots emploierais-tu ? Et si tu devais écrire un texte pour parler de l'eau de façon positive, quels mots choisirais-tu ? Pour répondre, reproduis un tableau semblable à celui ci-contre et remplis-le.

EAU

Limpide	Impureté
Plaisancier	Toxicité
…	…

APPRENDRE À ÉCRIRE ET À COMMUNIQUER ORALEMENT

APPRENDRE

Est-il possible d'impressionner ton enseignant

ou ton enseignante **de géographie, de biologie, de sciences physiques**

ou d'une autre matière ?

Oui, c'est possible ! Il suffit de lui prouver que tu sais expliquer, à l'oral comme à l'écrit, les faits ou les phénomènes qu'il ou elle t'a enseignés.

Dans cette étape, tu feras trois courtes pratiques d'écriture pour apprendre à écrire un texte explicatif. Ensuite, tu feras un exposé oral portant sur un fait ou un phénomène que tu as découvert dans une discipline autre que le français. Finalement, à partir de ton exposé, tu écriras un texte explicatif complet que tu pourras remettre à ton enseignant ou à ton enseignante de géographie, de biologie, de sciences physiques **ou d'une autre matière.**

Qui sait ? Peut-être que l'an prochain cet enseignant ou cette enseignante soumettra ton texte à ses nouveaux élèves de troisième secondaire.

Connaissances ■ *PAGES 20 et 26* ■

PRÊTER UNE ATTENTION PARTICULIÈRE AUX JONCTIONS DE PHRASES
■ *La jonction de phrases* ■ *PAGES 92 À 127* ■

LE TÉMOIGNAGE D'UNE EXPERTE

Isabelle Ducas *est journaliste au quotidien Le Droit, à Ottawa. Pour se préparer à faire ce métier, elle a étudié à l'université, mais le journalisme s'apprend surtout «sur le terrain», et c'est donc essentiellement grâce à ses expériences dans des salles de rédaction qu'elle a développé cette habileté à faire rapidement des recherches et des enquêtes avant d'écrire ses articles.*

L'information, c'est la matière première du travail des journalistes. Avant d'écrire un article, je m'efforce donc de bien me documenter afin d'en savoir le plus possible sur le sujet qui m'intéresse. Comme journaliste, j'écris sur une foule de sujets très diversifiés, qui ne me sont pas toujours familiers au départ. Je dois donc être capable de trouver des renseignements rapidement sur n'importe quoi, dans n'importe quel domaine.

Le développement d'Internet a beaucoup facilité le travail des journalistes. Il permet d'avoir accès instantanément à une foule d'informations et à des experts de partout dans le monde. Mais d'abord et avant tout, il faut savoir chercher, en utilisant des outils de recherche et des mots clés. Ensuite, il faut s'assurer que les sites consultés contiennent des renseignements fiables. Il est important de vérifier que la source de l'information est sérieuse et il est préférable de contre-vérifier tous les renseignements. Les archives de journaux sont un autre endroit où trouver de bonnes informations. Avant d'écrire un article, je lis toujours ce qui s'est écrit au cours des derniers mois ou des dernières années sur le même sujet dans différents journaux ou magazines. Je consulte ces archives par cédérom ou par Internet.

Lorsque j'ai besoin de pousser ma recherche plus loin, je me rends à la bibliothèque, où je peux consulter des magazines et des ouvrages spécialisés. Il faut bien connaître sa bibliothèque pour trouver rapidement ce que l'on cherche, mais il faut également faire preuve de patience, puisque les recherches peuvent parfois être infructueuses. Ensuite, je consulte des experts qui connaissent bien le sujet sur lequel je travaille. Je les trouve dans les universités, dans les entreprises, dans les bureaux gouvernementaux, dans les associations, dans les organismes communautaires ou ailleurs. Je dois déjà avoir quelques informations sur mon sujet avant de leur parler, afin de pouvoir poser les bonnes questions. Je prépare toujours mes questions avant de faire une entrevue et je prends des notes dans mon calepin ou j'enregistre la conversation.

Tu dois rédiger une courte interview fictive, à la manière du texte *Sommes-nous plus intelligents?* (*Corpus*, page 20), dans laquelle tu réinvestiras les apprentissages faits en lexique et en grammaire. La personne interviewée sera spécialiste du cerveau et de l'intelligence; elle aura fait des recherches fascinantes sur le cerveau et écrit un livre dont elle tient à parler.

POUR T'AIDER

1 Tu n'as pas à inventer complètement le contenu de l'interview. Des questions et des réponses (ou des parties de réponse) te seront fournies dans l'interview reproduite ci-dessous. Tu n'as qu'à les compléter.

POUR ÉCRIRE TON TEXTE

2 Lis d'abord en entier l'interview qui est présentée ci-dessous et aux pages 160 et 161.

3 Ensuite, relis le texte et, chaque fois que tu vois le pictogramme ✎, rédige des phrases ou des parties de phrase pour compléter la question ou la réponse. Tiens compte des consignes et des défis grammaticaux présentés dans la colonne de droite. Si tu ne peux faire cette activité au complet, choisis seulement cinq questions et réponses.

CONSEIL À chaque numéro, lis bien toutes les consignes de la colonne de droite avant de compléter les phrases.

L'INTERVIEW À COMPLÉTER	Consignes pour compléter l'interview

DÉFI GRAMMATICAL
- **Inclure** une subordonnée circonstancielle de conséquence dans la réponse du spécialiste et la **souligner**.

1 Monsieur le spécialiste, bonjour. Je dois d'abord vous dire que j'ai beaucoup apprécié votre livre, mais que je n'ai pas très bien compris l'intention que vous aviez en l'écrivant.

Je voulais faire comprendre **1**✎ *. Vous savez, dès mon jeune âge, j'étais tellement fasciné par* **2**✎ *.*

2 **Certaines personnes n'ont peut-être pas lu votre livre. Pouvez-vous nous expliquer brièvement pourquoi l'intelligence a été si importante pour la survie de l'espèce humaine ?**

D'abord, il faut dire **3** 🖉 *.*

- **Fournir** une longue explication (5 à 7 lignes).
- **Donner** des exemples.
- **Conclure** la réponse par une reformulation en quelques mots.

---

3 **Pourquoi dit-on que le cerveau est constitué de zones ? Que savons-nous sur ces zones ?**

Si vous êtes gaucher, c'est que **4** 🖉 *.*

- **Inclure** dans la réponse une brève description de la composition du cerveau.

---

4 **Dans votre livre, vous parlez abondamment des neurones. Qu'est-ce que c'est exactement ?**

Les neurones, **5** 🖉 *.*
Il faut prendre soin de ses neurones parce que **6** 🖉 *.*
Pour ce faire, il faut **7** 🖉 *.*

- **Donner** d'abord une définition des neurones.

DÉFI GRAMMATICAL
- **Inclure** une subordonnée circonstancielle de cause et la **souligner**.
- **Inclure** une subordonnée circonstancielle de but et la **souligner**.

---

5 **Pourquoi le sang est-il essentiel au cerveau ?**

Parce qu'il le nourrit. D'ailleurs, lorsqu'une personne est victime d'un anévrisme, c'est-à-dire **8** 🖉 *, elle* **9** 🖉 *. Le sang est tellement important que* **10** 🖉 *.*

- **Compléter** cette réponse en y insérant une définition.

DÉFI GRAMMATICAL
- **Compléter** la subordonnée circonstancielle de conséquence et **souligner** le subordonnant.

---

6 **Y a-t-il un lien entre la taille du cerveau et l'intelligence ?**

Oui et non. D'abord, si on compare le cerveau humain à ceux des autres espèces, on remarque que **11** 🖉 *. Si on le compare à celui des singes, de qui nous sommes proches,* **12** 🖉 *.*

Toutefois, si on compare les individus d'aujourd'hui entre eux, on constate d'abord que le cerveau humain pèse environ 1 500 grammes. Certaines personnes ont un cerveau plus petit. Anatole France et Walt Whitman avaient de petits cerveaux (920 grammes et 1 300 grammes, respectivement). Cela ne les a pas empêchés d'être de grands esprits. Il n'y a donc pas de lien entre la taille du cerveau et l'intelligence. Prenons un autre exemple. Si on compare le cerveau des hommes à celui des femmes, **13** 🖉 *.*

- **Compléter** les trois comparaisons.

DÉFI GRAMMATICAL
- **Inclure** au moins une subordonnée circonstancielle de comparaison en relation avec l'adverbe *aussi* et la **souligner**.

---

7 **Pourquoi le cerveau est-il supérieur à toutes les machines ?**

Si vous aviez lu le texte L'intelligence, *ou pourquoi on peut avoir un gros QI et une cervelle de moineau* dans le manuel Corpus, *vous verriez que l'émotion* **14** 🖉 *.*

Des chercheurs ont conclu que, pour imiter le cerveau humain, il faudrait créer une machine qui occuperait cent étages sur un territoire égal à la superficie du Texas. Aussi, **15** 🖉

- Continuer à **démontrer** pourquoi le cerveau est supérieur à toutes les autres machines.
- Donner un exemple pour appuyer l'explication.

DÉFI GRAMMATICAL
- **Inclure** une subordonnée circonstancielle de cause dans la démonstration et la **souligner**.

L'INTERVIEW À COMPLÉTER	Consignes pour compléter l'interview

8 **Pourquoi 16** 🖋 **?**

Parce que l'intelligence d'un seul individu n'est pas suffisante pour la survie de l'espèce. Nous jouissons d'une intelligence de l'espèce, une intelligence qui se transmet de génération en génération. Une seule personne ne pourrait avoir inventé la roue, l'avion, le vaccin contre la rage et l'ordinateur. Nos ancêtres nous ont transmis des inventions que nous améliorons et nos enfants inventeront à leur tour des choses à partir de ce qu'on leur a légué.

• **Compléter** la question.

---

9 **Je ne comprends pas très bien votre raisonnement. Pouvez-vous reformuler ?**

17 🖋

• **Reformuler** la réponse précédente en la résumant en une seule phrase.

---

10 **Changeons de sujet. Parlons des pathologies du cerveau, l'épilepsie, par exemple, qui 18** 🖋 **. Quelles en sont les causes ?**

*L'épilepsie, on la connaît de mieux en mieux, **19** 🖋 . Dans le but d'éviter ces crises, **20** 🖋 .*

Faire une courte recherche pour :
• **définir** l'épilepsie, pour l'expliquer;
• **décrire** les moyens de prévenir les crises d'épilepsie.

---

11 **Et la maladie d'Alzheimer, 21** 🖋 **?**

22 🖋

• Faire un exercice semblable à celui du numéro 10 pour **définir** cette maladie et en **préciser** les causes.

---

12 **Pour conclure, pourquoi affirme-t-on que les recherches sur le cerveau aboutiront à des découvertes incroyables ?**

*On prévoit des découvertes extraordinaires, puisque **23** 🖋 . En d'autres mots, **24** 🖋 .*

• **Répondre** à la question.
• **Utiliser** une reformulation pour conclure.

DÉFI GRAMMATICAL
• **Compléter** la subordonnée circonstancielle de cause et la **souligner**.

POUR CORRIGER TON TEXTE

4 Relis les phrases et les parties de phrase que tu as écrites et vérifie le contenu en utilisant les annotations pour mettre en évidence les éléments de l'explication (page 21) et les procédés explicatifs (page 28) que tu as utilisés. S'il y a lieu, apporte des modifications.

5 Applique les stratégies de révision développées dans la partie ***La jonction de phrases*** (pages 125 et 126) et, s'il y a lieu, corrige tes erreurs syntaxiques.

POUR PRÉSENTER TON TEXTE

Lorsqu'ils rapportent une interview, les journalistes ne retiennent pas tous les renseignements recueillis.

6 Dans le travail que tu as fait, choisis les cinq ou six questions qui seraient les plus susceptibles d'intéresser des lecteurs et des lectrices.

Transcris ces questions et ces réponses à la manière des interviews présentées dans ton manuel *Corpus* aux pages 20 à 23 et 51. Si tu le désires, insère des éléments iconographiques dans le texte.

**PRÊTER UNE ATTENTION PARTICULIÈRE
À LA PONCTUATION**

■ *La ponctuation* ■ *PAGES 128 À 139* ■

LE TÉMOIGNAGE D'UN EXPERT

Aldéric

*aime les casse-tête
au point de les collectionner.*

C'est en tentant de faire comprendre à mes élèves l'organisation des textes explicatifs et la cohérence textuelle que j'ai eu l'idée d'inventer un jeu. Un texte, pour moi, c'est comme un casse-tête assemblé : chaque phrase doit s'emboîter parfaitement.

C'est une véritable folie pour lui. Aldéric enseigne le français au secondaire. Il aime la langue française et il a eu l'idée d'inventer un jeu qui allie ses deux passions.

Tu dois assembler les morceaux des trois casse-tête qu'Aldéric a conçus. Tu reconstitueras ainsi trois textes explicatifs. Efforce-toi de surprendre Aldéric !

POUR T'AIDER

1 Regroupe les phrases ou les parties de phrase des casse-tête A, B et C de manière à reconstituer des textes cohérents.

CONSEIL Si tu le peux, transcris ces phrases sur des languettes de papier ; tu pourras ainsi les manipuler à ton aise.

Attention ! La ponctuation constitue un indice important pour assembler les morceaux.

Les pièces des casse-tête

Casse-tête A

① Traditionnellement, les cirques PRÉSENTER inévitablement des numéros avec des animaux.

② Finalement, un des facteurs importants dans le succès du cirque ÊTRE cette capacité à gérer sa croissance. Les dirigeants VIVRE certes des moments difficiles.

③ En effet, voir un spectacle du Cirque du Soleil PERMETTRE d'apprécier plusieurs formes d'art à la fois.

④ Les fondateurs DÉCIDER de ne pas faire appel à la gent animale.

⑤ Comment expliquer l'immense succès du Cirque du Soleil ?

⑥ Le public SÉDUIRE et les artistes VIVRE à l'intérieur même de la troupe le sentiment d'être respectés et d'être au premier plan. Par conséquent,

⑦ Il faut ensuite considérer que ce cirque SAVOIR mêler les genres.

⑧ C'est donc avec ce trait original que le Cirque du Soleil DÉBUTER :

⑨ Ils ne pas CONNAÎTRE encore d'échec financier. Admettons-le, les gens du cirque peuvent être de bons gestionnaires.

⑩ Il est impossible de trouver une seule explication.

⑪ On y MÊLER l'acrobatie, le théâtre et la musique. On DIRE d'ailleurs que les disques du Cirque du Soleil SE VENDRE à des dizaines de milliers d'exemplaires.

⑫ l'ambiance de création PERMETTRE de monter des spectacles extraordinaires.

⑬ Il S'AGIR plutôt d'un ensemble de facteurs.

⑭ mais de façon générale, ils SAVOIR investir des sous là où ça RAPPORTER.

Casse-tête B

① Puis, on PRÉSENTER des spectacles en Europe et au Japon. Leur succès à Las Vegas leur DONNER carte blanche pour monter un spectacle aquatique dans un théâtre conçu spécialement pour eux dans la ville du jeu.

② On POUVOIR comparer le succès du Cirque du Soleil à une boule de neige qui PRENDRE de l'expansion en roulant. C'est d'abord parce qu'il ACQUÉRIR une bonne réputation ici,

③ il ATTEINDRE une renommée suffisamment grande pour être invité à Las Vegas.

④ Bref, la petite balle de neige des débuts, à Baie-Saint-Paul, DEVENIR une grosse boule...

⑤ au Québec,

⑥ que le cirque POUVOIR se transporter en Californie. Ce succès le MENER ensuite à New York. De là,

Casse-tête C

① «Le spectacle ne pas ÊTRE un enchaînement de numéros présentés l'un à la suite de l'autre.»

② C'est après seulement que les numéros VENIR s'intégrer au concept.

③ c'est-à-dire comme une machine bien huilée qui DONNER l'impression de constituer un seul numéro. Le metteur en scène du Cirque du Soleil,

④ Dragone SOUHAITER une cohésion.

⑤ Franco Dragone,

⑥ qui, eux, SUCCÉDER à un mauvais clown.

⑦ *Saltimbanco,* par exemple, ABORDER brillamment le thème de la ville. Tout dans la conception de ce spectacle TENIR COMPTE de cette thématique. La costumière, l'éclairagiste, le scénariste, tous S'INSPIRER de la multitude de personnalités que l'on RETROUVER dans une ville.

⑧ Il EXISTER de mauvais metteurs en scène et de mauvaises troupes.

⑨ le cracheur de feu SUCCÉDER aux éléphants

⑩ Les spectacles qui MARCHER sont ceux qui CONCEVOIR comme un tout,

⑪ On DIRE même que certains artistes ne SE RENCONTRER jamais en dehors du chapiteau. Conséquemment, c'est tout le spectacle qui en SOUFFRIR.

⑫ Ils COPIER sans originalité et surtout ne FAIRE PREUVE d'aucune cohésion:

⑬ RÉSUMER bien cette idée dans le documentaire *L'Odyssée baroque*:

⑭ Ses spectacles AVOIR une ligne directrice, ils RESPECTER un thème.

⑮ Hélas! certains spectacles ne pas OFFRIR cette qualité.

2 Pour vérifier la cohérence des textes reconstitués :

A souligne les mots qui servent à les organiser et, s'il y a lieu, apporte des modifications ;

B examine les trois schémas ci-dessous et choisis celui qui convient à chacun des textes. Reproduis les schémas et inscris le numéro des phrases au bon endroit. S'il y a lieu, apporte des modifications à la reconstitution des textes.

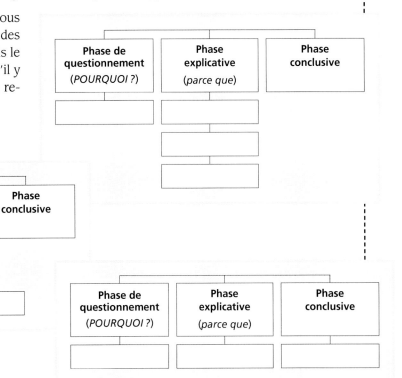

3 Quand tu auras la certitude d'avoir reconstitué les textes correctement, transcris les phrases ou les parties de phrase les unes à la suite des autres en respectant les consignes suivantes :

• dans le texte qui correspond au casse-tête A, remplace les mots *traditionnellement, par conséquent, ensuite, en effet* et *finalement* par des mots ou des expressions ayant le même sens ;

• accorde correctement les verbes en majuscules et prête une attention particulière à l'harmonisation des temps des verbes ;

• organise les phrases en paragraphes.

4 **Rédige un nouveau texte explicatif** d'environ 100 mots (10 lignes) dans lequel tu répondras à la question *POURQUOI le travail d'équipe est-il nécessaire dans une troupe comme celle du Cirque du Soleil ?*

5 Avant de transcrire au propre le texte rédigé au numéro 4, assure-toi qu'il est cohérent et qu'il contient des mots qui servent à l'organiser. Applique les stratégies de révision développées dans la partie **La ponctuation** (page 139).

6 Transforme ton texte en casse-tête à la manière d'Aldéric et soumets-le à tes camarades de classe.

**PRÊTER UNE ATTENTION PARTICULIÈRE
À L'ORTHOGRAPHE**

■ *La formation du féminin
et du pluriel de certains noms et adjectifs
Les adjectifs de couleur* ■ *PAGES 140 À 145* ■

LE TÉMOIGNAGE D'EXPERTS

René Dumont
est un agronome
mondialement reconnu.

Gilles Boileau
est professeur de géographie
à l'Université de Montréal;
il a siégé au BAPE
(Bureau d'audiences
publiques sur
l'environnement).

Ces deux scientifiques
engagés ont cosigné
le livre La Contrainte
ou la Mort *dans lequel
ils font un constat
alarmant de l'état de
la planète Terre.*

Le Québec est la province qui jouit des plus grandes surfaces en eau douce: 184 000 kilomètres carrés. C'est le tiers de la France; c'est un peu plus que le Bengladesh ou que la Tunisie, un peu moins que le Sénégal. À ce premier avantage, il faut ajouter le plus étendu et le mieux articulé des réseaux hydrographiques, axé sur le Saint-Laurent. Devant une richesse si exceptionnelle, on comprend encore mieux toute la portée de ce qu'écrivait Jean Brunhes, l'un des pionniers de la géographie française: «L'eau est pour un État et pour un peuple la souveraine richesse. Elle est l'aliment. Elle est l'engrais. Elle est sa force. Elle est sa route.»

[...]

On nous a toujours dit que «l'eau» était une richesse inépuisable parce que renouvelable. En vérité, nous sommes bien obligés de nous rendre compte, actuellement, qu'elle est peut-être moins «renouvelable» qu'on le pensait, juste à voir le niveau actuel des réserves derrière les grands barrages d'Hydro-Québec, notamment à Manic 5; ou à regarder le niveau et la qualité des eaux de certaines rivières et de nombreux lacs du Québec en plein été, au moment des étiages.

René Dumont et Gilles Boileau, *La Contrainte ou la Mort*,
© Éditions du Méridien, 1990.

Tu dois écrire six courts paragraphes de 5 à 10 lignes chacun, portant sur le thème de l'eau. Ton point de vue variera d'un paragraphe à l'autre. Voici les deux points de vue que tu devras successivement adopter.

Le point de vue
d'un ou d'une **écologiste en colère.**

Le point de vue d'une **personne sympathique**
qui fait de la **vulgarisation scientifique**
pour les enfants.

POUR TE PRÉPARER

1 Examine les graphiques, les schémas et les tableaux des pages 168 et 169. Essaie de les expliquer à tes camarades en les résumant en une phrase où tu feras ressortir tes connaissances sur l'eau et tous les problèmes liés à cette ressource.

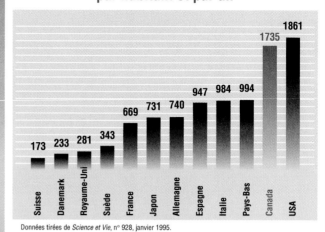

Nombre de m³ d'eau consommés
par habitant et par an

Suisse 173 · Danemark 233 · Royaume-Uni 281 · Suède 343 · France 669 · Japon 731 · Allemagne 740 · Espagne 947 · Italie 984 · Pays-Bas 994 · Canada 1735 · USA 1861

Données tirées de *Science et Vie*, n° 928, janvier 1995.

Prélèvement d'eau annuel par habitant dans dix pays (m³/h)

Pays	Total m³/h	Usages domestiques	Usages ind. et agr.	Pourcentage des ressources totales
Canada	1 752	193	1 559	1
Israël	447	72	375	88
France	728	116	612	22
Égypte	1 202	84	1 118	97
États-Unis	2 162	259	1 903	19
Suède	479	172	307	2
Arabie saoudite	255	115	140	164*
Chili	1 625	98	1 528	4
Iraq**	4 575	137	4 438	43
Madagascar	1 675	17	1 658	41

* L'excédent des précipitations naturelles est obtenu par le pompage de nappes fossiles et le dessalement de l'eau de mer, un processus très coûteux en énergie.

** Les données concernant l'Iraq datent d'avant la destruction du pays par les forces internationales, à l'hiver 1991.

Source : Banque mondiale, *Rapport sur le développement dans le monde, 1992*. *Le développement et l'environnement*, Washington, 1992; données tirées du tableau 33 «Forêts, aires protégées et ressources en eau».

Circulation des substances toxiques dans le milieu aquatique

Source : Environnement Canada, 1990a.

Usage global de l'eau

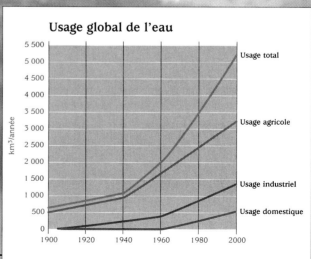

Source : Biwas A.K. et C. Tortajada, «Irrigation, Environment and Development». *Ecodecision* n°18, octobre 1995, p. 33-35.

Effets potentiels sur le milieu marin de diverses activités et sources de contamination

Activité ou source de contamination	Contamination bactérienne ou virale	Épuisement de l'oxygène	Toxicité	Bioaccumulation	Dégradation de l'habitat	Appauvrissement du biote	Détérioration des valeurs esthétiques
Prospection ou exploitation des réserves pétrolières et gazières		•	•	•	•	•	•
Immersion en mer	•	•	•	•	•	•	•
Travaux d'aménagement du littoral	•				•	•	•
Rejets d'eaux usées urbaines	•	•	•	•	•		•
Rejets des usines de pâtes et papiers	•	•	•	•			•
Transformation des aliments et boissons	•	•			•		•
Raffineries de pétrole			•	•			
Usines de chlore-alkalis			•	•			
Déchets miniers			•	•			•
Déversements et fuites de produits chimiques		•	•	•			•
Eaux de ruissellement des zones urbaines et agricoles	•	•		•			•
Déchets sauvages					•	•	•
Agriculture	•		•	•			•
Pesticides			•	•			
Émissions atmosphériques	•		•	•			

Source : Waldichuk, 1988 ; T.R. Parsons, Université de la Colombie-Britannique, communication personnelle ; D.J. Thomas, Seakem Oceanography Ltd., communication personnelle.

Population riveraine du Saint-Laurent desservie par une station d'épuration des eaux usées

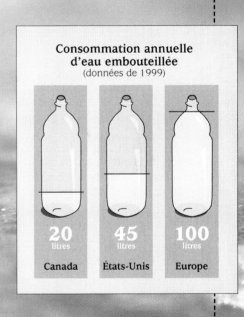

Consommation annuelle d'eau embouteillée
(données de 1999)

20 litres — Canada
45 litres — États-Unis
100 litres — Europe

Selon le magazine *Protégez-vous* de mai 1995,

40 % des Québécois et Québécoises consomment uniquement ou régulièrement de l'eau embouteillée.

2 Si tu le peux, enrichis la phrase que tu as écrite au numéro 1 en consultant d'autres sources de documentation sur l'eau. Fais des recherches à la bibliothèque ou sur le réseau Internet.

Des mots clés pour faire tes recherches sur Internet
EAU • POLLUTION • FLEUVE • LAC • GESTION • PRIVATISATION • AQUEDUC • ENVIRONNEMENT • ÉCOLOGIE • POTABLE • CONSOMMATION • GASPILLAGE

Des livres à consulter
• Claude Villeneuve, *Eau secours*, Éditions MultiMondes, 1996.

• J. Langevin, R. Lefebvre et C. Toutant, *Histoires d'eaux: tout ce qu'il faut savoir sur l'eau et l'hygiène publique*, Berger, 1997.

• Claude Villeneuve, illustrations de Frédéric Back, *Le fleuve aux grandes eaux*, Québec/Amérique, Société Radio-Canada, 1995.

Des sites Internet à consulter
• Site de la Biosphère de Montréal: biosphere.ec.gc.ca

• Site «L'eau: source de vie sur terre», Environnement Canada: www.ec.gc.ca/water/accueil.htm

Un documentaire à visionner
• *Le fleuve aux grandes eaux*, Frédéric Back, Société Radio-Canada, 1993.

3 **A** Parmi les schémas, les graphiques et les tableaux présentés dans les pages 168 et 169, choisis-en trois que tu comprends très bien. Formule pour chacun une phrase de type *POURQUOI?*

B Pour chaque question, rédige une phrase qui rend compte de l'essentiel des explications que tu désires donner.

4 Pour chacune des trois questions, rédige deux paragraphes explicatifs en adoptant deux points de vue différents: celui d'un ou d'une écologiste en colère et celui d'un vulgarisateur ou d'une vulgarisatrice scientifique. Auparavant, élabore un mini-plan de chaque paragraphe sur le modèle suivant:

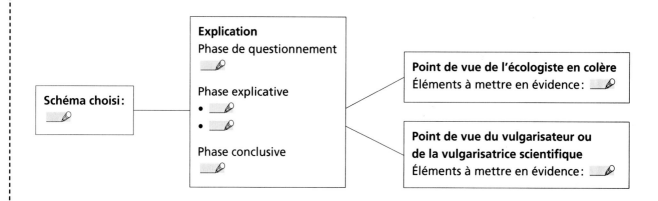

5

Lorsque tu adopteras le point de vue de l'écologiste en colère

- À la bibliothèque, consulte des livres écrits par des environnementalistes pour avoir des exemples du ton qui convient.

- Utilise un vocabulaire expressif et des termes scientifiques (pour montrer que tu sais de quoi tu parles).

- Utilise des pronoms et des déterminants possessifs de la première personne du pluriel (*nous, notre, nos, les nôtres,* etc.).

Lorsque tu adopteras le point de vue de quelqu'un qui écrit un texte de vulgarisation scientifique pour les enfants

- Consulte des magazines de vulgarisation scientifique pour avoir des exemples du ton qui convient.

- Utilise un vocabulaire plutôt neutre.

- Utilise le pronom *vous* ou le pronom *tu* pour t'adresser à tes destinataires.

- Utilise de nombreux procédés explicatifs. Donne des exemples concrets.

Attention ! Même si le texte s'adresse à des jeunes, évite un registre de langue trop familier.

6 Consulte la banque de mots sur l'eau que tu as élaborée au numéro 16 de la section *Lexique* (page 155).

7 Mets de la couleur dans ton texte : utilise au moins trois adjectifs de couleur et accorde-les correctement.

8 Assure-toi que tous tes paragraphes contiennent une phase de questionnement, une phase explicative et une phase conclusive.

POUR CORRIGER TON TEXTE

9 Relis tes six paragraphes et vérifie les points suivants **dans l'ordre** :

- chaque paragraphe contient les trois phases d'une explication ;

- chaque paragraphe exprime clairement un point de vue (stratégies de la page 74) ;

- le texte est cohérent ;

- les règles d'orthographe sur le féminin et le pluriel des noms sont respectées (voir les pages 140 à 145).

POUR METTRE TON TEXTE AU PROPRE

10 Reproduis les trois schémas, graphiques ou tableaux que tu as choisis et transcris sous chacun les deux explications qui s'y rapportent. Compare tes explications avec celles d'autres camarades qui ont choisi les mêmes sujets.

«Aujourd'hui, j'ai appris quelque chose.» À la fin de chaque journée d'école, tu devrais pouvoir te dire : «Aujourd'hui, j'ai appris quelque chose.» C'est du moins l'objectif que tu devrais te fixer. Les connaissances et les stratégies que tu as acquises sur le texte explicatif devraient d'ailleurs t'aider à mieux comprendre les matières scolaires autres que le français. On dit souvent que les élèves qui réussissent le mieux sont ceux et celles qui arrivent à établir des liens entre les différentes matières.

Tu dois faire un exposé oral à caractère explicatif qui portera sur une affirmation, un fait ou un phénomène lié à une matière scolaire autre que le français. Tu devras ensuite écrire un texte sur le même sujet.

PLANIFIER L'EXPOSÉ

EXPLORER LE SUJET **Connaissances** ■ *PAGE 20* ■

1 Tu dois choisir toi-même le sujet de ton exposé.

- Feuillette tes manuels scolaires et tes notes de cours .

- Choisis un sujet qui a été traité ou qui sera traité dans le cours de biologie, de géographie, de sciences physiques, etc.

CONSEIL Tu peux consulter l'enseignant ou l'enseignante de la matière qui t'intéresse.

2 Établis une fiche personnelle sur laquelle tu écriras :

- le nom de la matière scolaire retenue ;

- l'affirmation, le fait ou le phénomène à expliquer ;

- des questions de type *POURQUOI ?* ;

- quelques mots clés pour guider tes recherches.

Stratégies

Pour choisir un sujet

1 ▶Choisir un domaine qui nous intéresse.

2 ▶S'assurer que le sujet pourrait intéresser au moins cinq personnes de la classe.

3 ▶Évaluer s'il sera assez facile d'obtenir de la documentation sur le sujet.

4 ▶Feuilleter de nombreux livres et de nombreuses revues simplement pour le plaisir.

5 ▶Scruter les rayons de la bibliothèque.

6 ▶Dresser une liste de trois questions de type *POURQUOI ?* qui pourraient être développées.

3 Sur une fiche personnelle, note les éléments importants de la situation de communication dont tu devras tenir compte tout au long de la préparation de ton exposé.

Cette fiche devra contenir les éléments suivants:

• les destinataires;

• les caractéristiques des destinataires;

• la date de l'exposé;

• la durée de l'exposé;

• le type de présentation de l'exposé (en équipe ou individuellement).

SE DOCUMENTER

4 Lire sur le sujet

• Lis d'abord les manuels scolaires qui traitent du sujet choisi.

• Consulte ensuite d'autres ouvrages.

• Note tes découvertes sur des fiches semblables à la suivante:

SUJET:

Titre de l'ouvrage consulté:

Auteur ou auteure:

Maison d'édition: Année:

Pages consultées:

Renseignements (explications) à retenir:

Banque de mots:
• pour traiter du sujet:
• pour expliquer:

Procédés explicatifs à réutiliser:

Point de vue adopté:

Stratégies

Pour se documenter dans les livres

1 ▶ Consulter d'abord les dictionnaires afin de mieux cerner le sujet et de trouver des mots clés.

2 ▶ Consulter ensuite des encyclopédies générales.

3 ▶ Consulter enfin des ouvrages spécialisés (livres et revues) en utilisant les fichiers à la bibliothèque (sujets, titres, auteurs).

4 ▶ Ne jamais se contenter d'une seule lecture; cela empêche de dégager ce qui est vraiment important pour l'explication.

5 ▶ Prendre des notes pour chaque ouvrage consulté et les consigner sur des fiches documentaires.

6 ▶ Noter les paroles d'experts, d'expertes et de témoins qui semblent particulièrement intéressantes.

5 Consulter d'autres sources

Il n'y a pas que les livres et les revues! Tu peux aussi trouver de l'information sur le réseau Internet, dans des documentaires ou sur des cédéroms.

• Consulte au moins une autre source de documentation que l'imprimé.

• Note tes découvertes sur une fiche semblable à celle du numéro 4.

6 Note ton sujet sur une fiche personnelle qui contiendra les éléments suivants:

- la question de type *POURQUOI?* qui constituera la phase de questionnement de l'exposé;

- deux ou trois explications qui constitueront la phase explicative de l'exposé.

Stratégies

Pour préciser le sujet d'un exposé explicatif

Relire toutes les notes prises à l'étape de la documentation et:

1 ►choisir la question de type *POURQUOI?* sur laquelle on a le plus de documentation ou celle qui nous intéresse le plus;

2 ►formuler la question définitive à laquelle on tentera de répondre;

3 ►choisir, dans la documentation, deux ou trois explications qu'on développera et les résumer à l'aide de la conjonction complexe *parce que*.

Stratégies

Pour prévoir les éléments de l'organisation de l'exposé

1 ►Faire un bref résumé de chaque explication qu'on prévoit donner pour faire comprendre l'affirmation, le fait ou le phénomène qu'on veut expliquer.

2 ►Déterminer le mode d'organisation («énumération de causes», «cause / conséquence», «comparaison») des explications.

3 ►Élaborer le schéma explicatif de l'exposé selon l'un des modèles présentés aux pages 51 et 52.

4 ►Considérer la pertinence d'insérer une ou des séquences descriptives, narratives ou de discours rapporté.

5 ►Choisir des procédés explicatifs (définitions, reformulations, exemples, comparaisons, illustrations) qui pourraient mieux faire comprendre les explications en tenant compte des caractéristiques des destinataires.

7 Préciser les éléments de l'organisation

- Prends les décisions qui t'aideront à déterminer l'organisation de ton exposé à l'aide des stratégies ci-contre.

- Note les informations de manière à pouvoir les retrouver facilement lorsque tu élaboreras le plan de ton exposé.

CONSEIL Écris les informations sur de petits bouts de papier que tu pourras manipuler comme les pièces d'un casse-tête lorsque tu feras le plan de ton exposé.

8 Faire le plan détaillé de l'exposé

Attention ! Tu peux avoir ton plan en main lorsque tu présentes un exposé. Tu dois le considérer comme une bouée de sauvetage et le soigner tout particulièrement, car il te permet de te situer rapidement et de te rattraper si tu ne sais plus très bien où tu en es.

Élabore le plan de ton exposé en t'assurant que les renseignements sont faciles à repérer et à lire. Tu peux t'inspirer du modèle ci-dessous en remplaçant les exemples en italique par tes propres choix.

Dans ce modèle, les explications sont organisées selon le mode «énumération de causes». Tu dois l'adapter selon le mode d'organisation que tu as retenu pour ton exposé.

Pour faire le plan d'un exposé

1 ▶Regrouper les renseignements recueillis depuis le début de la planification de l'exposé.

2 ▶Déterminer l'ordre dans lequel les explications seront présentées.

3 ▶Déterminer comment présenter la phase de questionnement afin de susciter l'intérêt des destinataires.

4 ▶Décider si l'exposé contiendra une phase conclusive et en préciser le contenu.

5 ▶Prendre une grande feuille et élaborer le plan détaillé de l'exposé (voir exemple).

6 ▶Compléter le plan en style télégraphique, à l'aide de mots clés et d'abréviations.

7 ▶Choisir les mots qui serviront à organiser les explications et les mettre en évidence.

8 ▶Utiliser la couleur et le surlignement pour mettre en évidence les éléments importants du plan.

Plan d'un exposé à caractère explicatif

SUJET: *Le phénomène de l'érosion*

INTRODUCTION

Phase de questionnement

• *POURQUOI les caps marins s'effritent-ils ?*

DÉVELOPPEMENT

Phase explicative

1ʳᵉ EXPLICATION:

> • **d'une part, parce que** *l'eau de pluie, tout comme celle produite par la fonte des neiges, ruisselle jusqu'à la mer,* **ce qui a pour effet de** *dégrader le relief.*
>
> **Procédé explicatif:** *Exemple: La crue des eaux au printemps dans la Beauce.*
>
> → **Séquence de discours rapporté:** *Les premiers témoins.*

2ᵉ EXPLICATION:

> • **d'autre part, parce que** *la marée gruge les parois des caps,* **ce qui cause aussi** *la dégradation du relief.*
>
> → **Séquence narrative:** *Lors d'un voyage en Gaspésie, pendant les grandes marées du printemps...*
>
> **Procédé explicatif:** *Illustrations: Le rocher Percé avant, avec deux trous, et le rocher maintenant, avec un seul trou.*
>
> → **Séquence descriptive:** *Les deux aspects du rocher.*

CONCLUSION

Phase conclusive

> • *Le ruissellement de l'eau et les marées sont combinés.*
>
> • *Sur une longue période de temps, les caps s'effritent.*
>
> **Procédé explicatif:** *Schéma comme celui de la page 27.*

◻ Préparer des fiches-contenus

Prépare des fiches qui résumeront le contenu des parties importantes de ton exposé et que tu pourras utiliser lorsque tu feras ta présentation. Ces fiches devraient contenir les éléments suivants:

• manière d'introduire la partie;

• résumé du contenu;

• rappel du ou des procédés explicatifs;

• séquence à insérer, s'il y a lieu.

CONSEIL Prépare une fiche pour l'introduction, une pour la première explication, une pour la deuxième et une autre pour la conclusion.

PRÉVOIR DES SUPPORTS VISUELS

◻ Trouve un support visuel original pour accompagner ta présentation.

Stratégies

Pour trouver et présenter des supports visuels

1 ▶Écrire l'affirmation, le fait ou le phénomène à expliquer au tableau en présentant la phase de questionnement.

2 ▶Si le sujet le permet, tracer des schémas sur des cartons qu'on présentera au cours de l'exposé.

3 ▶Si le sujet s'y prête, utiliser une carte géographique.

4 ▶Apporter des objets à l'appui des explications présentées dans l'exposé.

5 ▶Apporter les livres ou les magazines consultés.

6 ▶Présenter des documents audiovisuels (transparents, enregistrement d'un témoignage, bande sonore, extraits de vidéo, etc.).

11 Lorsque tu feras ton exposé, il se peut très bien qu'on te pose des questions. Il faut donc te préparer à cette éventualité.

Pour maintenir l'intérêt de tes destinataires, prévois des moments où ils et elles pourront te poser des questions et d'autres où tu pourras leur en poser à ton tour pour t'assurer que tes explications sont bien comprises.

Stratégies

Pour prévoir des interactions avec les destinataires

1 ▶ Imaginer une liste de questions qui pourraient être posées et préparer une fiche par question.

2 ▶ Préparer les réponses à ces questions.

3 ▶ Si, au cours de l'exposé, personne ne pose ces questions, on peut les soulever en utilisant la formule *Vous vous demandez peut-être pourquoi...*

4 ▶ Préparer des formules qui permettent de répondre à une question dont on ignore la réponse, par exemple :

• *Je ne sais pas, mais je vais vérifier.*

• *Est-ce que quelqu'un connaît la réponse ?*

• *Il faudrait chercher dans ce livre, on en parle sûrement.*

• *À mon avis... mais il faudrait vérifier.*

• Etc.

5 ▶ Dresser une liste de questions qu'on aimerait poser aux destinataires pour vérifier leur compréhension.

S'EXERCER

12 Présente ton exposé à un parent ou à un ou une camarade. Demande à cette personne de t'écouter et de t'indiquer les points à améliorer.

Stratégies

Pour s'exercer

1 ▶ Observer des présentateurs et des présentatrices à la télévision.

2 ▶ Enregistrer son exposé sur une vidéocassette ou sur une cassette audio et l'écouter. Noter les points à améliorer.

3 ▶ Présenter son exposé devant des gens qui peuvent nous aider.

4 ▶ Faire son exposé devant un miroir.

5 ▶ Déterminer le temps à allouer à chaque partie de l'exposé : la phase explicative doit être la plus longue.

6 ▶ Dresser une liste de trois points auxquels il faudra faire particulièrement attention lors de la présentation de l'exposé en classe, par exemple :

• Être plus dynamique.

• Faire des pauses.

• Mieux se documenter.

• Ne parler ni trop lentement ni trop vite.

• Regarder l'auditoire.

• Utiliser un vocabulaire mieux adapté à la situation de communication.

• Éviter certaines tournures de phrases ou certains mots trop familiers.

CONSEILS

1. Lorsque tu présentes un exposé, assure-toi :
   • d'utiliser un débit (vitesse) adéquat;
   • d'articuler correctement;
   • de parler assez fort.

2. Regroupe les documents que tu peux avoir à consulter pendant l'exposé et ordonne-les de la manière suivante :
   • d'abord le plan;
   • ensuite les fiches-contenus et les autres documents dans l'ordre de présentation.

FAIRE L'EXPOSÉ ET S'ÉVALUER

Si tu as bien suivi toutes les étapes, tout devrait bien se passer.

13 S'évaluer et évaluer les autres

Écoute attentivement les exposés des élèves. Pose des questions. Prends des notes sur leurs forces et leurs faiblesses.

Attribue une cote de 1 à 10 pour chaque critère d'évaluation. Cela t'aidera sûrement à améliorer ta propre présentation puisqu'elle sera évaluée à partir de ces critères.

CRITÈRES D'ÉVALUATION

La situation de communication

1. L'information transmise permet de bien comprendre les explications de l'affirmation, du fait ou du phénomène.

2. L'information tient compte des caractéristiques du destinataire et de ses réactions.

3. Les propos suscitent de l'intérêt chez son destinataire:

   • par le choix des mots et des structures de phrases;

   • par le choix des éléments non linguistiques (intonation, débit, volume, gestes, support visuel).

La cohérence

4. Les marques nécessaires à la compréhension de l'explication sont présentes.

5. Le point de vue est maintenu.

6. Le registre de langue est adapté aux exigences de la situation de communication.

14 Évaluer sa démarche

Reproduis une fiche semblable à la suivante et remplis-la afin d'évaluer tes résultats et d'identifier les éléments que tu devrais améliorer la prochaine fois.

ÉVALUATION DE LA DÉMARCHE

Le sujet

1. Le sujet que j'avais choisi était (trop difficile/assez difficile/trop facile) ___ 🖊 .

2. Je m'étais (suffisamment/insuffisamment) ___🖊 documenté (ou documentée).

L'exposé

3. Je suis (très/plus ou moins/très peu) ___🖊 satisfait (ou satisfaite) de mon exposé parce que ___🖊 .

Le résultat

4. Quel résultat as-tu obtenu pour ton exposé oral ? ___🖊

5. A) Les deux critères pour lesquels j'ai obtenu les plus hautes notes: ___🖊

   B) Les deux critères pour lesquels j'ai obtenu les plus basses notes: ___🖊

La prochaine fois

6. Voici les stratégies que j'aurais pu utiliser pour éviter mes plus basses notes: ___🖊

PRÊTER UNE ATTENTION PARTICULIÈRE AU PROCESSUS D'ÉCRITURE

Et si l'exposé oral que tu viens de présenter devenait un article de journal ou un document sur Internet, comme cela se produit souvent dans le monde de l'information ?

Émission du 28 septembre 1997.

• Certaines émissions de télévision de vulgarisation scientifique font parfois l'objet d'un site sur le réseau Internet. On y fait généralement le compte rendu de ce qui a été dit sur les ondes.

18h30 / ② ⑨ ⑬
DÉCOUVERTE *321460*
Les plus récents développements en matière de sciences pures ou appliquées, de technologies et de médecine. (1h) Redif. mardi, 23h28. ⬚

• *Le fleuve aux grandes eaux,* cet excellent film de Frédéric Back, trouve écho dans un livre fort documenté sur l'histoire et la situation actuelle du fleuve Saint-Laurent.

Tu dois maintenant écrire un texte explicatif d'environ 300 mots (30 lignes) à partir de l'exposé oral que tu as fait précédemment.

Avant d'écrire ton texte, fais une évaluation de ton exposé en vérifiant les points suivants :

1. Demande à tes camarades de classe de porter un jugement sur les explications que tu as fournies dans ton exposé en précisant celles qui étaient claires et celles qui mériteraient d'être améliorées.

2. Interroge tes camarades pour savoir si tes explications ont été bien comprises.

3. L'organisation de ton exposé était-elle facile à saisir ?

4. Ton point de vue était-il approprié ? Était-il trop neutre ? Trop expressif ?

5. As-tu utilisé un vocabulaire approprié ? As-tu défini certains termes pour aider ton auditoire à bien te comprendre ?

6. As-tu utilisé des mots acceptables à l'oral, mais qu'il vaudrait mieux éviter à l'écrit ? Si oui, lesquels ? Par quels mots les remplaceras-tu ?

7. Quels renseignements présentés dans ton exposé reprendras-tu dans ton texte ?

1. Constitue une banque de mots liés à ton sujet. Reprends les mots clés de ton exposé et complète ta banque avec des mots que tu n'as pas utilisés et que tu tiens à inclure dans ton texte. Cette banque peut contenir des mots de toutes sortes :

- des mots qui présentent le contenu ;

- des mots qui servent à organiser l'explication ;

- des mots pour exprimer le point de vue ;

- etc.

2. Reprends le plan de ton exposé et modifie-le de manière à pouvoir organiser des paragraphes. Les paragraphes n'existent pas à l'oral, mais ils sont très importants à l'écrit parce qu'ils indiquent l'organisation du texte.

N'oublie pas que tu dois écrire un **texte explicatif** qui comportera trois phases importantes : la phase de questionnement, la phase explicative et la phase conclusive.

Si tu le peux, demande à un ou une camarade de lire ton texte après chaque étape importante (introduction, développement, conclusion) et de t'indiquer les aspects que tu devrais améliorer. Si tu ne peux pas t'adresser à un ou une camarade, relis ton texte après chaque étape afin de réagir rapidement s'il est incohérent.

APRÈS AVOIR ÉCRIT

1. Discute avec tes camarades de classe de la différence entre faire un exposé oral et écrire un texte.

• Quelles ont été leurs difficultés ?

• Qu'est-ce que tu devras améliorer la prochaine fois ?

• Retires-tu plus de satisfaction de ton exposé oral ou de ton texte ? Pourquoi ?

• À la lumière de cette expérience, où crois-tu que tu aurais le plus de chances de travailler : dans une station de radio ou pour un journal ou un magazine ?

2. Comme le sujet du texte est lié à une matière scolaire de troisième secondaire, il pourrait peut-être intéresser l'enseignant ou l'enseignante de cette matière. Tu pourrais donc transcrire ton texte et lui remettre la copie.

Écris un petit mot de présentation pour expliquer ta démarche à ton enseignant ou à ton enseignante et joins-le à ton texte.

D'un livre à l'autre

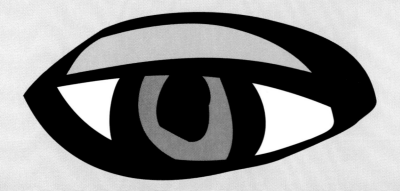

Si l'intelligence, la mémoire, la créativité et la réussite t'intéressent...

RÉUSSIR

RÉUSSIR, c'est d'abord éprouver le sentiment personnel d'avoir acquis de nouvelles connaissances ou d'avoir développé des compétences.

En classe de français, c'est parfois être capable de prouver à son enseignant ou à son enseignante qu'on a acquis ces connaissances et développé ces compétences.

L'étape RÉUSSIR que tu entreprends maintenant te permettra :

- de te prouver à toi-même que tu sais lire et écrire un texte explicatif, et faire un exposé oral à caractère explicatif;

- d'acquérir des connaissances et des techniques auxquelles tu auras recours pour prouver tes compétences à ton enseignant ou à ton enseignante.

Si tu évaluais **maintenant** ta compétence à lire un texte explicatif, **quelle note** t'attribuerais-tu ?

Tu auras à subir une épreuve où tu devras prouver que tu sais lire un texte explicatif. Voici une démarche pour t'aider à la réussir.

LES HAUTS ET LES BAS D'UNE ÉPREUVE DE LECTURE

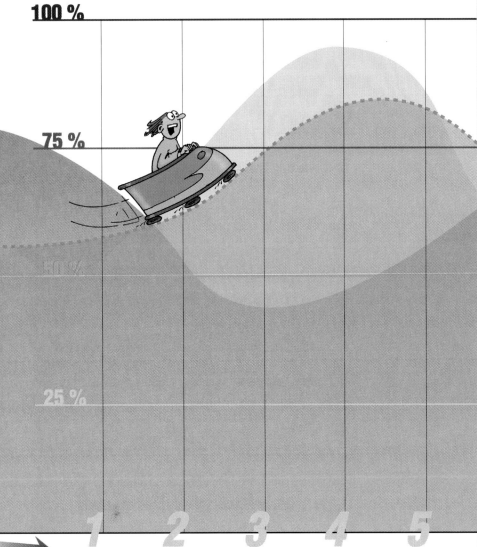

100 %

75 %

50 %

25 %

1	2	3	4	5
Note anticipée avant l'épreuve	**Note anticipée** après avoir lu le texte	**Note anticipée** après avoir répondu à la majorité des questions	**Note obtenue**	**Note anticipée** pour la prochaine épreuve

Dans les pages qui suivent, prête une attention particulière à la rubrique *Des trucs pour réussir* qui accompagne les consignes. Elle contient des conseils et des stratégies qui devraient t'amener à la réussite.

Reproduis le graphique *Les hauts et les bas d'une épreuve de lecture*. Chaque élément de l'abscisse correspond à un moment de la démarche où tu auras à évaluer sur 100 la note que tu penses obtenir pour l'épreuve de lecture. Ces moments seront signalés à l'aide du symbole .

À la fin de l'épreuve, tu pourras alors interpréter la courbe de ton graphique.

Inscris sur le graphique la note que tu penses obtenir pour cette épreuve.

La clé du succès

La clé pour réussir une épreuve de lecture, c'est de bien comprendre les consignes. Prends dès maintenant connaissance de la fiche *Pour comprendre les consignes d'une épreuve de lecture d'un texte explicatif*, à la page suivante. Tu y trouveras des techniques d'analyse qui t'aideront à atteindre cet objectif.

Pour bien comprendre les consignes d'une épreuve de lecture d'un texte explicatif

CONSIGNES	RÉPONSES ATTENDUES	POUR RÉUSSIR... Relire la consigne et répondre aux questions qu'elle soulève.
• Associe...	Deux ou plusieurs éléments	• QUE faut-il **associer** ? Des personnes **et** des caractéristiques, des noms de lieu **et** des événements, des actions **et** des personnes ?
• Compare... • Fais un rapprochement, un parallèle...	Des ressemblances et des différences	• QUE faut-il **comparer** ? • COMMENT faut-il **comparer** ? À l'aide de passages du texte **ou** dans ses propres mots ?
• Élabore...	– Un plan – Un schéma – Un organisateur graphique	• COMMENT faut-il **élaborer** ? À l'aide de passages du texte **ou** dans ses propres mots ? • QUE faut-il **représenter** ?
• Énumère...	Des éléments	• QUE faut-il **énumérer** ? Des personnes, des verbes, des extraits ? • COMBIEN d'éléments doit-on **énumérer** ?
• Explique...	Un raisonnement	• QUE faut-il **expliquer** ? Reformuler la consigne à l'aide du mot interrogatif *POURQUOI*. • COMMENT faut-il **expliquer** ? Formuler la réponse à l'aide des mots de la question et de *parce que*.
• Justifie... • Prouve...	Une ou des raisons	• QUE faut-il **justifier** ou **prouver** ? • COMMENT faut-il **justifier** ou **prouver** ? À l'aide de passages du texte **ou** dans ses propres mots ?
• Reformule...	Une phrase écrite dans ses propres mots	• QUE faut-il **reformuler** ? Une affirmation, un fait, une cause, une conséquence, un exemple ? • POURQUOI faut-il **reformuler** ? Pour mieux comprendre une explication **ou** pour la résumer ?
• Relève... • Trouve... • Précise...	Des passages du texte	• QUE faut-il **relever, trouver** ou **préciser** ? • COMBIEN de passages faut-il **relever** ou **trouver** ? • OÙ (dans quelle partie du texte) faut-il **relever** ou **trouver** ? • POURQUOI faut-il **relever** ou **trouver** ?
• Rédige... • Formule...	– Un énoncé – Une phrase – Un paragraphe	• QUE faut-il **rédiger** ou **formuler** ? Un énoncé, une phrase, un paragraphe ? • POURQUOI faut-il **rédiger** ou **formuler** ? • COMMENT faut-il **rédiger** ou **formuler** ?
• Reproduis et remplis ou complète...	– Un plan – Un schéma – Un organisateur graphique	• QUE faut-il **reproduire** et **remplir** ? • COMMENT faut-il **remplir** ? À l'aide de passages du texte **ou** dans ses propres mots ?
• Résume...	Un texte concis	• QUE faut-il **résumer** ? • COMMENT faut-il **résumer** ? En quelques mots, en quelques lignes, en quelques phrases ?
• Pourquoi...?	Une explication	• QUE faut-il **expliquer** ? • COMMENT faut-il **expliquer** ? Répondre à l'aide des mots de la question et de *parce que*.
• Quel...? Quels...? Quelle...? Quelles...?	Un ou des éléments	• QUE FAUT-IL TROUVER ? Trouver le ou les mots clés de la consigne. **Attention !** Un mot clé peut être formé d'un ou de plusieurs mots (ex.: phase explicative, mode d'organisation).

PRÉPARATION
À L'ÉPREUVE DE LECTURE

« Le stress ? » dites-vous...

Qu'est-ce que le stress ? Comment le stress agit-il sur les êtres humains ? Le stress est-il normal ? Pour te préparer à l'épreuve de lecture d'un texte explicatif sur ce sujet, tu liras quelques textes qui te permettront d'enrichir tes connaissances sur le stress.

CONSIGNE DE LECTURE

Ton enseignant ou ton enseignante déterminera le nombre de jours dont tu disposeras pour lire les textes de ton dossier de préparation (pages 189 à 194). Au fil de ta lecture, prends des notes afin de retenir certains renseignements importants qui te permettront de compléter l'organisateur graphique qui suit et que tu pourras consulter pendant ton examen de lecture.

Les lectures que tu feras te permettront aussi de mieux comprendre le texte de l'épreuve.

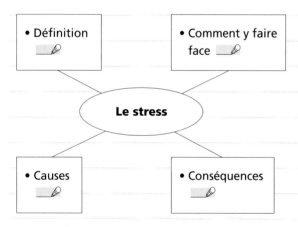

CONSEIL Lis attentivement les textes du dossier de préparation, car il est possible qu'on te demande de les comparer avec le texte de l'épreuve de lecture que tu subiras.

La préparation

- **Analyse** le texte de gauche de manière à bien cerner les raisons pour lesquelles tu dois lire des textes sur le stress.

- Si tu le peux, annote les textes du dossier de préparation de manière à mettre en évidence les éléments dont tu auras besoin pour compléter l'organisateur graphique.

- Lorsque tu prends des notes, n'écris pas des phrases complètes. Adopte plutôt un style télégraphique. Utilise des abréviations (voir la page 89).

- **Organise** tes notes de manière à pouvoir t'y retrouver. Utilise l'un des moyens donnés en exemple ci-dessous ou invente-en un.

  Ex. 1 : L'organisateur graphique que tu dois élaborer comprend quatre volets.

  Divise une feuille en autant de sections dans lesquelles tu inscriras tes notes.

Définition	Comment y faire face
Causes	Conséquences

  Ex. 2 : Reproduis l'organisateur graphique en grand format et inscris-y tes notes.

Surveillance policière au cours du défilé de la coupe Stanley, à Montréal, en 1993, aux lendemains de l'émeute qui a suivi la victoire des Canadiens.

Qu'est-ce que *le stress* ?

On a souvent dit que le stress était le mal du XXᵉ siècle ! Qui n'a pas entendu quelqu'un se plaindre que le stress l'empêchait de fonctionner normalement ? Mais sait-on exacte-
5 ment ce qu'est le stress ?

Hans Selye, un chercheur canadien, a été le premier, dans les années 1970, à définir scientifiquement le stress. Dans son livre *Le stress sans détresse,* publié en 1974, on peut lire que «le stress
10 est la réponse non spécifique que donne le corps à toute demande qui lui est faite».

Ce scientifique a prouvé que le corps humain est constitué de telle sorte qu'il peut se défendre contre la plupart des agressions qu'il doit subir dans la
15 vie quotidienne. Ainsi, lorsque nous sommes exposés au froid, nos frissons produisent de la chaleur et contractent nos vaisseaux sanguins pour permettre à notre corps de conserver sa chaleur.

De même, lorsque nous sommes exposés à de
20 fortes températures, notre corps est programmé pour se défendre en produisant de la transpiration, laquelle a un effet rafraîchissant. Par ailleurs, lorsque le corps est soumis à un effort musculaire inhabituel, le rythme cardiaque s'accélère, la ten-
25 sion artérielle s'élève et les vaisseaux sanguins des muscles se dilatent pour augmenter l'afflux sanguin.

Grâce à ses recherches, le docteur Selye a découvert qu'il arrive parfois que la demande faite
30 à notre corps dépasse ses limites normales d'adaptation : c'est alors que survient une situation stressante. Tout ce qui s'écarte, en fait, de nos habitudes quotidiennes peut être source de stress parce que ces situations exigent une réponse non spéci-
35 fique (inhabituelle) du corps humain. Hans Selye a ainsi prouvé que, contrairement à ce qu'on pensait,

le stress n'est pas uniquement une réaction psychologique, mais qu'il implique aussi et surtout des réactions physiologiques du corps 40 humain.

Des êtres humains qui s'affrontent, des athlètes qui se dépassent, des créateurs et des créatrices qui doivent présenter leur production, des personnes qui font un travail mono- 45 tone ou qui ont un horaire de travail exigeant, des élèves en situation d'évaluation, etc., tous ces gens vivent des situations qui demandent au corps humain une adaptation génératrice de stress. On ne peut donc, en aucune façon, 50 éviter le stress: il est l'expression même de notre statut d'êtres vivants!

Ce que le stress n'est pas...

► Le stress n'est pas seulement de la tension nerveuse.

► Le stress n'est pas toujours le résultat d'un dommage.

► Le stress n'est pas à éviter.

► L'absence complète de stress est la mort.

(Hans Selye)

LE STRESS DE LA VICTOIRE

Donovan Bailey brisant le record du 100 m aux Jeux olympiques d'Atlanta, en 1996.

Dr Hans Selye

stress sans détresse

Hans Selye (1907 – 1982). Médecin canadien d'origine autrichienne, il a décrit le stress. Il a particulièrement étudié les modifications psycho-physiologiques consécutives à un choc violent (traumatique ou opératoire), qui occasionnent un état de tension aiguë de l'organisme obligé de se défendre. Il a appelé cette tension le stress.

Le stress
des retrouvailles

Elle [tante Imelda] incline légèrement la tête et contemple ses longues mains blanches posées sur ses genoux comme deux poissons morts. Elle inspire profondément comme pour se donner du courage et me regarde de nouveau, droit dans les yeux.

— Ta sœur Michèle m'a téléphoné. Elle voudrait te rencontrer le plus tôt possible.

5 Même sous le coup de la surprise, ma réponse est froide et impassible.

— Pourquoi ? Moi, je n'y tiens aucunement.

— Elle m'a parlé d'un document concernant ta famille que des gens avaient découvert et qu'ils voulaient lui remettre. Elle veut que tu sois présent.

— Après vingt ans, ma chère sœur se rappelle enfin que j'existe et croit qu'un coup de télé-
10 phone suffit pour que j'accoure ?

— Julien, c'est ton unique sœur ! Pourquoi toujours cette dureté, cette amertume ? Tu ne connais rien des circonstances qui expliquent pourquoi Michèle a choisi de ne pas maintenir de liens avec toi.

— Elle était tout pour moi quand j'étais enfant, la seule lueur dans la grisaille. Elle le savait.
15 Était-ce si compliqué de m'écrire quelques mots pour expliquer son absence ?

— Si tu allais le lui demander de vive voix ?

La seule pensée de retourner à Sherbrooke me hérisse. Je n'ose regarder ma tante Imelda. Soudain pris d'assaut par tant de souvenirs refoulés, je me sens vaciller de l'intérieur. De brèves visions m'assaillent : Michèle qui sanglote effondrée sur son lit, mon père à genoux qui supplie
20 ma mère de lui pardonner en hoquetant, ma mère qui hurle comme une démente : «Va-t'en ! maudite charogne, maudit dénaturé. Va-t'en avant que j'mette la police après toé !» Puis le long corridor de l'orphelinat où tante Imelda m'a trouvé un refuge. Moi qui pleure la nuit dans un petit lit en métal, aligné à côté de dizaines d'autres petits lits semblables...

— Pourquoi n'es-tu jamais retourné voir ta sœur ?

25 — Je n'ai jamais... trouvé le temps...

— Tout de même, Julien ! Tu habites Québec ! Moins de trois heures d'autobus.

Comme une planche de salut me vient à l'esprit l'image fugace du modeste appartement que j'occupe rue Couillard, non loin du Petit Séminaire. Je vois mon monstrueux schefflera que je dorlote et qui masque la fenêtre du salon devant le rideau blanc opaque. La pluie cendre un
30 ciel d'après-midi derrière les maisons du Vieux-Québec... Là le temps s'arrête, là est le bon-
heur. La perspective de quitter mon havre, ma retraite la plus chère, me donne la nausée.

Tante Imelda me ramène à la réalité.

— Julien, écoute-moi. Qui que l'on soit, il faut un jour ou l'autre régler les choses du passé. Chacun de nous doit se délester du poids qui l'empêche de progresser dans la vie.

35 Je hoche la tête. Incertain.

— Je vais y penser...

Claude Daigneault, *L'enfant qui rêvait d'être un arbre*,
© Les Éditions Logiques, 1998.

Système immunitaire et stress vont de pair

Des recherches prouvent que la tension psychologique affaiblit les défenses du corps

■ MONTRÉAL (PC) — Intuitivement, nous sentons tous qu'une pression psychologique intense et prolongée nous rend plus vulnérable. Dans la littérature scientifique, certaines recherches font état des répercussions du stress psychologique sur la fonction immunitaire.

D'autres études démontrent qu'une bonne gestion du stress a un effet bénéfique sur le système immunitaire. Cependant, il n'est pas prouvé scientifiquement que la gestion du stress guérisse une infection ou le cancer.

Une technique simple de méditation: fermez les yeux et observez simplement vos respirations, l'une après l'autre, pendant dix ou vingt minutes. «Le rythme de notre respiration change constamment, écrit le scientifique Jon Kabat-Zinn, directeur d'une clinique d'éducation du stress au Centre médical de l'Université du Massachusetts. Cela nous apprend à nous habituer au fait que tout change sans cesse.

Dans les années 1970, les chercheurs Robert Ader et Nicholas Cohen, de l'Université Rochester, ont été parmi les premiers à démontrer un lien crucial entre le système immunitaire et le cerveau (chez le rat).

De nombreuses expériences effectuées sur les animaux ont démontré le lien entre un stress incontrôlable et un déficit de la fonction immunitaire, associé à une diminution de la résistance au cancer.

«Cela représente une importante interconnexion entre le cerveau et le système immunitaire, et fournit un modèle plausible pour expliquer comment nos pensées et nos émotions peuvent influencer notre susceptibilité ou notre résistance à la maladie», explique M. Kabat-Zinn.

Des collègues de ce chercheur, les docteurs Janice Kielcot-Glaser et Ron Glaser, ont démontré que des étudiants en période de stress intense avaient une diminution d'une classe de globules blancs nommés cellules tueuses. Les mêmes chercheurs ont démontré aussi que le sentiment de solitude, la séparation ou le divorce sont souvent associés à un affaiblissement du système immunitaire.

Enfin, ils ont démontré que la pratique régulière de techniques de relaxation peut avoir des effets positifs sur le système immunitaire.

«Toutefois, on doit s'engager dans la relaxation, la visualisation ou la méditation comme dans un mode de vie, une façon d'être... On pratique ces activités pour le seul intérêt de la chose, pour le bien-être qui en découle», ajoute-t-il.

On peut cependant décharger un peu ce pauvre système immunitaire en limitant les agressions chimiques: aliments frits ou contenant des additifs chimiques, fumée du tabac (la sienne ou celle des autres), etc. Ensuite on peut mettre l'accent sur certains aliments particulièrement importants pour le système immunitaire. «Dans l'ordre, je dirais: les protéines (viande, volaille, œufs, poisson, fromages), le zinc (huîtres, foie, viande rouge, grains entiers), les antioxydants, le fer et, plus généralement, une alimentation qui fournit assez d'énergie. S'il n'y a pas assez de glucides et de lipides dans l'alimentation, l'organisme utilise les protéines comme carburant au lieu de les garder pour construire les cellules», résume le nutritionniste Michel Sanscartier, de l'Institut universitaire de gériatrie de Montréal. M. Sanscartier se spécialise dans le vieillissement et l'impact de la nutrition sur la protection du système immunitaire. Le zinc, explique-t-il, est nécessaire à l'enzyme qui fabrique l'ADN pour multiplier les cellules immunitaires. Quant aux antioxydants, comme les vitamines A et E, le sélénium et la vitamine C, ils maintiennent l'intégrité des parois de ces cellules.

Le Soleil,
6 décembre 1998.

Charles Dutoit, chef de l'Orchestre symphonique de Montréal.

LE STRESS DU CRÉATEUR

Le stress,
ennemi de la mémoire ?

L'exposition à un stress prolongé endommagerait le cerveau.

Le stress peut-il détruire la mémoire ? C'est l'hypothèse sérieusement envisagée dans la dernière livraison de la revue américaine *Science*. Le chercheur
5 Robert Salpolsky y défend en effet, courbes à l'appui, une théorie qui pourrait révolutionner la conception existante du stress. Selon lui, l'exposition à un stress prolongé endommagerait une structure
10 de notre cerveau, appelée hippocampe, essentielle aux facultés d'apprentissage et de mémoire. Par quel mécanisme ? L'hippocampe est riche en récepteurs aux glucocorticoïdes, hormones sécrétées au
15 cours du stress, tout comme l'adrénaline, par la glande surrénale. Chez l'animal, un excès de glucocorticoïdes provoque une atrophie de l'hippocampe, réversible si cela dure quelques semaines, mais per-
20 manente au-delà de plusieurs mois.

Or plusieurs études récentes chez l'homme semblent confirmer cet effet. L'une d'elles concerne les personnes dépressives, dont on sait que la moitié environ présentent
25 une sécrétion élevée de glucocorticoïdes pendant leur maladie. Une atrophie significative de l'hippocampe par rapport aux sujets indemnes a été remarquée chez ces sujets, plusieurs années après leur
30 dépression, à l'examen du cerveau par résonance magnétique nucléaire.

D'autres études ont constaté la même atrophie chez des vétérans du Viêt-nam ayant souffert de stress post-traumatique
35 et chez des adultes ayant subi dans leur enfance des abus sexuels.

L'autre pièce importante du dossier est l'atrophie de l'hippocampe observée chez les personnes qui ont un excès patho-
40 logique de sécrétion de glucocorticoïdes (maladie de Cushing), affection qui s'accompagne de troubles de la mémoire et de l'apprentissage. Mais l'anomalie, dans ce cas, est réversible sous traitement.

45 L'hypothèse de Robert Salpolsky mérite cependant d'être confirmée. Il faut donc l'accueillir pour l'heure avec sang-froid et... sans trop de stress.

Nelly Torrent, *Le Point*, n°1247, 10 août 1996.

Une usine
de chaussures
au Brésil.

Douze moyens pour faire face
au stress

■ Voltaire a écrit: «La plupart des hommes vivent leur vie dans un paisible désespoir.» Autrement dit, dans un stress constant dont ils essayent de s'accommoder du mieux qu'ils le peuvent. Mais il existe divers moyens de faire face au stress, de façon à le contrôler plutôt que de se laisser contrôler par lui. En voici douze:

1 Soyez réaliste à l'endroit de la solution que vous choisissez: certains conseils que l'on pourrait vous prodiguer n'auront aucune valeur dans votre cas. On recommande parfois aux personnes en état de stress de manger des flocons d'avoine et de dormir plus; mais si votre épouse est partie avec votre meilleur ami, une tonne de flocons d'avoine ne vous rendra pas la sérénité, et si vous perdez votre emploi et que vos enfants n'ont plus rien à manger, loin de dormir plus qu'avant, vous dormirez probablement encore moins. Il existe toutes sortes de problèmes qu'aucun psychiatre ne peut résoudre: une femme acariâtre qui aurait dû épouser quelqu'un d'autre; un patron stupide qui n'aurait jamais dû être promu. La solution idéale sera peut-être alors de gagner le gros lot à la loterie, de voir soudain votre patron terrassé par une crise cardiaque ou de placer un océan entre votre femme et vous, mais il vaut mieux apprendre à distinguer le possible de l'impossible.

2 Conservez le sens de l'humour. C'est une arme redoutable pour lutter contre le stress, et si vous la perdez, tout est perdu. Certaines entreprises l'ont bien compris, puisqu'elles ont élaboré des programmes humoristiques qui aident les employés à relaxer dans des situations stressantes.

3 Évitez de considérer certains problèmes comme une «catastrophe». Essayez de vous convaincre que le verre est à moitié plein plutôt qu'à moitié vide.

4 Ne vous précipitez pas sur les pilules dès que quelque chose va mal. Oliver Wendell Holmes a écrit judicieusement que la plupart des pilules devraient être jetées dans l'océan. «Les poissons s'en porteraient indubitablement plus mal, mais l'humanité s'en porterait mieux.»

5 Faites de l'exercice: l'exercice accroît la production de l'endorphine, une substance qui aide à surmonter la dépression qui accompagne si souvent le stress.

6 Apprenez à vivre avec moins. Vous vous apercevrez que vous pourrez survivre en conduisant par exemple une Ford Escort au lieu d'une Audi Quattro...

7 Attaquez-vous à votre problème de la façon dont un chirurgien s'attaque à un abcès – par une rapide incision. Et si vous dépendez encore de parents qui sont morts depuis dix ans, allez voir un psychiatre.

8 Simplifiez votre vie. Essayez de prévoir les situations stressantes, et si vous ne pouvez les éviter, faites en sorte de n'en affronter qu'une à la fois.

9 Acceptez le fait que la perfection n'existe pas. Contentez-vous de faire de votre mieux.

10 Dans la mesure du possible, oubliez de temps en temps la situation stressante dans laquelle vous vous trouvez et allez vous délasser.

11 Rappelez-vous que si vous mourez de faim en compagnie d'un tigre, c'est le tigre qui mourra de faim le dernier. Il est rarement possible de dire au patron d'aller au diable sans en subir les conséquences.

12 N'oubliez jamais que la vie sans stress, c'est la mort. Le secret est de réagir sainement au stress, et de le contrôler plutôt que de se laisser contrôler par lui.

Kenneth-F. Walker, *La Presse*, 12 janvier 1992.

ÉPREUVE DE LECTURE
LIRE UN TEXTE EXPLICATIF

Le stress, ça s'apprend tôt !

■ *CORPUS, PAGE 61* ■

La lecture du texte

• Assure-toi d'avoir en main l'organisateur graphique sur le stress que tu as élaboré en lisant les textes du dossier de préparation.

• Survole le texte avant de le lire.

• Si tu le peux, annote le texte afin de mettre en évidence les données sur le stress que tu connais déjà grâce à tes lectures dans le dossier de préparation.

• Surligne les extraits qui fournissent des renseignements qui te semblent importants.

Après avoir lu le texte, inscris sur ton graphique la note que tu penses obtenir pour cette épreuve de lecture.

Attention ! Dans cette épreuve de lecture, tu peux perdre jusqu'à 20 points pour des erreurs de syntaxe et d'orthographe. Une attention soutenue s'impose donc à chaque mot que tu écris.

RECONSTITUER LE CONTENU DU TEXTE

1   **(9 points)**

Quel est le sujet précis du texte ? Réponds en complétant cette formule : *Le stress chez...*

2   **(4 points)**

Les trois premiers paragraphes (lignes 1 à 38) contiennent une affirmation suivie d'explications. Reproduis l'organisateur graphique suivant et complète-le en ajoutant la cause qui manque.

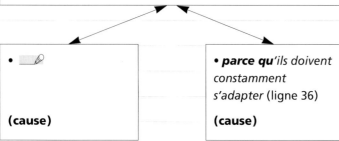

> *... les enfants font, eux aussi, le rude apprentissage du stress.* (lignes 7 et 8)   **Affirmation**

-           ✎

(cause)

- ***parce qu**'ils doivent constamment s'adapter* (ligne 36)

(cause)

3   **(3 points)**

A   Dans le deuxième paragraphe (lignes 9 à 27), relève un terme comparatif.

B   Quels éléments ce terme sert-il à comparer ?

4   **(2 points)**

Dans le cinquième paragraphe (lignes 57 à 90), quelle expression liée à la réussite scolaire est employée pour introduire la question du stress à l'école ?

Connaissances ▪ *PAGE 20* ▪
Stratégies ▪ *PAGE 21* ▪
2 MOTS CLÉS

Connaissances ▪ *PAGE 20* ▪
Stratégies ▪ *PAGE 21* ▪
REPRODUIS
COMPLÈTE

- Lorsqu'on te demande de trouver une cause, cherche les passages du texte qui pourraient commencer par *parce que*.

Connaissances ▪ *PAGE 27* ▪

A RELÈVE

B 2 MOTS CLÉS

1 MOT CLÉ

5 (10 points)

Dans le cinquième paragraphe (lignes 57 à 90), l'auteure du texte rapporte le témoignage de Francine Nadeau, psychologue.

A Reformule le passage suivant comme si tu devais le présenter à des élèves de sixième année en t'assurant qu'ils et elles comprendront bien le passage souligné.

Pire, ils doivent répondre aux attentes de réussite de leurs parents <u>qui projettent sur eux leurs propres ambitions</u>. (lignes 87 à 90)

CONSEIL Lis tout le paragraphe (lignes 57 à 90) afin de bien comprendre le sens de ce passage.

B Francine Nadeau dit aussi que *Même les loisirs sont axés sur les apprentissages plutôt que sur la détente.*

Dans ce même paragraphe, trouve trois exemples de loisirs axés sur l'apprentissage.

C Dans le sixième paragraphe (lignes 91 à 114), l'auteure introduit un exemple pour mieux faire comprendre une affirmation. Quelle est cette affirmation et quel est l'exemple qui l'appuie ?

D Dans ce même paragraphe, relève le passage dans lequel l'auteure utilise une comparaison pour rendre ses explications plus claires et précise les éléments qui sont comparés.

6 (4 points)

L'auteure introduit dans son texte une longue séquence descriptive pour décrire les moyens d'éviter le stress chez les enfants.

Relève la phrase qui introduit cette longue séquence descriptive.

7 (8 points)

Dans les lignes 18 à 56, l'auteure a recours à des énumérations pour décrire trois situations.

A Relis ce passage, reproduis un tableau semblable au suivant et remplis-le.

	LIGNES DU TEXTE	ÉNUMÉRATION	CE QUI EST DÉCRIT
1.			
2.			
3.			

B Dans les lignes 148 à 291, trouve un autre passage que tu pourrais ajouter dans le même tableau.

Connaissances ■ *PAGE 27* ■
Stratégies ■ *PAGE 28* ■
PRÉALABLE : **1** MOT CLÉ

REFORMULE

TROUVE

2 MOTS CLÉS

RELÈVE
PRÉCISE

Connaissances ■ *PAGE 45* ■
Stratégies ■ *PAGE 46* ■
PRÉALABLE : **1** MOT CLÉ

RELÈVE

PRÉALABLE : **2** MOTS CLÉS

RELIS
REPRODUIS
REMPLIS

TROUVE

8 _____ **(8 points)**

A Résume l'explication contenue dans le témoignage de Michel Huard (lignes 46 à 53) dans un graphique semblable au suivant :

B Quels mots cette personne utilise-t-elle pour lier les éléments de son explication ?

RECONSTITUER L'ORGANISATION DU TEXTE

9 _____ **(16 points)**

Le développement de ce texte est divisé en deux grandes séquences : une séquence explicative (lignes 9 à 127) et une séquence descriptive (lignes 148 à 275).

A À l'aide du titre et du contenu du premier paragraphe (lignes 1 à 9), formule une question de type *POURQUOI ?* à laquelle répond la longue séquence explicative (lignes 9 à 127).

B Reproduis et complète la liste des explications fournies en réponse à la question formulée en **A**.

Première cause : (lignes 9 à 27) *Parce que* ▨🖉

Deuxième cause : (lignes 28 à 38) *Parce qu'ils doivent constamment s'adapter.*

Troisième cause : (lignes 39 à 56) *Parce que* ▨🖉

Quatrième cause : (lignes 57 à 90) *Parce que* ▨🖉

Cinquième cause : (lignes 91 à 127) *Parce que* ▨🖉

10 _____ **(10 points)**

Pour chacune des causes énoncées au numéro 9, relève, dans la partie de texte correspondante, l'exemple ou les exemples auxquels l'auteure a recours pour mieux faire comprendre ses explications.

DES TRUCS

Connaissances ■ *PAGE 44* ■
Stratégies ■ *PAGE 46* ■
A RÉSUME

B 2 MOTS CLÉS

Connaissances ■ *PAGES 50 ET 51* ■
Stratégies ■ *PAGE 53* ■
PRÉALABLE : 2 MOTS CLÉS

A FORMULE

B REPRODUIS
COMPLÈTE

INDICES

1. Tu dois compléter la liste de causes lorsque tu vois le pictogramme 🖉.

2. Dans ce texte, la cause est souvent formulée au début ou à la fin du paragraphe.

Connaissances ■ *PAGE 27* ■

RELÈVE

POUR RÉUSSIR

11 (16 points)

A Reproduis le schéma suivant et complète-le de manière à rendre compte de l'organisation de la séquence descriptive (lignes 148 à 275).

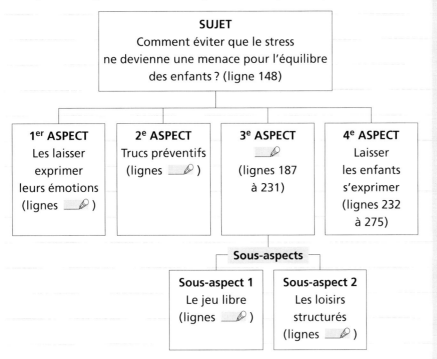

B Dans cette séquence descriptive (lignes 148 à 275), relève trois mots utilisés pour organiser le texte et pour signaler l'addition des aspects présentés.

B RELÈVE

12 (4 points)

Connaissances ■ PAGE 44 ■
Stratégies ■ PAGE 46 ■
PRÉALABLE : 2 MOTS CLÉS

TROUVE
REPRODUIS
COMPLÈTE

L'un des paragraphes de la séquence descriptive contient une courte séquence explicative qui peut être représentée par un schéma.

Trouve ce paragraphe, reproduis le schéma suivant et complète-le.

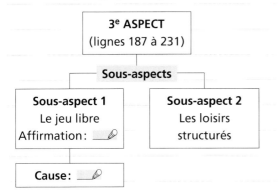

13 (4 points)

Connaissances ▪ *PAGE 45* ▪

JUSTIFIE

Quel est le rôle du paragraphe allant des lignes 128 à 147 ? Choisis ta réponse dans l'encadré qui suit et justifie ton choix.

① Il sert d'introduction à la séquence descriptive.

② Il sert de conclusion à la séquence explicative.

③ Il sert de transition entre la séquence descriptive et la séquence explicative.

④ Il contient une séquence narrative qui sert à mieux faire comprendre les explications.

14 (6 points)

Connaissances ▪ *PAGE 50* ▪
Stratégies ▪ *PAGE 53* ▪

PRÉCISE

En tenant compte des schémas des numéros 11 et 12, précise quelles lignes constituent :

A l'introduction;

B le développement;

C la conclusion.

DISCERNER LE POINT DE VUE

15 (3 points)

Connaissances ▪ *PAGE 73* ▪

A Qui sont les destinataires de ce texte ?

A **1** MOT CLÉ

• Des adolescents et des adolescentes

• Des parents

• Des enfants

• Des spécialistes

B Justifie ta réponse.

B JUSTIFIE

16 (6 points)

Connaissances ▪ *PAGES 73 ET 74* ▪
Stratégies ▪ *PAGE 74* ▪

1 MOT CLÉ

L'auteure présente un point de vue engagé. Prouve-le en relevant :

A un adverbe dans les lignes 128 à 147;

A RELÈVE

B quatre mots ou expressions très connotés dans les lignes 1 à 147.

B RELÈVE

17   (6 points)

Les phrases à présentatif sont souvent utilisées pour affirmer quelque chose avec certitude.

A Dans les lignes 99 à 114, relève une phrase à présentatif.

B Reformule cette phrase de manière à éliminer le présentatif, tout en transmettant la même information.

A RELÈVE

B REFORMULE

Connaissances ▌ *PAGE 74* ▌

18   (8 points)

Les auxiliaires de modalité (*devoir, falloir*) servent à marquer la présence de la personne qui parle. Dans les lignes 148 à 170, l'auteure utilise des auxiliaires de modalité pour décrire de façon engagée des stratégies visant à réduire le stress.

A Relève deux exemples.

B Reformule ces stratégies avec des verbes à l'infinitif, sans auxiliaire de modalité.

C Quelles modifications ces reformulations apportent-elles au sens ?

A RELÈVE

B REFORMULE

C 1 MOT CLÉ

Connaissances ▌ *PAGES 73 ET 74* ▌
Stratégies ▌ *PAGE 74* ▌
PRÉALABLE : 1 MOT CLÉ

19   (3 points)

L'auteure présente un point de vue bien particulier. Certaines personnes que tu connais (parents, enseignants ou enseignantes) te diraient peut-être qu'elle exagère.

Dans le huitième paragraphe (lignes 128 à 147), l'auteure nuance ses propos en disant que le stress est parfois inévitable.

Relève trois passages qui révèlent ces nuances.

RELÈVE

À cette étape, quelle note penses-tu obtenir pour cette épreuve ? Inscris-la sur ton graphique.

RÉAGIR AU TEXTE

20 **(15 points)**

Lis l'encadré intitulé *De plus en plus de stress* à la page 63 de ton manuel *Corpus* et, en 5 lignes, fais un parallèle entre les causes du stress chez les enfants et celles du stress chez les adultes.

21 **(15 points)**

Dans le dossier de préparation, à la page 189, on te propose une définition du stress selon Hans Selye. Rédige un court texte dans lequel tu utilises les explications données dans le texte *Le stress, ça s'apprend tôt !* comme exemples pour préciser la définition de Selye.

22 **(20 points)**

Écris un texte de 5 à 10 lignes pour expliquer à tes grands-parents que les enfants éprouvent aussi du stress, en respectant les deux contraintes suivantes :

• Utilise des éléments du texte *Le stress, ça s'apprend tôt !*

• Donne en exemple une situation que tu as vécue et qui a été très stressante pour toi.

SYNTAXE ET ORTHOGRAPHE **(20 points)**

ÉVALUER LA DÉMARCHE DE LECTURE

Analyse de ton résultat

1. *Inscris sur ton graphique la note que tu as finalement obtenue.*

2. Analyse la courbe de ton résultat. Choisis l'un des énoncés suivants et complète-le.

   ① *J'avais bien prédit mon résultat parce que* _____ .

   ② *J'avais sous-estimé mon résultat parce que* _____ .

   ③ *J'avais surestimé mon résultat parce que* _____ .

La prochaine fois

3. Consulte le tableau *11 conseils pour réussir une épreuve de lecture d'un texte explicatif* à la page suivante. Lesquels de ces conseils devrais-tu suivre à la prochaine épreuve de lecture pour améliorer ta note ?

Inscris sur ton graphique la note que tu espères obtenir la prochaine fois.

11 conseils pour réussir une épreuve de lecture d'un texte explicatif

1 Lire toutes les directives qui précèdent les questions.

- Encercler les éléments dont il faudra absolument tenir compte pendant l'épreuve.
- Trouver l'endroit où est indiqué le temps alloué pour l'examen et l'encadrer.

2 Survoler l'épreuve pour:

- tenir compte du nombre de questions et évaluer, en moyenne, le temps à accorder à chacune;
- repérer les questions auxquelles on alloue le plus grand nombre de points et les marquer d'un X.

3 Survoler le texte.

Lire le titre, les intertitres, les premiers paragraphes et, s'il y a lieu, le chapeau du texte, et trouver la question de type *POURQUOI ?* ou *COMMENT SE FAIT-IL QUE...?* à laquelle on pense que le texte répondra.

4 Répondre aux questions les unes après les autres, dans l'ordre.

Souvent, il existe un enchaînement logique entre les questions et elles sont construites dans un ordre croissant de difficulté.

5 Prendre le temps de dégager les éléments essentiels de chaque consigne.

Consulter le tableau *Pour bien comprendre les consignes d'une épreuve de lecture d'un texte explicatif* à la page 187.

6 Ne pas s'attarder sur une question dont on ignore la réponse.

On pourra toujours y revenir. Ne pas oublier que, dans un examen, le but est d'accumuler un maximum de points; il ne faut donc pas perdre de temps.

7 Revenir sur les questions auxquelles on a partiellement répondu et celles auxquelles on n'a pas répondu du tout dans l'ordre suivant:

① les questions qui valent le plus de points et auxquelles on a partiellement répondu;

② les questions qui valent le plus de points et auxquelles on n'a pas répondu du tout;

③ les autres questions.

8 Il ne sert à rien de s'acharner sur une question pour laquelle on ne trouve aucune réponse.

9 Lorsqu'une question paraît longue, il faut la lire attentivement. Elle fournit peut-être des renseignements pouvant aider à y répondre.

- Elle peut proposer des choix de réponses.
- Elle peut contenir un préalable dans lequel on explique une notion qui permettra de répondre.
- Elle peut attirer l'attention sur un passage important du texte qui permet de dégager la réponse.
- Elle peut rappeler des événements du texte qui aideront à trouver la réponse.

10 Vérifier ses réponses après avoir répondu à toutes les questions.

- S'assurer qu'elles sont complètes.
- Vérifier l'orthographe et la syntaxe.

11 Éviter de changer une réponse si l'on n'a pas la certitude qu'elle est mauvaise.

2 ÉCRIRE UN TEXTE EXPLICATIF

Si tu évaluais maintenant ta compétence à écrire un texte explicatif, quelle note t'attribuerais-tu ?

Tu auras à subir une épreuve où tu devras prouver que tu sais écrire un texte explicatif. Voici une démarche pour t'aider à la réussir.

Dans les pages qui suivent, prête une attention particulière à la rubrique *Des trucs pour réussir* qui accompagne les consignes. Elle contient des conseils et des stratégies qui devraient t'amener à la réussite.

Reproduis le graphique *Les hauts et les bas d'une épreuve d'écriture*. Chaque élément de l'abscisse correspond à un moment de la démarche où tu auras à évaluer sur 100 la note que tu penses obtenir pour l'épreuve d'écriture. Ces moments seront signalés à l'aide du symbole ▶%.

À la fin de l'épreuve, tu pourras alors interpréter la courbe de ton graphique.

LES HAUTS ET LES BAS D'UNE ÉPREUVE D'ÉCRITURE

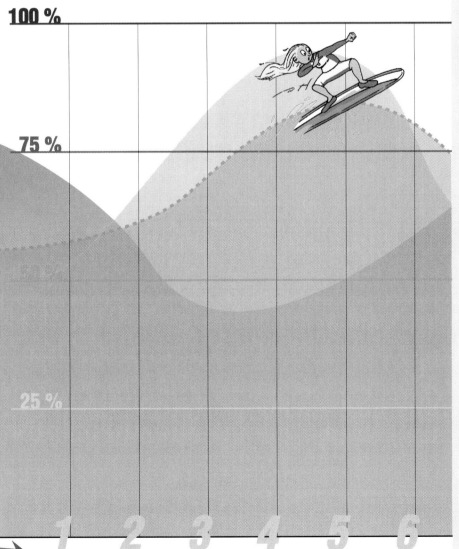

1	2	3	4	5	6
Note anticipée après avoir pris connaissance du sujet	Note anticipée après avoir planifié l'écriture	Note anticipée après avoir rédigé le brouillon	Note anticipée après avoir corrigé le brouillon	Note obtenue	Note anticipée pour la prochaine épreuve

PRÉPARATION
À L'ÉPREUVE D'ÉCRITURE

LE THÈME

Dans le module *Pourquoi? – Le texte explicatif,* tu as lu de nombreux textes sur le fonctionnement de l'intelligence, de la créativité et de la mémoire dans lesquels on expliquait aussi certaines causes de la non-réussite et de l'échec.

Les textes du dossier qu'on te propose maintenant de lire traitent de divers phénomènes qui peuvent aussi te rendre la vie difficile.

1 Lis les textes des pages 208 à 213. Pour chacun des phénomènes présentés dans ces textes, reproduis une fiche semblable à la suivante et remplis-la.

> ### Titre du texte : 🖉
>
> • Phénomène décrit : 🖉
>
> • Mots clés : 🖉
>
> • Brève description : 🖉
>
> • Manifestations du phénomène : 🖉
>
> • Procédés explicatifs intéressants : 🖉

La préparation

• Les personnes qui écrivent des textes de vulgarisation scientifique dans les magazines et les journaux ne s'installent pas devant une page blanche sans avoir fait beaucoup de recherches. Elles n'inventent pas les renseignements qu'elles utilisent et elles les vérifient deux fois plutôt qu'une; sinon, leur crédibilité pourrait être mise en doute.

• Avant une épreuve d'écriture, **il ne faut pas compter sur l'inspiration du moment**; il faut accumuler le plus de renseignements possible sur l'affirmation, le fait ou le phénomène qu'on devra expliquer. C'est le meilleur moyen d'avoir des idées qui serviront à l'écriture d'un texte explicatif.

• **Analyse** le texte de gauche de manière à bien cerner les éléments qui laissent soupçonner le sujet du texte explicatif que tu devras écrire.

• **Analyse** aussi la consigne de lecture du dossier de préparation.

• En lisant les textes du dossier de préparation, **annote**-les de manière à mettre en évidence:

– les mots clés liés au sujet;

– les séquences de discours rapporté;

– les séquences explicatives;

– les séquences descriptives;

– les passages contenant des procédés explicatifs (statistiques, exemples, définitions, reformulations, etc.).

PLANIFIER LA RÉVISION DU TEXTE

2 Avant de te présenter à une épreuve d'écriture, dresse une liste de stratégies de révision de texte auxquelles tu pourrais avoir recours en tenant compte de tes propres difficultés. Ainsi, tu sauras exactement quoi vérifier lorsque tu reliras ton brouillon.

EXAMINER LES CRITÈRES D'ÉVALUATION

3 Prends connaissance des critères d'évaluation de l'épreuve d'écriture afin de planifier ta révision de texte en conséquence.

La situation de communication

• Les aspects et les sous-aspects retenus pour l'explication contribuent à fournir une réponse pertinente aux questions que se pose le destinataire.

• Les renseignements sont justes.

• Le texte révèle le point de vue de l'émetteur.

• Le texte permet au destinataire de se faire une idée claire et nette de ce qui est présenté.

• Le texte suscite l'intérêt du destinataire par le choix des mots et des structures de phrases.

La cohérence du texte

• La continuité et la progression du texte sont assurées.

• Les marques nécessaires à l'organisation du texte sont présentes.

• Le point de vue de l'émetteur est maintenu.

• Le vocabulaire et le registre de langue sont adaptés aux exigences de l'explication.

Le fonctionnement de la langue

• Le texte est conforme au fonctionnement de la langue (syntaxe, orthographe grammaticale, orthographe d'usage et conjugaison).

• Regarde les corrections que tu as apportées dans des textes que tu as déjà écrits. Tu pourras ainsi relever tes faiblesses et y accorder une attention particulière.

• Dans les **ouvrages de référence** que tu pourras utiliser durant l'épreuve, repère les endroits où tu trouves des renseignements qui t'aideront à surmonter tes difficultés. Tu gagneras ainsi du temps.

• Consulte le tableau *8 conseils pour réussir une épreuve d'écriture d'un texte explicatif* à la page 214. Imprègne-toi de ces conseils avant de te présenter à une épreuve d'écriture.

Pourquoi
te fatigues-tu ?

Des coureuses épuisées à l'arrivée du 5 000 m aux Jeux olympiques d'Atlanta, en 1996.

La légende veut que le coureur qui remporta, dans l'Antiquité, la course de Marathon, en Grèce, mourut de fatigue après avoir parcouru 5 42 km en courant. Et il t'est sûrement arrivé, en regardant une émission sportive à la télévision, de voir un athlète s'évanouir en parvenant au but. Quelle en est la cause ? Quel processus subit l'orga-10 nisme pour en arriver à de telles extrémités ?

La raison réside tout simplement dans le fait que, à cause de l'exercice prolongé, le muscle a besoin de plus d'oxygène que le sang 15 n'est capable de lui en procurer. Par ailleurs, une substance appelée acide lactique est alors produite et provoque la rigidité musculaire.

Lorsque cette fatigue n'est pas trop importante, elle donne lieu aux «courbatures» et aux crampes 20 que tu connais bien. Mais une fatigue très importante peut aller jusqu'à provoquer un arrêt car-diaque, et la mort. Les meilleurs remèdes contre la fatigue musculaire sont le repos et des massages qui activent la circulation sanguine. En circulant de 25 nouveau librement, le sang peut alors entraîner les toxines qui s'étaient formées dans les muscles.

Il était une fois la vie: le corps humain,
d'après la série télévisée d'Albert Barillé.

La déprime
Les maladies dépressives regroupent des états pathologiques en progression constante, mais, depuis quelques années, la «dépression nerveuse» est à la mode, responsable de situations dramatiques, souvent mal comprises par ceux qui les vivent, voire par ceux qui les soignent, en dépit ou à cause du déluge d'informations fournies par les médias.

5 Jeunes cadres ambitieux, mères de famille, responsables d'entreprise, adolescents des deux sexes mais aussi ouvriers ou fonctionnaires se plaignent de plus en plus fréquemment d'états de fatigue chronique intense associant des signes neuropsychiques (tristesse, perte de l'élan vital, anxiété, difficultés de mémoire et de concentration, troubles du sommeil...) à des symptômes purement physiques (asthénie, maux de tête, douleurs musculaires, troubles 10 digestifs...). Si ces patients, spontanément ou poussés par leurs proches, consultent un médecin, le diagnostic sera, presque automatiquement, après un rapide bilan de santé plus ou moins négatif, celui de «déprime», d'«état dépressif» ou de «dépression nerveuse».

Le médecin entend par là des modifications profondes de l'humeur, de cause indéterminée, responsables des souffrances de ces malades [...]

Dr Henri Rubenstein, *Le virus de la déprime,*
© Éditions François Bourin, 1991.

La timidité : un mal qui en cache bien d'autres

Même les gens qui paraissent très sûrs d'eux avouent être parfois «gênés» par la timidité dans certaines situations. Pour d'autres, la timidité prend une telle place dans leur vie qu'elle devient un véritable handicap. Si l'on ne peut du jour au lendemain s'en défaire, il est toutefois possible d'apprendre à l'accepter et à la maîtriser...

PAR JEAN-LOUIS GAUTHIER

On croit souvent que la timidité est le lot d'une minorité. Or, selon des données récentes, 80 % des Américains auraient souffert de timidité au moins une fois dans leur
5 vie, 40 % se définissent comme étant des personnes timides, et 4 % sont aux prises avec un grave problème de timidité. Étant donné nos nombreux points de ressemblance avec nos voisins immédiats, on peut supposer que ces
10 chiffres sont aussi valables au Québec.

En fait, il existe autant de manières d'être timide qu'il y a d'individus. Certains ne le sont que de façon occasionnelle, dans des situations où les enchères sont particulièrement élevées; par exemple, une rencontre avec un éventuel employeur, un examen devant jury ou une première rencontre avec la belle-
15 famille. Par contre, d'autres le sont du matin au soir, dans diverses situations: au travail, avec les copains, au restaurant, etc.

Un grand malaise...

Plutôt que de parler de timidité, les psychologues préfèrent parler d'anxiété sociale, d'inconfort, de malaise dans les relations interpersonnelles, malaise plus ou moins grand selon les individus, qui s'accompagne de toute une série de réactions. Certains vont
20 détourner les yeux, jouer avec un bouton de leur veste, se mettre à trépigner sur place, à se gratter ou à toussoter.

La liste est quasi infinie: mains moites, souffle court, cœur qui bat la chamade. Violaine voit ses mains se couvrir de plaques rouges. Gilles transpire abondamment comme s'il venait de courir le marathon. «Les gens sont surpris, raconte-t-il, et me
25 demandent pourquoi je suis tout en sueur. Que répondre? Je ne peux tout de même pas leur dire: "C'est à cause de vous!"» D'autres parlent d'une boule dans la gorge ou au creux de l'estomac, de papillons aux longues ailes noires, de crampes, de spasmes. [...]

Une peur qui en cache d'autres

Pourquoi certains ont-ils tant de difficulté à vivre en société alors que d'autres y sont aussi à l'aise que des poissons dans l'eau? La question! Encore là, il n'y a pas de réponse toute faite. On sait cependant qu'il existe des terrains propices à l'éclosion de la

30 timidité. Ainsi, les enfants qui ont des parents timides absorbent, comme des éponges, ce trait de personnalité. D'autant plus que la timidité prend ses racines dans l'enfance, au moment où se façonne l'image de soi.

Le fait de vivre dans une société basée sur la compétition favorise également l'apparition de la timidité. Car derrière ce malaise se terre la peur de ne pas être à la hauteur, la

35 crainte de l'échec et du rejet. Des études révèlent que dans les situations où les consignes sont très claires, où l'on dit aux gens exactement quoi faire, un groupe de timides ne se distingue pas d'un groupe de non-timides. Mais quand vient le temps de prendre des risques et de s'affirmer, les craintes s'éveillent, et le timide préfère alors s'abstenir.

Quelle que soit la proportion que prend leur handicap, les timides partagent certaines

40 caractéristiques: faible estime de soi, manque de confiance, peur du rejet. «Quand on parle de timidité, on parle aussi d'un manque d'habiletés: difficulté à entamer une conversation, à donner son point de vue, à exprimer ses émotions, souligne Normand Marineau, psychologue au Centre de psychologie béhaviorale. Derrière ces difficultés se cache la peur d'être ridicule. Le timide se sent inférieur aux autres. Il est passif, ose peu,

45 attend que l'on vienne vers lui. Et quand cela se produit, il croit alors avoir une certaine valeur. Les personnes timides ont beaucoup de difficulté à croire qu'elles peuvent être aimées.»

«Plus je pense à ma timidité, plus je me rends compte qu'elle cache autre chose, dit Marc. Ce n'est pas la timidité qui dicte nos gestes ou nos absences de gestes, mais toutes

50 les peurs qu'elle camoufle. Ce sont elles qui te font détourner les yeux quand tu croises un inconnu dans la rue, qui te donnent le sentiment de quêter un emploi plutôt que d'en chercher un, qui te font ravaler et attendre d'être rendu à la maison pour pleurer. Et c'est la peur du rejet qui te rend si mal à l'aise quand tu sais qu'on t'observe ou qu'on t'écoute... Que voit-on? Que pense-t-on? Tu es gêné de penser comme tu penses, d'être

55 ce que tu es!»

Santé, n° 32, octobre 1987.

Tel conférencier se prend les pieds dans la nappe en regagnant sa place, se rattrape en s'agrippant au micro. Un autre, tremblant et assoiffé, verse l'eau à côté de son verre, éponge la flaque avec sa cravate...

Mais, dans la majorité des cas, *le trac fige et paralyse*. Ses victimes se plaignent d'être
5 contractées de partout, pétrifiées dans leurs traces, incapables de bouger. Bref: «Tout se bloque et va de travers.»

Cette paralysie entraîne des courbatures, des tensions au plexus, des douleurs thoraciques et dans la nuque, des migraines, des maux de tête, des crispations.

Perceptions altérées

10 [...] Le trac altère notre perception ordinaire de l'environnement. En nous figeant au plus près de nous-mêmes, il restreint notre champ spatio-temporel, partant, nos capacités d'action. [...]

«C'était la première fois que je montais sur une scène
15 de théâtre et c'était atroce: je ne sentais plus le sol sous mes pieds, je ne réalisais plus les distances. Quand le rideau s'est levé, j'ai même failli tomber dans la salle.»
(ISABELLE ADJANI)

[...]

Isabelle Adjani

Rêves et cauchemars

Le sommeil est également perturbé. On ne dort bien ni avant, ni après l'épreuve.

20 «Je dors de moins en moins les nuits qui précèdent un match important. Plus ça va, moins je dors.» (JEAN-PIERRE RIVES)

«Après chaque émission de télévision, je suis incapable de m'endormir. Puis je rêve: comme si la mémoire devait tout restituer dans le sommeil.» (GEORGES SUFFERT)

Les scénarios du trac nourrissent la symbolique des rêves et des cauchemars. On se retrouve
25 sans pantalon sur l'estrade, muet devant un examinateur sadique, obligé de faire un discours impromptu. Une animatrice de formation se voit devant son tableau noir dessinant et commentant de façon particulièrement brillante les schémas essentiels de la théorie de la communication. Elle se retourne, la salle est vide. Tous les participants ont déguerpi silencieusement.

[...]

J'ai perdu la voix

Comme le savent bien tous les traqueurs, c'est sur la parole et la voix que le trac exerce ses
30 actions les plus pernicieuses: Edwin Moses en a fait la démonstration pour quelque cent mille
spectateurs, et plusieurs centaines de millions de téléspectateurs lors de la cérémonie d'ouver-
ture des Jeux olympiques de Los Angeles: bouleversé
par le trac et l'émotion, il dut s'y reprendre à trois
fois pour prononcer, de mémoire, le texte du ser-
35 ment olympique.

[...]

La voix est l'indicateur le plus sensible et le plus
fidèle de l'état émotionnel de la personne:

«La voix vous trahit: elle livre tout de vous.»

40 Quand la respiration est bloquée, la gorge nouée, la
bouche desséchée par le trac, les paroles passent dif-
ficilement:

«Je n'arrive plus à sortir un son. J'ai perdu la voix.»

Edwin Moses

D'autres s'enrouent, se grattent la gorge, toussent, marmonnent, bégayent, bafouillent [...]

45 Le trac sème des «euh» et des «n'est-ce pas» au détour de chaque phrase. Les tics verbaux
fleurissent, ainsi que les répétitions. Le vocabulaire se restreint:

«Je m'aperçois que je répète toujours les mêmes mots.»

Cela va souvent de pair avec un ralentissement du débit [...] si ce n'est une accélération [...]

Cela débouche parfois sur une véritable logorrhée:

50 «Plus j'ai le trac et plus je parle.»

«J'étais si excitée que j'aurais pu parler devant le groupe pendant des heures.»

«Un auteur, tellement mort de trac avant l'émission que je pensais qu'il n'arriverait
pas à sortir un mot, a vaincu son angoisse en monopolisant la parole. Il a trouvé le
salut dans la fuite en avant.» (BERNARD PIVOT)

Bernard Pivot

Le trou de mémoire

55 Si la langue fourche, si la parole s'emballe ou s'éteint, la faute en revient bien sûr à la tête, la pauvre tête, vide, ou, ce qui ne vaut guère mieux, pleine de brouillard ou de coton. La véritable hantise, c'est le trou de mémoire, ce gouffre qui risque d'engloutir les plus légitimes.

[...]

60 «Tout d'un coup, au détour d'une phrase, le trou de mémoire. Bloqué. Je ne m'y attendais pas, je savais parfaitement mon texte. Je devais dire: "Pourquoi pas?", mais les mots ne sont pas venus. Les gestes, eux, ont con-65 tinué (j'ai plutôt une mémoire du corps qu'une mémoire de l'esprit). J'ai tiré sur mon bras comme s'il allait sortir le mot.» (PIERRE RICHARD)

[...]

Pierre Richard

«Je déraisonne»

Après les défaillances de la mémoire, celles du bon sens, de la logique, de la raison [...] La 70 mécanique intellectuelle se détraque [...]

Un comédien, jouant le rôle d'un valet de chambre, doit annoncer à la maîtresse de maison:

«Il y a un monsieur d'environ quarante ans qui attend dans l'antichambre.»

Sous l'effet du trac, la réplique se transforme en:

«Il y a environ quarante ans qu'un monsieur attend dans l'antichambre.»

Stéphanie Barrat et Jacques de Panafieu, *Le trac, et comment apprivoiser le monstre...*,
coll. «Réponses», ® Éditions Robert Laffont, 1985.

8 conseils pour réussir une épreuve d'écriture d'un texte explicatif

AVANT D'ÉCRIRE

1 S'intéresser à l'étape de lecture de préparation, car elle permet:
- d'explorer le sujet du texte qu'on devra écrire;
- de réviser les connaissances liées au texte explicatif.

2 Planifier la révision du texte.
- Diagnostiquer ses faiblesses en grammaire et choisir les stratégies de révision de texte qu'on privilégiera.
- Repérer dans les ouvrages de référence les endroits qui peuvent aider à surmonter ces difficultés.

3 Élaborer le schéma de l'explication et le plan du texte.
Cette étape vise à éviter le syndrome de la page blanche. Le schéma et le plan ne sont jamais figés. Il ne faut pas avoir peur de les changer en cours d'écriture.

4 Planifier son temps.
Une épreuve d'écriture dure généralement 2 heures 30 minutes (150 minutes). Il faut utiliser ce temps judicieusement. Voici, à titre indicatif, le temps à allouer à chaque étape.

À conseiller		À éviter	
• Remue-méninges individuel	(5 % – 7 à 10 min)	• Remue-méninges individuel	(5 min)
• Élaboration du plan détaillé	(10 % – 15 min)	• Élaboration du plan détaillé	(0)
• Premier jet	(30 % – 45 min)	• Premier jet	(100 min)
• Relecture et correction du premier jet	(30 % – 45 min)	• Relecture et correction du premier jet	(0)
• Mise au propre	(15 % – 20 min)	• Mise au propre	(10 min)
• Appréciation des résultats et dernières retouches	(10 % – 15 min)	• Appréciation des résultats et dernières retouches	(0)

EN ÉCRIVANT

5 Tenir compte de la longueur du texte.
Habituellement, en troisième secondaire, il faut rédiger un texte explicatif de 300 mots, soit environ 30 lignes. On doit tenir compte de la longueur exigée afin de s'assurer d'avoir suffisamment de temps pour réaliser toutes les étapes décrites au numéro 4. Si le texte est trop long, il peut arriver qu'on n'ait pas le temps de le transcrire au propre.

6 Prévoir des pauses pour relire certaines parties du texte.
Après chaque étape importante (phase de questionnement, phase explicative, phase conclusive), il faut relire le texte pour en vérifier le contenu et la cohérence. **On ne doit pas essayer de tout corriger en une seule fois.** On peut mettre des points d'interrogation au-dessus des passages douteux du point de vue de la syntaxe ou de l'orthographe et y revenir après l'étape de rédaction.

APRÈS AVOIR ÉCRIT

7 Bien structurer la relecture et la révision du texte.
- Relire le texte une première fois pour vérifier la syntaxe des phrases.
- Relire le texte une deuxième fois pour appliquer les stratégies de révision propres à ses difficultés.
- Si le temps le permet, relire son texte pour vérifier l'orthographe d'usage. Toutefois, si l'orthographe constitue la principale difficulté, elle doit devenir le **premier point** à observer.
- Utiliser les outils de référence (grammaire, dictionnaire, aide-mémoire) auxquels on a droit.

8 Mettre le texte au propre.
S'il y a encore des erreurs, les corriger avant de transcrire le texte au propre.

ÉPREUVE D'ÉCRITURE
ÉCRIRE UN TEXTE EXPLICATIF

LE PROJET D'ÉCRITURE

Tu dois rédiger un texte explicatif d'environ 300 mots (30 lignes), destiné à des parents, qui apportera des explications à l'affirmation contenue dans la question suivante :

> *POURQUOI certains adolescents et adolescentes n'arrivent-ils pas à donner leur plein rendement intellectuel ?*

Tu dois insérer dans ton texte au moins une séquence descriptive et une séquence de discours rapporté.

PLANIFIER L'ÉCRITURE DU TEXTE

LE SUJET DE L'EXPLICATION

1 Dresse une liste de 5 à 10 mots clés que tu pourrais utiliser dans ton texte.

LES ÉLÉMENTS DE L'EXPLICATION

2 Formule l'affirmation que tu devras expliquer dans le texte que tu écriras.

3 À l'aide du schéma suivant, explore les éléments de l'explication que tu pourrais aborder dans ton texte.

| Affirmation | → | *parce que* (causes) |

LES PROCÉDÉS EXPLICATIFS

4 Choisis des procédés explicatifs qui t'aideront à mieux faire comprendre chacune de tes explications.

Maintenant que tu connais le sujet du texte que tu dois écrire, inscris sur ton graphique la note que tu penses obtenir pour cette épreuve d'écriture.

Connaissances ■ *PAGE 20* ■

Connaissances ■ *PAGE 21* ■

- Les notes que tu as prises en lisant les textes du dossier de préparation peuvent t'être utiles. Parmi ces textes, choisis ceux qui peuvent te fournir la matière première pour ton texte.

- Lorsqu'on te demande d'explorer, trouve le plus d'éléments possible. Tu pourras choisir ceux qui te conviennent lorsque tu décideras de l'organisation de ton texte.

Connaissances ■ *PAGES 26 ET 27* ■

- Assure-toi d'utiliser des procédés explicatifs qui aideront tes destinataires à comprendre tes explications. Ils et elles ne sont peut-être pas familiers avec le sujet de ton texte. Aie recours à la définition, à la comparaison, à la reformulation et à l'exemple pour qu'ils puissent très bien comprendre le contexte dans lequel tu donnes tes explications.

L'ORGANISATION DU TEXTE

5 Quel mode d'organisation adopteras-tu pour présenter les explications dans le développement de ton texte ?

6 Précise le nombre d'explications (E1, E2, E3...) que tu développeras et détermine le nombre de lignes que tu alloueras à chaque explication.

7 Précise à quel endroit tu inséreras la séquence descriptive et la séquence de discours rapporté.

LE PLAN DU TEXTE

8 Fais le plan de ton texte.

Tiens compte des décisions que tu as prises aux numéros précédents et adopte le modèle qui convient au mode d'organisation retenu pour le développement de ton texte.

Connaissances ■ *PAGES 50 À 52* ■

• Lorsque tu décides de l'organisation d'un texte explicatif, tu dois préciser le nombre d'explications que tu fourniras. Pour y arriver, vérifie la longueur du texte que tu dois écrire (dans ce cas-ci, 300 mots ou 30 lignes). Estime ensuite le nombre de lignes dont tu as besoin pour l'introduction et pour la conclusion. Détermine enfin le nombre d'explications (E1, E2...) que tu donneras et le nombre de lignes nécessaires pour chaque explication.

Connaissances ■ *PAGES 50 À 52* ■

• En réutilisant le même modèle chaque fois qu'on écrit un type de texte en particulier, on finit par le mémoriser et le maîtriser. L'écriture devient alors plus facile.

• Le plan d'un texte explicatif devrait toujours contenir une liste de mots qui serviront à organiser le texte. Ainsi, au moment de l'écriture, il suffira de choisir ceux qui conviennent le mieux. Les marqueurs doivent tenir compte du mode d'organisation retenu.

• Il est aussi utile de repérer dans les ouvrages de référence les pages qui contiennent des mots servant à organiser un texte.

LE POINT DE VUE

9 **A** Quel sera le rapport auteur / sujet dans ton texte ?

B Quel sera le rapport auteur / destinataire ?

C Précise le ton que tu adopteras (neutre, engagé, didactique, humoristique).

RÉDIGER LE BROUILLON DU TEXTE ET LE RELIRE

10 Rédige ton brouillon.

S'il y a lieu, utilise les feuilles mises à ta disposition pour rédiger ton brouillon.

LES MOTS QUI ORGANISENT LE TEXTE

11 Au fil de l'écriture, relis chaque étape importante (introduction, explications [E1, E2, E3...], conclusion) pour vérifier :

• si le contenu respecte le sujet du texte ;

• si le texte est cohérent.

Connaissances ▮ *PAGES 72 À 74* ▮

• Pour préciser le point de vue que tu adopteras dans ton texte explicatif, tu dois te poser les questions suivantes :

1. Les élèves qui échouent me sont-ils sympathiques, antipathiques ou indifférents ?

Selon ta réponse, ton point de vue sera neutre ou engagé.

2. Les destinataires de mon texte connaissent-ils bien le contexte dans lequel se situent mes explications ? Quels exemples tirés du vécu pourrais-je donner pour les en informer ?

À la fin de l'étape de planification, quelle note penses-tu obtenir pour cette épreuve d'écriture ? Inscris-la sur ton graphique.

Maintenant que ton brouillon est rédigé, quelle note penses-tu obtenir pour cette épreuve d'écriture ? Inscris-la sur ton graphique.

Connaissances ▮ *PAGES 56 ET 57* ▮

• Pour t'assurer que ton texte est cohérent, souligne tous les mots qui servent à l'organiser et demande-toi si chacun de ces mots est approprié.

RÉVISER LE TEXTE

12 Après avoir écrit ton texte, relis-le pour vérifier :

- la syntaxe ;

- l'orthographe grammaticale ;

- l'orthographe d'usage.

TRANSCRIRE LE TEXTE AU PROPRE

13 Transcris ton texte sur les feuilles prévues à cet effet.

ÉVALUER LA DÉMARCHE D'ÉCRITURE

Analyse de ton résultat

1. *Inscris sur ton graphique la note que tu as finalement obtenue.*

2. Analyse la courbe de ton résultat. Choisis l'un des énoncés suivants et complète-le.

① *J'avais bien prédit mon résultat parce que* ___ .

② *J'avais sous-estimé mon résultat parce que* ___ .

③ *J'avais surestimé mon résultat parce que* ___ .

La prochaine fois

3. Consulte le tableau *8 conseils pour réussir une épreuve d'écriture d'un texte explicatif* à la page 214. Lesquels de ces conseils devrais-tu suivre à la prochaine épreuve d'écriture pour améliorer ta note ?

- Relis ton texte pour découvrir et corriger tes erreurs.

- Consulte les ouvrages de référence auxquels tu as droit.

Après avoir révisé ton texte, crois-tu avoir augmenté ta note ? Inscris sur ton graphique la note que tu penses maintenant obtenir.

Inscris sur ton graphique la note que tu espères obtenir la prochaine fois.

Si tu évaluais maintenant ta compétence à faire un exposé oral à caractère explicatif, quelle note t'attribuerais-tu ?

Tu auras à subir une épreuve où tu devras prouver que tu sais faire un exposé oral à caractère explicatif. Voici une démarche pour t'aider à la réussir.

LES HAUTS ET LES BAS D'UNE ÉPREUVE DE COMMUNICATION ORALE

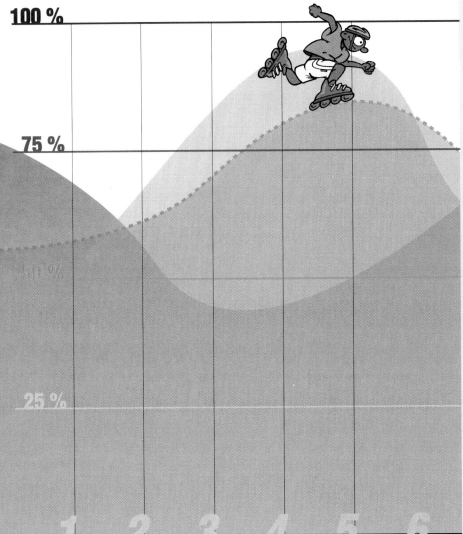

Dans les pages qui suivent, prête une attention particulière à la rubrique *Des trucs pour réussir* qui accompagne les consignes. Elle contient des conseils et des stratégies qui devraient t'amener à la réussite.

Reproduis le graphique *Les hauts et les bas d'une épreuve de communication orale*. Chaque élément de l'abscisse correspond à un moment de la démarche où tu auras à évaluer sur 100 la note que tu penses obtenir pour l'épreuve de communication orale. Ces moments seront signalés à l'aide du symbole .

À la fin de l'épreuve, tu pourras alors interpréter la courbe de ton graphique.

![1%]

Inscris sur ton graphique la note que tu prévois obtenir pour cette épreuve.

1	2	3	4	5	6
Note anticipée avant l'étape de préparation	**Note anticipée** après avoir pris connaissance du sujet	**Note anticipée** après l'étape de préparation	**Note anticipée** après avoir fait l'exposé	**Note obtenue**	**Note anticipée** pour la prochaine épreuve

PRÉPARATION
À L'ÉPREUVE DE
COMMUNICATION ORALE

EXPLORER LE SUJET

Certaines personnes incarnent la réussite absolue; à nos yeux, elles sont des idoles. Elles sont tout ce qu'on ne sera jamais, tout ce qu'on aurait toujours voulu être. Elles représentent la gloire, l'espoir, la force, la paix, le courage, la ténacité, la confiance ou la beauté. Elles sont des modèles à suivre pour des milliers d'individus d'un même pays, d'un même groupe d'âge ou du même sexe. Ces personnes sont donc des phénomènes et elles intéressent beaucoup les sociologues.

Tu devras faire un exposé oral à caractère explicatif d'environ cinq minutes sur une personne qui, à tes yeux, incarne la réussite. Tu devras surtout expliquer aux élèves de ta classe pourquoi cette personne est si populaire et si importante. En réalité, tu feras de la SOCIOLOGIE: tu étudieras un phénomène social et tu tenteras de l'expliquer. Le point de vue que tu adopteras sera nécessairement engagé, favorable.

Ton enseignant ou ton enseignante t'indiquera le temps dont tu disposes pour faire les lectures du dossier de préparation et pour préparer ton exposé.

LIRE SUR LE SUJET

1 **Dans ton manuel *Corpus*, lis les textes suivants:**

- *Des idées pour réussir*
  - *Des petits bonshommes dans la tête* (page 65)
  - *Les cocottes en papier* (page 66)
  - *«Comment j'ai appris... des choses»* (page 67)
  - *Quelle que soit la manière d'apprendre...* (page 68)

- *Des réussites exemplaires*
  - *Stephen Hawking* (page 49)
  - *Julie Payette* (page 50)

DES **TRUCS**

Connaissances ■ *PAGE 20* ■
Stratégies ■ *PAGE 172* ■

- Lis attentivement le texte qui présente l'exposé que tu auras à faire et relève les renseignements qui précisent le sujet, le caractère et la durée de l'exposé.

Stratégies ■ *PAGE 173* ■

- Prépare d'abord une feuille modèle qui te servira à noter, de façon ordonnée, les découvertes que tu feras dans les textes que tu liras.

- Pour prendre des notes de façon efficace, consulte le *Guide pour la prise de notes en situation d'écoute* aux pages 88 et 89: il vaut aussi pour la lecture.

POUR RÉUSSIR

Dans les pages 221 à 224 de ce manuel, lis les textes suivants :

• *Qu'est-ce que la sociologie ?*

• *Des modèles de réussite*
  – *Maurice Richard*
  – *La Bolduc*
  – *Guy Laliberté et Daniel Gauthier*
  – *Phyllis Lambert*
  – *Daniel Langlois*
  – *John F. Kennedy*

PRENDRE DES NOTES

2 Au fil de ta lecture, prends des notes de manière à faire ressortir les éléments suivants pour chaque personne :

• les raisons de sa réussite,

• ce qu'elle symbolise,

• pourquoi elle a marqué l'histoire.

Note aussi des passages (affirmations, explications, procédés explicatifs) que tu pourrais utiliser dans ton exposé.

• Lis tous les textes et annote-les de manière à mettre en évidence les renseignements que tu veux conserver.

• Transcris ensuite tes notes sur la feuille que tu as préparée.

• Compare les notes que tu as prises sur chaque texte et essaie de voir les ressemblances et les différences. Cela te permettra peut-être de faire des généralisations que tu pourras utiliser dans l'introduction ou la conclusion de ton exposé.

Qu'est-ce que la sociologie ?

La sociologie peut être définie comme étant la science qui tente d'expliquer les faits sociaux. Ainsi, le programme d'études en sociologie vise à développer chez l'étudiant une aptitude à l'observation et à la description des phénomènes sociaux. Il tend également à le familiariser avec certaines techniques d'analyse et à développer sa capacité de synthèse.

L'apprentissage de la discipline se fait à travers les points suivants : l'histoire de la pensée sociologique, les différences sociologiques, les méthodes et les analyses concrètes. Par les cours optionnels au programme, l'étudiant acquiert des connaissances dans diverses disciplines des sciences sociales, telles l'histoire, les sciences politiques et les sciences économiques.

Guide pratique des études universitaires au Québec – 1998,
Service régional d'admission du Montréal métropolitain, 1997.

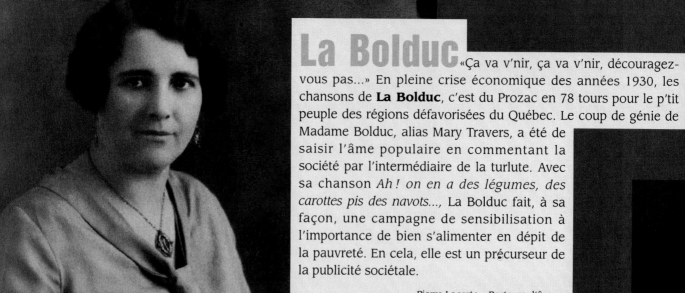

La Bolduc

«Ça va v'nir, ça va v'nir, découragez-vous pas...» En pleine crise économique des années 1930, les chansons de **La Bolduc**, c'est du Prozac en 78 tours pour le p'tit peuple des régions défavorisées du Québec. Le coup de génie de Madame Bolduc, alias Mary Travers, a été de saisir l'âme populaire en commentant la société par l'intermédiaire de la turlute. Avec sa chanson *Ah! on en a des légumes, des carottes pis des navots...*, La Bolduc fait, à sa façon, une campagne de sensibilisation à l'importance de bien s'alimenter en dépit de la pauvreté. En cela, elle est un précurseur de la publicité sociétale.

Pierre Lacerte, «Porteurs d'âme»,
L'actualité, février 1999.

Maurice Richard

Durant ses 18 années dans la Ligue nationale de hockey, **Maurice Richard** a fracassé à peu près tous les records, dont certains sont demeurés inégalés: 18 buts décisifs et 7 tours du chapeau en séries éliminatoires, 6 buts en période supplémentaire! Il a été le premier à inscrire 50 buts en 50 parties. Lorsqu'il a accroché ses patins, en 1960, il avait 626 buts à son actif, ce qui le classe toujours parmi les 10 meilleurs marqueurs de l'histoire. «Lorsqu'il était sur la glace, on sentait comme un courant électrique traverser la foule», dit René Lecavalier, animateur à *La Soirée du hockey* pendant 33 ans.

Mais Maurice Richard n'a pas été qu'une légende du hockey. Il a aussi porté les espoirs de tout un peuple à une époque de grande noirceur, comme l'explique le commentateur sportif Richard Garneau: «Maurice Richard était un héros. Il était comme un chevalier qui défendait les Canadiens français. Avec Maurice, on se sentait tous un peu plus forts.»

En mars 1955, quelques matchs avant la fin de la saison régulière, le président de la ligue, Clarence Campbell, décide de suspendre Richard à la suite d'une bagarre, mettant fin à ses espoirs de remporter le championnat des marqueurs et, surtout, l'excluant des séries éliminatoires. C'est tout le peuple qui crie alors à l'injustice. Le 17 mars, lors de la première partie des séries du Canadien contre les Red Wings de Détroit, l'émeute éclate. Des vitrines sont brisées, des magasins, saccagés, des voitures, renversées. Une rébellion à saveur nationaliste, annonciatrice des grands bouleversements des années 1960.

Martine Turenne, «L'étoffe des héros»,
L'actualité, février 1999.

Des modèles de réussite

Guy Laliberté

Daniel Gauthier

Quatorze ans après sa fondation, le Cirque du Soleil, qu'ont lancé **Guy Laliberté** et **Daniel Gauthier**, est une véritable multinationale, présente sur trois continents. Le Cirque a vendu au-delà de 17 millions de billets dans plus de 120 villes. Mais surtout, l'entreprise a réinventé le cirque en excluant les animaux. Dans son sillage, d'autres cirques québécois sont nés, et toute une industrie gravite maintenant autour de l'institution, dont l'École nationale du cirque, à Montréal.

Ibid.

Phyllis Lambert

C'est l'archi-tecture qui a été au cœur de la vie et de l'œuvre de **Phyllis Lambert**. La fondatrice du Centre canadien d'architecture (CCA) est celle grâce à qui les Montréalais sont tous un peu moins ignorants, ou indif-férents, envers les murs qui forment leur ville. Ses interven-tions ont fait de Montréal une des cités d'Amérique qui ont le mieux protégé leur patri-moine.

Ibid.

Daniel Langlois

Dans le multimédia, avec un succès tout aussi foudroyant, **Daniel Langlois** est devenu le fer de lance de la nouvelle économie, le pivot du Montréal technologique, «revampeur» du boulevard Saint-Laurent et, depuis quelques années, un véritable mécène. Softimage, la boîte qu'il a créée en 1986, est un leader international dans le domaine du logiciel d'animation par ordinateur. On lui doit les dinosaures du *Parc jurassique* ainsi que les effets spéciaux de *Tornade* et de *Titanic*.

Ibid.

John F. Kennedy

Sur le plan économique [aux États-Unis], les années 1950 sont prospères. Mais, tandis que les banlieues résidentielles sont en plein essor, les centres-villes se dégradent. Les catégories les plus démunies de la population deviennent les laissées-pour-compte de la société d'abondance. Dans le Sud, la ségrégation raciale demeure, attisant le mécontentement des Noirs.

John Fitzgerald Kennedy, premier président catholique, incarne cette image de l'Amérique prospère et prête à mener le combat contre les inégalités et la pauvreté. Pour faire passer son message, il sait utiliser les nouvelles techniques de communication, en particulier la télévision et les sondages. Kennedy s'engage à «remettre le pays en mouvement» et promet une réforme sociale. Lors de son discours inaugural, il déclare que «le flambeau des générations a été transmis» et demande à ses concitoyens de partager le fardeau du «combat contre les ennemis de l'homme: la tyrannie, la pauvreté, la maladie et la guerre».

Les Américains, surtout les jeunes, s'enthousiasment pour leur président, sa femme et le «clan Kennedy». La Maison-Blanche devient le centre de la vie intellectuelle et artistique, de la réussite, de la mode. Fort peu d'Américains, à l'époque, connaissent les aspects moins reluisants de cette cour.

Quand, où, comment, pourquoi est-ce arrivé?

PRÉCISER LE SUJET

3 Choisis la personne dont tu parleras dans ton exposé. Note les éléments importants de ton sujet dans un organisateur graphique comme celui qui suit. Sers-toi de cet organisateur pour commencer ta préparation.

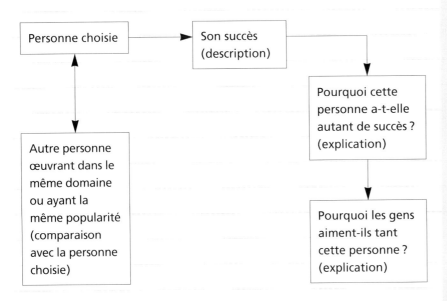

PRÉVOIR L'ORGANISATION DE L'EXPOSÉ

PRÉCISER LES ÉLÉMENTS DE L'ORGANISATION

4 • Détermine le mode d'organisation des explications.

• Prévois l'insertion d'au moins une séquence descriptive pour présenter ton modèle de réussite.

• Élabore le schéma explicatif de ton exposé.

• Choisis des procédés explicatifs qui pourraient mieux faire comprendre tes explications.

CONSEIL Si tu veux t'assurer d'intéresser ton auditoire, ne dévoile le nom de ton idole qu'à la fin de l'introduction de ton exposé, après avoir demandé si quelqu'un a découvert de qui il s'agissait.

• Pour que ton exposé suscite l'intérêt de tes destinataires, essaie d'étonner par le choix de la personne dont tu expliqueras le succès. Consulte la section des noms propres dans un dictionnaire, observe les couvertures de magazines, consulte des adultes qui pourraient te donner des pistes, etc.

• Pour bien cerner ton sujet :

– écris d'abord une question de type *POURQUOI ?* ou *COMMENT SE FAIT-IL QUE...?* qui constituera la phase de questionnement de ton exposé ;

– note ensuite deux explications qui constitueront la phase explicative de ton exposé.

Maintenant que tu as pris connaissance du sujet de ton exposé et que tu l'as précisé, inscris sur ton graphique la note que tu penses obtenir pour cette épreuve de communication orale.

Connaissances ■ *PAGES 50 À 52* ■
Stratégies ■ *PAGE 174* ■

• L'élaboration du schéma explicatif de l'exposé permet d'en préciser les lignes directrices et les grandes articulations :

– phase de questionnement ;

– phase explicative (nombre d'explications, procédés explicatifs pour chaque explication, mode d'organisation des explications, insertions de séquences, etc.) ;

– phase conclusive.

FAIRE LE PLAN DÉTAILLÉ DE L'EXPOSÉ

5 Accorde une attention particulière à l'élaboration du plan que tu pourras avoir en main lors de ton exposé.

Tiens compte des décisions que tu as prises aux numéros 3 et 4.

Connaissances ■ PAGE 50 ■
Stratégies ■ PAGE 175 ■

- Insère dans ton plan des formules qui te permettront de présenter les grandes parties de ton exposé. Exemples:

  – *Pour commencer, ...*
  – *En guise d'introduction, ...*
  – *Vous vous demandez sûrement quelle personne j'ai choisie.*
  – *Imaginez la situation suivante: ...*
  – *Il faut comprendre que...*
  – *Récapitulons...*
  – *Nous venons de voir trois causes de ce phénomène. Examinons une nouvelle cause...*
  – *Pourquoi ? Vous le devinez peut-être...*
  – *Comprenez-moi bien, ...*
  – *Soyez attentifs à cette illustration...*
  – *J'insiste là-dessus, ...*
  – *Attention, il ne faut pas penser que...*
  – *Au cas où vous ne le sauriez pas, ...*
  – *N'oubliez pas une chose: ...*
  – *Pour conclure, ...*
  – *Enfin...*

PRÉPARER DES FICHES-CONTENUS

6 Prépare des fiches qui résument le contenu des parties importantes de ton exposé et que tu pourras utiliser au moment de la présentation.

- Quand tu fais un exposé oral, les fiches-contenus devraient être organisées selon l'ordre de l'exposé. Elles devraient contenir, pour chaque partie de l'exposé:

  – la manière d'introduire la partie;
  – le résumé du contenu;
  – un rappel du ou des procédés explicatifs;
  – s'il y a lieu, des notes sur le type et le contenu d'une séquence que tu désires insérer dans le déroulement de l'exposé.

PRÉVOIR DES SUPPORTS VISUELS

7 Trouve au moins un support visuel original pour accompagner la présentation de ton exposé.

Stratégies ■ PAGE 176 ■

- Pense aux personnes qui t'impressionnent lorsqu'elles font une présentation (dans une conférence, dans un film ou à la télévision) et essaie de les imiter.

- Imagine ce que tu pourrais utiliser pour soutenir tes explications: des images, des tableaux de statistiques, des bandes sonores, des bandes vidéo, des transparents, des diapositives, etc.

PRÉVOIR DES INTERACTIONS AVEC LES DESTINATAIRES

8 Prévois des pauses pour permettre à tes destinataires de poser des questions. Prévois aussi des questions que tu pourrais poser au fil de ta présentation.

S'EXERCER

9 Avant de présenter ton exposé, exerce-toi.

Prends connaissance des critères d'évaluation de l'épreuve de communication orale afin de planifier ta présentation en conséquence.

CRITÈRES D'ÉVALUATION

La situation de communication

- L'information transmise permet de bien comprendre les explications de l'affirmation, du fait ou du phénomène.

- L'information tient compte des caractéristiques du destinataire et de ses réactions.

- Les propos suscitent de l'intérêt chez son destinataire :
  – par le choix des mots et des structures de phrases ;
  – par le choix d'éléments non linguistiques (intonation, débit, volume, gestes, support visuel).

La cohérence

- Les marques nécessaires à la compréhension de l'explication sont présentes.

- Le point de vue est maintenu.

- Le registre de langue est adapté aux exigences de la situation de communication.

La durée

- La durée correspond à celle exigée.

Stratégies ▪ *PAGE 177* ▪

- Relis attentivement les stratégies de la page 165.

Stratégies ▪ *PAGE 177* ▪

- Demande à quelqu'un de t'écouter et de te livrer ses commentaires.

- Demande à cette personne de t'attribuer une note sur 10 pour chacun des critères de la grille d'évaluation.

  - Si tu ne trouves personne pour t'aider, enregistre ton exposé et note-le.

  - Répète ton exposé devant un miroir.

  - Quelle que soit la manière que tu as retenue pour t'exercer, chronomètre la durée de ton exposé.

ÉVALUER SA PRÉPARATION

10 Reproduis une fiche semblable à la suivante et remplis-la afin d'évaluer les forces et les faiblesses de ton exposé et de l'améliorer avant le jour de l'épreuve.

JE DOIS AMÉLIORER...

La présentation du sujet

1. J'ai (bien/plus ou moins bien/mal) ____ traité du sujet que j'ai choisi. Pour améliorer mon exposé, je devrais ____ .

2. J'ai (bien/plus ou moins bien/mal) ____ expliqué les raisons pour lesquelles la personne choisie est mon modèle. Pour améliorer mon exposé, je devrais ____ .

3. Ma documentation est (complète/incomplète) ____ . Je devrais la compléter en ____ .

L'exposé en général

4. Je suis (très/plus ou moins/très peu) ____ satisfait (ou satisfaite) de mon exposé parce que ____ .

5. Voici deux critères que je dois absolument améliorer: ____

   Voici comment j'améliorerai ces critères: ____

La durée de l'exposé

6. Mon exposé était (assez long/trop long/trop court) ____ . Pour qu'il prenne de 4 à 5 minutes, je dois (ajouter/retrancher) les éléments suivants: ____ .

Les éléments prosodiques

7. Je dois améliorer (mon débit/mon intonation/mon articulation/le volume de ma voix) ____ .

À la fin de l'étape de préparation, quelle note penses-tu obtenir pour cette épreuve de communication orale? Inscris-la sur ton graphique.

- Prends connaissance du tableau *15 conseils pour réussir un exposé oral à caractère explicatif* présenté à la page suivante. Ces conseils te permettront d'améliorer la présentation de ton exposé.

15 conseils pour réussir un exposé oral à caractère explicatif

AVANT DE FAIRE L'EXPOSÉ

1 **S'intéresser à l'étape de lecture de préparation, car elle permet:**
- d'explorer le sujet dont on devra traiter;
- de découvrir différentes manières de présenter et d'expliquer un même sujet;
- de noter des manières de faire qui pourront être utilisées dans l'exposé.

2 **Accorder un soin particulier à l'élaboration du plan de l'exposé.** C'est une bouée de sauvetage qu'on pourra consulter tout au long de l'exposé; il permet de toujours savoir où on en est et ce qui doit absolument être dit.

3 **Si l'on craint des trous de mémoire, faire des fiches-contenus plus détaillées.** Noter de manière organisée les renseignements qu'on veut communiquer et les placer dans l'ordre. On pourra toujours les consulter pendant la présentation. Plus on s'exerce, plus on est à l'aise avec les documents dont on dispose.

4 **Ne pas essayer de mémoriser son exposé** mais plutôt penser à un système pour organiser les documents (écrits, sonores ou visuels) qu'on utilisera pendant l'exposé afin d'éviter de les chercher ou de les utiliser au mauvais moment.

5 **La veille de l'exposé, relire le texte *Le trac* aux pages 211 à 213 de ce manuel.** Repérer les manifestations qui ressemblent aux siennes et trouver quelques trucs pour les combattre.

6 **Quelques minutes avant l'exposé, faire le vide dans sa tête.** Prendre de grandes respirations et imaginer les applaudissements à la fin de la présentation. Oublier toutes ses craintes et se dire que tout ira bien.

PENDANT L'EXPOSÉ

7 **Parler assez fort.**

8 **Ne parler ni trop vite ni trop lentement,** sauf si l'on veut créer un effet.

9 **Si l'on fait une erreur, ne pas paniquer !** S'excuser et reprendre le fil de l'exposé le plus naturellement du monde.

10 **Si l'on se rend compte que personne n'écoute, faire une pause.** Regarder l'assistance et demander à quelqu'un d'exprimer son accord ou son désaccord sur telle ou telle affirmation ou, mieux encore, lui demander de fournir une explication sur l'une de ses affirmations.

11 **Avoir recours à l'humour.** C'est l'une des meilleures façons de capter l'intérêt d'un auditoire et de le maintenir.

12 **Recourir à des anecdotes pour maintenir l'attention de l'auditoire.** Une anecdote est une petite histoire vraie qui a un côté amusant ou curieux. Par exemple, si l'exposé porte sur une personne célèbre, on peut raconter la fois où l'on a vu cette personne dans un centre commercial.

À LA FIN DE L'EXPOSÉ

13 **Pour clore l'exposé, prévoir quelques minutes pour répondre aux questions** de l'auditoire. Demander aussi si des personnes de l'auditoire aimeraient ajouter des commentaires ou des anecdotes liés au sujet de l'exposé.

14 **Interroger l'auditoire sur les points importants** de son exposé. Préparer cinq ou six questions précises qu'on posera pour vérifier si les destinataires ont bien compris ce qu'on a dit.

15 **Distribuer un document à l'auditoire.** Il peut s'agir d'une synthèse de ses propos ou d'une bibliographie de livres intéressants sur le sujet traité.

ÉPREUVE DE COMMUNICATION ORALE
FAIRE UN EXPOSÉ ORAL À CARACTÈRE EXPLICATIF

DÉROULEMENT

À la fin de la présentation de leurs exposés sur des modèles de réussite, les élèves de la classe devront choisir cinq personnalités qui constitueront le palmarès des modèles de réussite de la classe.

Afin de faciliter cette compilation, pour chaque présentation, prépare une fiche sur laquelle tu noteras :

• le nom de la personne présentée et une brève description ;

• le domaine dans lequel elle a excellé ;

• les principales raisons qui en font un modèle de réussite ;

• deux raisons pour lesquelles tu retiendrais cette personne pour le palmarès des cinq modèles de réussite de la classe

ou

• deux raisons pour lesquelles tu ne retiendrais pas cette personne pour le palmarès des cinq modèles de réussite de la classe.

Maintenant que tu as présenté ton exposé, inscris sur ton graphique la note que tu prévois obtenir.

ÉVALUER LA DÉMARCHE DE COMMUNICATION ORALE

Analyse de ton résultat

1. *Inscris sur ton graphique la note que tu as finalement obtenue.*

2. Analyse la courbe de ton résultat. Choisis l'un des énoncés suivants et complète-le.

   ① *J'avais bien prédit mon résultat parce que ✎ .*

   ② *J'avais sous-estimé mon résultat parce que ✎ .*

   ③ *J'avais surestimé mon résultat parce que ✎ .*

La prochaine fois

3. Relis le tableau *15 conseils pour réussir un exposé oral à caractère explicatif* à la page 229. Lesquels de ces conseils devrais-tu suivre à la prochaine épreuve de communication orale pour améliorer ta note ?

4. Consulte la grille d'évaluation de la page suivante et identifie les critères pour lesquels tu devrais t'améliorer.

Inscris sur ton graphique la note que tu espères obtenir la prochaine fois.

Grille d'évaluation

	Très peu acceptable	Peu acceptable	Acceptable	Satisfaisant	Très satisfaisant
La situation de communication					
1. L'information transmise permet de bien comprendre les explications liées au choix de l'élève.	■ 4	■ 8	■ 12	■ 16	■ 20
2. L'information tient compte des caractéristiques du destinataire et de ses réactions.	■ 2	■ 4	■ 6	■ 8	■ 10
3. Les propos suscitent de l'intérêt chez son destinataire : – par le choix des mots et des structures de phrases ;	■ 2	■ 4	■ 6	■ 8	■ 10
– par le choix des éléments non linguistiques (intonation, débit, volume, gestes, support visuel).	■ 3	■ 6	■ 9	■ 12	■ 15
La cohérence					
4. Les marques nécessaires à la compréhension de l'explication sont présentes.	■ 3	■ 6	■ 9	■ 12	■ 15
5. Le point de vue est maintenu.	■ 3	■ 6	■ 9	■ 12	■ 15
6. Le registre de langue est adapté aux exigences de la situation de communication.	■ 2	■ 4	■ 6	■ 8	■ 10
La durée					
7. La durée correspond à celle exigée.	■ 1	■ 2	■ 3	■ 4	■ 5
TOTAL	■ / 100				

La lecture
d'un roman

Et si les livres parlaient...

Un jour, dans une interview radiophonique, on a demandé à Bernard Werber, l'auteur du roman *Les fourmis*, à quoi il rêvait la nuit.

— Je rêve parfois que **les livres de ma bibliothèque se parlent**.

— Et que se disent-ils? s'enquit l'intervieweur.

— Ils se racontent comment ils ont été lus.

En lisant le **mini-dossier** présenté dans les pages suivantes, tu découvriras qu'il existe de **nombreuses manières de lire** des récits, des contes et des romans. Pour t'en convaincre, tu devras par la suite lire un roman en prêtant une attention particulière à ta manière de lire et tu rendras compte de ta lecture sous la forme d'un **monologue**.

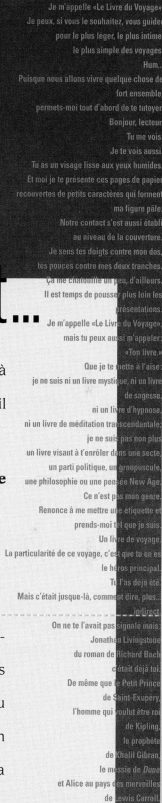

je ne te donnerai qu'un nom:

«Toi.»

Car toi seul accomplis quelque chose

ici et maintenant:

la lecture.

Et puis, tu es aussi le maître de ce voyage,

mon maître.

Durant cet envol,

moi, je ne serai là

que pour te servir

et être ton petit guide

d'encre et de papier.

Dans mes pages,

tu ne trouveras pas toutes les métaphores habituelles,

ni les personnages

que tu rencontres dans les romans

ordinaires.

Tu ne pourras pas te prendre pour

le chef des pirates,

le roi des marécages,

le maître des lutins,

le magicien de la forêt,

le banni de retour,

le savant incompris,

le détective alcoolique,

le musicien génial,

le mercenaire solitaire.

Tu ne pourras pas te prendre non plus

pour la princesse charmante,

la mère courageuse,

l'infirmière espionne,

la reine des fantômes,

la déesse manipulatrice,

l'étudiante fleur bleue,

la femme vampire,

la prostituée au grand cœur,

l'actrice déchue,

la sorcière géniale ou l'ethnologue solitaire.

Tu ne pourras te prendre que pour toi-même.

Désolé.

Je crois qu'un bon livre est un miroir

où tu te retrouves.

Dans mes pages,

tu ne rencontreras pas non plus

de ces somptueux méchants

qu'on rêve de voir décapiter à la fin,

tripes fumantes à l'air,

en expiation de leurs crimes ignobles.

Pas de traître inattendu.

Pas d'amis décevants.

Pas de tortionnaire sadique.

Il n'y aura pas de vengeance spectaculaire,

ni de coups de théâtre inattendus,

aucun innocent à libérer,

aucune cause désespérée à défendre

devant des jurés sceptiques,

pas d'assassin à découvrir

parmi une liste de suspects,

aucun trésor enfoui à déterrer

avant que la bombe à retardement

branchée sur la minuterie du four à micro-ondes

ne se déclenche.

Il faudra que tu t'y fasses.

Il n'y aura pas de ces drames d'amour poignants,

qui finissent bien ou mal

selon les humeurs personnelles de l'auteur

et ses démêlés avec sa dernière muse.

Source: Le quotidien La Presse.

Sujet: Lire pour son plaisir.

La fiction au cœur de ma vie

PAR LUCIE BOUCHER

L'auteure est étudiante de 2ᵉ secondaire au Collège Regina Assumpta.

■ Avez-vous déjà été plongés dans un de ces univers de fantaisie où les fées côtoient les dragons, où les princesses montent des licornes? Vous êtes-vous, un jour, retrouvés sur le pont d'un navire pirate abordant un galion espagnol, ou sur un baleinier poursuivant un cachalot blanc? Ou encore, avez-vous déjà pris place aux commandes d'un rapide vaisseau pourchassé par les sbires d'une race extraterrestre?

Tous ces mondes ne forment qu'un: la littérature. Il y a des livres qui vous saisissent dès les premiers mots, qui vous plongent dans le suspense le plus profond; d'autres qui vous émerveillent; d'autres encore qui vous touchent tellement que vous n'en dormez plus. Qui peut prétendre être un vrai mordu s'il n'a jamais passé une nuit entière plongé dans l'un ou l'autre de ces bouquins: ceux dont l'histoire vous broie le cœur comme un étau d'acier dont vous ne serez libérés qu'au mot «fin»; qui vous brûlent de l'intérieur, au point où même en fermant les yeux, vous ne pouvez vous séparer des tourments de l'héroïne; qui vous font verser toutes les larmes de votre corps tant tel ou tel autre personnage ne pouvait mourir, ou partir.

La lecture est pour moi plus qu'une passion. Que serait ma vie sans ces brefs instants où je m'évade de la réalité pour aller rejoindre toutes sortes de gens dans autant d'époques différentes; que ce soit le chevalier de Lagardère; ou GH'N le Plutonier; ou même Ayla la Femme de Néandertal, qu'importe, si je puis oublier un moment mon éternel quotidien pour vivre les péripéties de ces êtres merveilleux?

Aux yeux de plusieurs, un roman peut sembler n'être que pages couvertes de mots sans sens profond, tout juste bonnes à servir de combustible pour foyer; et un rat de bibliothèque n'être qu'un fainéant ou, à l'opposé, un grand intellectuel qui ne pense pas à s'amuser. S'ils savaient! S'ils savaient comment certains, plongés dans une enquête policière, travaillent d'arrache-pied pour décortiquer une énigme extrêmement plus complexe que celles auxquelles sont confrontés la majorité des inspecteurs. Et s'ils savaient que cette vague inopinée qui submerge le lecteur, le possède, lui fait perdre totalement conscience du monde qui l'entoure, n'est point châtiment, mais délivrance. Et que dire de ce sentiment de paix, de tâche accomplie, ou de simple bonheur qui nous emplit lorsque, tournant la dernière page, nous restons immobile, le regard vague, le bouquin serré sur la poitrine, ne voulant pas revenir dans notre corps, mais préférant demeurer avec ces personnages que nous faisons plus qu'aimer.

D'autres diront que les romans, n'étant pas des «livres de science», ne sont pas importants, mais leur lecture constitue pour moi un besoin vital, et jamais je ne m'en lasserai.

J'ai souvent pensé devenir auteure, mais serais-je capable de refléter avec à la fois fougue et harmonie les idées et les images qui dansent dans ma tête? Comment agencer les mots les plus appropriés pour plonger un lecteur dans un état de transe?

Alors je lis, sans arrêt, et essaie de percer les secrets de ceux qui, inspirés par je ne sais quoi, réussissent à si bien transmettre leurs rêves, leurs pensées, leur imagination. Et qui sait? Peut-être un jour verra-t-on mon nom sur la couverture d'une œuvre tirée de mes songes les plus secrets.

La Presse, 23 avril 1999.

Il n'y aura pas non plus
de ces longues phrases tarabiscotées
qui sont très décoratives
mais dont on ne démêle pas très bien le sens.
Des petites phrases courtes
te transmettront l'information telle quelle.
Comme ça.
Ou ça.
Je peux même faire encore plus court, tiens :
Ça.
Et chaque fois on reviendra à la ligne.
Lis-moi comme un conte.
C'est ainsi que je serai le plus caressant à tes
pupilles.
Certes, je sais que je ne suis qu'un objet.
Pourtant, il ne faut pas que tu me
sous-estimes.
Parfois les objets peuvent venir en aide aux
êtres dotés de conscience.
Parfois les objets sont vivants.
Je suis ton livre ET je suis vivant.
Je ne suis formé que de fines tranches
de cellulose
provenant des forêts norvégiennes.
Ces mots ne sont que des signes tracés
à l'encre de Chine
extraite de quelques pieuvres
asiatiques malchanceuses.
Cependant,
la manière dont ils sont agencés
pour former des phrases et
la manière dont ces phrases
peuvent chanter à tes oreilles
sont capables, non seulement de changer
ta perception de cet instant,
mais de te changer toi
et donc
de changer le monde.
À partir de maintenant je te propose de me
percevoir non plus comme un long
déroulement de mots et de virgules,
mais comme une voix.
Écoute la voix du livre.
Écoute ma voix.
Bonjour.
Selon ta manière de m'appréhender, je peux
être rien.
Juste un morceau de carton et de papier
pratique pour caler les armoires.
Je peux être beaucoup si tu le désires.
Quelque chose que tu pourras
consulter sans cesse où que tu sois.
Quelque chose qui
ne te laissera jamais ni seul
ni sans sortie de secours.
Un ami de papier.
À toi de choisir ce que tu feras de moi.
Si j'ai un conseil à te donner : profite,
abuse de moi.
Mon seul souhait est de te faire du bien.
Mais si tu n'es pas capable de recevoir mes
bienfaits,
ne t'inquiète pas,
même si
tu ne m'accordes aucune importance,
même si
tu me déchires, me brûles, me noies,

même si

tu m'oublies dans une bibliothèque,

je suis doué d'ubiquité;

ailleurs, quelqu'un saura m'apprécier

et profiter de mes largesses.

Le fait de m'avoir acheté te donne, certes,

des droits.

Le fait d'exister

auprès de milliers d'autres gens,

sans limites d'espace et de temps,

me donne des pouvoirs

que tu ne peux même pas mesurer.

Je suis ton compagnon, humble et hyper-puissant.

Veux-tu du grand voyage dont je t'ai parlé?

Bonjour.

JE ME PRÉSENTE

Je suis un livre et je suis vivant.

Je m'appelle «Le Livre du Voyage».

Je peux, si vous le souhaitez, vous guider

pour le plus léger, le plus intime,

le plus simple des voyages.

Hum...

Puisque nous allons vivre quelque chose de

fort ensemble,

permets-moi tout d'abord de te tutoyer.

Bonjour, lecteur.

Tu me vois.

Je te vois aussi.

Tu as un visage lisse aux yeux humides.

Et moi je te présente ces pages de papier

recouvertes de petits caractères qui forment

ma figure pâle.

Notre contact s'est aussi établi

au niveau de la couverture.

Je sens tes doigts contre mon dos,

tes pouces contre mes deux tranches.

Ça me chatouille un peu, d'ailleurs.

Il est temps de pousser plus loin les

présentations.

Je m'appelle «Le Livre du Voyage»,

mais tu peux aussi m'appeler:

«Ton livre.»

Que je te mette à l'aise:

je ne suis ni un livre mystique, ni un livre

de sagesse,

ni un livre d'hypnose,

ni un livre de méditation transcendantale;

je ne suis pas non plus

un livre visant à t'enrôler dans une secte,

un parti politique, un groupuscule,

une philosophie ou une pensée New Age.

Ce n'est pas mon genre.

Renonce à me mettre une étiquette et

prends-moi tel que je suis.

Un livre de voyage.

La particularité de ce voyage, c'est que tu en es

le héros principal.

Tu l'as déjà été.

Mais c'était jusque-là, comment dire, plus...

indirect.

On ne te l'avait pas signalé mais:

Jonathan Livingstone

du roman de Richard Bach

c'était déjà toi.

De même que le Petit Prince

de Saint-Exupéry,

l'homme qui voulut être roi

Bernard Werber, *Le livre du voyage*, © Éditions Albin Michel, 1997.

Source: Si par une nuit d'hiver un voyageur, Italo Calvino.

Sujet: Lire dans les meilleures conditions.

«Non, je ne veux pas regarder la télévision ! Je lis !»

Tu vas commencer le nouveau roman d'Italo Calvino, *Si par une nuit d'hiver un voyageur*. Détends-toi. Concentre-toi. Écarte de toi toute autre pensée. Laisse le monde qui t'entoure s'estomper dans le vague. La porte, il vaut mieux la fermer; de l'autre côté, la télévision est toujours allumée. Dis-le tout de suite aux autres: «Non, je ne veux pas regarder la télévision!» Parle plus fort s'ils ne t'entendent pas: «Je lis! Je ne veux pas être dérangé.» Avec tout ce chahut, ils ne t'ont peut-être pas entendu: dis-le plus fort, crie: «Je commence le nouveau roman d'Italo Calvino!» Ou, si tu préfères, ne dis rien; espérons qu'ils te laisseront en paix.

Prends la position la plus confortable: assis, étendu, pelotonné, couché. Couché sur le dos, sur un côté, sur le ventre. Dans un fauteuil, un sofa, un fauteuil à bascule, une chaise longue, un pouf. Ou dans un hamac, si tu en as un. Sur ton lit naturellement, ou dedans. Tu peux aussi te mettre la tête en bas, en position de yoga. En tenant le livre à l'envers, évidemment.

Il n'est pas facile de trouver la position idéale pour lire, c'est vrai. Autrefois, on lisait debout devant un lutrin. Se tenir debout, c'était l'habitude. C'est ainsi qu'on se reposait quand on était fatigué d'aller à cheval. Personne n'a jamais eu l'idée de lire à cheval; et pourtant, lire bien droit sur ses étriers, le livre posé sur la crinière du cheval ou même fixé à ses oreilles par un harnachement spécial, l'idée te paraît plaisante. On devrait être très bien pour lire, les pieds dans des étriers; avoir les pieds levés est la première condition pour jouir d'une lecture.

Bien, qu'est-ce que tu attends? Allonge les jambes, pose les pieds sur un coussin, sur deux coussins, sur les bras du canapé, sur les oreilles du fauteuil, sur la table à thé, sur le bureau, le piano, la mappemonde. Mais, d'abord, ôte tes chaussures si tu veux rester les pieds levés; sinon, remets-les. Mais ne reste pas là, tes chaussures dans une main et le livre dans l'autre.

Règle la lumière de façon à ne pas te fatiguer la vue. Fais-le tout de suite, car dès que tu seras plongé dans la lecture, il n'y aura plus moyen de te faire bouger. Arrange-toi pour que la page ne reste pas dans l'ombre: un amas de lettres noires sur fond gris, uniforme comme une armée de souris; mais veille bien à ce qu'il ne tombe pas dessus une lumière trop forte qui, en se reflétant sur la blancheur crue du papier, y ronge l'ombre des caractères, comme sur une façade le soleil du sud, à midi. Essaie de prévoir dès maintenant tout ce qui peut t'éviter d'interrompre ta lecture. Si tu fumes: les cigarettes, le cendrier, à portée de main. Qu'est-ce qu'il y a encore? Tu as envie de faire pipi? À toi de voir.

Italo Calvino, *Si par une nuit d'hiver un voyageur*,
© Éditions du Seuil pour la traduction française, 1981.

Source: *Un ange cornu avec des ailes de tôle*, Michel Tremblay.

Sujet: Lire pour léviter.

«Puis j'arrivai au chapitre qui me fit littéralement léviter.»

Le premier personnage de roman auquel je me sois totalement identifié, au point même de m'en rendre malade, fut Robert Grant, le jeune héros des *Enfants du capitaine Grant*. Ce livre fut l'un des plus importants de la fin de mon enfance, et je garde un souvenir très précis de tout ce qui entoura sa lecture.

Robert Grant avait le même âge que moi, douze ans, mais son destin était tellement plus passionnant que le mien qu'au bout de quelques pages de lecture, je ne savais plus si je l'aimais ou si je le détestais par pure jalousie.

Son père, un marin écossais au long cours, avait fait naufrage deux ans plus tôt – on était en 1864 – quelque part sur le 37e parallèle, était tombé prisonnier aux mains d'indigènes quelconques mais avait quand même réussi à lancer un message à la mer dans une bouteille. Lord Glenarvan, un autre marin écossais, avait trouvé le message tout mouillé, donc tout brouillé, dans le ventre d'une baleine; Robert Grant, le chanceux, partait à la recherche de son père autour du monde dans un bateau, le *Duncan*, en compagnie du lord et de sa jeune femme, de sa propre sœur à lui, la belle Mary, et d'un géographe français, Paganel, qui s'était trompé de bateau. Ce n'était pas une existence, ça, pour un enfant de douze ans?

J'avais emprunté les trois volumes des *Enfants du capitaine Grant* à la Bibliothèque municipale et je dormais avec, celui que je lisais posé contre ma tête pour pouvoir le humer même en dormant, les deux autres disposés n'importe où sur la couverture, sujets à voyager durant la nuit selon les mouvements de mon corps, présences réconfortantes entre mes cuisses, sur mes pieds ou au creux de mes reins. Je dors encore en compagnie des livres que je lis, je les pose rarement sur ma table de chevet, mais aucun depuis *Les Enfants du capitaine Grant*, je crois, n'a autant habité mes nuits.

Je lisais les aventures de Robert Grant le plus tard possible, jusqu'à ce que ma mère menace de retirer l'ampoule de ma lampe de chevet, en fait, puis je rêvais une partie de la nuit de la traversée de l'Atlantique, du détroit de Magellan, des paysages chiliens, de la Cordillère des Andes... Mon lit était un bateau qui quittait volontiers ma chambre de la rue Cartier pour foncer vers le 37e parallèle à la recherche de la source du Gulf Stream.

Je devenais un marin accompli en même temps que Robert Grant, j'apprenais à monter un magnifique cheval argentin à la robe noire en compagnie de Thalcave, le beau Patagon à moitié nu dont le portrait me troublait tant à la page

---

aucune cause désespérée à défendre

devant des jurés sceptiques,

pas d'assassin à découvrir

parmi une liste de suspects,

aucun trésor enfoui à déterrer

avant que la bombe à retardement

branchée sur la minuterie du four à micro-ondes

ne se déclenche.

Il faudra que tu t'y fasses.

Il n'y aura pas de ces drames d'amour poignants

qui finissent bien ou mal

selon les humeurs personnelles de l'auteur

et ses démêlés avec sa dernière muse.

Il n'y aura pas non plus

de ces longues phrases tarabiscotées

qui sont très décoratives

mais dont on ne démêle pas très bien le sens.

Des petites phrases courtes

te transmettront l'information telle quelle.

Comme ça.

Ou ça.

Je peux même faire encore plus court, tiens:

Ça.

Et chaque fois on reviendra à la ligne.

Lis-moi comme un conte.

C'est ainsi que je serai le plus caressant à tes pupilles.

Certes, je sais que je ne suis qu'un objet.

Pourtant, il ne faut pas que tu me sous-estimes.

Parfois les objets peuvent venir en aide aux êtres dotés de conscience.

Parfois les objets sont vivants.

Je suis ton livre ET je suis vivant.

Je ne suis formé que de fines tranches de cellulose

provenant des forêts norvégiennes.

Ces mots ne sont que des signes tracés à l'encre de Chine

extraite de quelques pieuvres asiatiques malchanceuses.

Cependant,

la manière dont ils sont agencés

pour former des phrases et

la manière dont ces phrases

peuvent chanter à tes oreilles

sont capables, non seulement de changer

ta perception de cet instant,

mais de te changer toi

et donc

de changer le monde.

À partir de maintenant je te propose de me percevoir non plus comme un long

déroulement de mots et de virgules,

mais comme une voix.

Écoute la voix du livre.

Écoute ma voix.

Bonjour.

Selon ta manière de m'appréhender, je peux être rien.

Juste un morceau de carton et de papier

pratique pour caler les armoires.

Je peux être beaucoup si tu le désires.

Quelque chose que tu pourras

consulter sans cesse où que tu sois.

Quelque chose qui

ne te laissera jamais ni seul

95, je traversais à gué le rio de Raque et le rio de Tubal, je grimpais des murs de porphyre – les *quebradas* –, je cherchais en vain mon père au creux des forêts de séquoias ou sur le pic des montagnes enneigées. On disait de Robert Grant qu'il grandissait et se développait rapidement, qu'il devenait un homme; moi, je lisais au milieu des miettes de gâteaux ou de biscuits au gingembre et je restais désespérément l'enfant envieux qui n'avait pas de destin grandiose.

Un épisode en particulier m'empêcha de dormir toute une nuit, je fis de la fièvre et me retrouvai incapable de me lever pour me rendre à l'école le lendemain matin, au grand dam de ma mère qui se doutait que *Les Enfants du capitaine Grant* était la cause de toute cette nervosité mal canalisée. Mais cet incident fut en même temps le point de départ d'une des plus belles aventures de ma vie...

Vers le milieu de la première partie du roman, les hommes de l'expédition décident de traverser à pied le Chili puis l'Argentine, toujours à la recherche du capitaine Grant, pendant que les femmes, à bord du *Duncan*, repasseront le détroit de Magellan pour aller les attendre du côté de l'Atlantique. J'avais du chagrin de quitter Mary Grant et Lady Glenarvan, mais j'étais aussi très excité à la perspective de traverser l'Amérique du Sud à pied !

J'étais littéralement subjugué par les paysages montagneux que rencontraient Robert Grant et ses amis, moi qui ne connaissais que le mont Royal, petite butte insignifiante, endroit de plaisance pour les Montréalais endimanchés, que j'apercevais de mon balcon, au bout de la rue Mont-Royal. Mais la Cordillère des Andes ! Les glaciers, les torrents de plusieurs centaines de mètres de hauteur (dans mon Larousse imprimé au Canada, on me disait qu'un mètre mesurait trois pieds trois pouces), les plateaux pierreux suspendus au-dessus du vide, les orages de vent et les orages de pluie qui s'abattaient sans prévenir et cessaient si brusquement qu'on se demandait s'ils avaient eu lieu, les levers de soleil roses, les couchers de soleil orangés ! La nourriture, qui consistait en viande séchée, en graminées de toutes sortes assaisonnées de piments, de gibier fraîchement tué, d'eau des torrents dans la montagne, des ruisseaux dans les plaines, me faisait saliver et me changeait un peu des éternelles patates pilées et des incontournables petits pois numéro 1 ! Comment pourrais-je jamais remanger du pâté chinois après tout ça ?

Puis j'arrivai au chapitre qui me fit littéralement léviter. À douze mille pieds dans les airs, nos amis avaient décidé de passer la nuit sur un plateau glacé surplombant l'immense vallée qu'ils allaient commencer à traverser les jours suivants pour atteindre la pampa argentine. La nuit se passe bien, tout le monde dort, épuisé mais content. Au petit matin, cependant, un fracas épouvantable les réveille et, pour citer les mots mêmes de Jules Verne :

> *Par suite d'un phénomène particulier aux Cordillères, un massif, large de plusieurs milles, se déplaçait tout entier et glissait vers la plaine.*
>
> *«Un tremblement de terre !» s'écria Paganel.*

Le plateau sur lequel ils s'étaient réfugiés dévalait la montagne ! J'étais avec eux, je tombais avec eux, les pics enneigés tournoyaient autour de moi, les montagnes elles-mêmes changeaient de forme, le ciel, qui commençait à peine à blanchir, tanguait comme lorsque j'avais traversé le détroit de Magellan à bord du *Duncan*, ma tente s'enroulait autour de mes jambes, des armes, du bois de chauffage, la batterie de cuisine, *les braises du feu mal éteint* me dépassaient en me frôlant, je chevauchais une colossale montagne russe qui me précipitait sans merci vers le fond de la vallée, je courais à la mort, j'étais presque déjà mort au creux de mon lit, yeux grands ouverts, cœur affolé, éclaté dans ma poitrine.

Un livre de voyage.
La particularité de ce voyage, c'est que tu en es
le héros principal.
Tu l'as déjà été.
Mais c'était jusque-là, comment dire, plus...
indirect.
On ne te l'avait pas signalé mais:
Jonathan Livingstone
du roman de Richard Bach
c'était déjà toi.
De même que le Petit Prince
de Saint-Exupéry,
l'homme qui voulut être roi
de Kipling,
le prophète
de Khalil Gibran,
le messie de *Dune*
et Alice au pays des merveilles
de Lewis Carroll.
Ces héros étaient
encore et toujours toi.
Mais ce n'était pas ouvertement exprimé.
Moi, «Le Livre du Voyage»,
je n'ai pas cette pudeur
ou cette politesse.
Au risque de te choquer,
je ne te désignerai qu'à mon
«Toi.»
Car toi seul accomplis quelque chose
ici et maintenant:
la lecture.
Et puis, tu es aussi le maître de ce voyage,
mon maître.
Durant ce voyage
moi, je ne serai là
que pour te servir
et être ton petit guide
d'encre et de papier.
Dans mes pages
tu ne trouveras pas toutes les métaphores habituelles,
ni les personnages
que tu rencontres dans les romans
ordinaires.
Tu ne pourras pas te prendre pour
le chef des pirates,
le roi des marécages,
le maître des lutins,
le magicien de la forêt,
le banni de retour,
le savant incompris,
le détective alcoolique,
le musicien génial,
le mercenaire solitaire.
Tu ne pourras pas te prendre non plus
pour la princesse charmante,
la mère courageuse,
l'infirmière espionne,
la reine des fantômes,
la déesse manipulatrice,
l'étudiante fleur bleue,
la femme vampire,
la prostituée au grand cœur,
l'actrice déchue,
la sorcière géniale ou l'ethnologue solitaire.
Tu ne pourras te prendre que pour toi-même.
Désolé.
Je crois qu'un bon livre est un miroir

Le pire, c'est qu'au début du chapitre suivant, le tremblement de terre calmé, les hommes se remettant lentement de leur frayeur, *Robert Grant avait disparu!* Affolement au Chili et dans le lit dévasté de la rue Cartier. Les hommes cherchaient l'enfant en vain pendant trois jours et moi je ne vivais plus: Robert Grant ne pouvait pas mourir, *je ne pouvais pas mourir*, l'histoire ne pouvait pas se dérouler sans moi, il restait trois cents pages, j'étais le héros, c'est moi qui avais perdu mon père et qui étais parti d'Écosse pour traverser le monde à sa recherche, c'est moi qui devenais un homme au milieu des Patagons et des marins au long cours, Jules Verne, mon auteur favori de tous les pays et de toutes les époques, n'avait pas le droit de me laisser tomber comme ça!

Puis vint la délivrance à travers une des images les plus fortes de mon enfance, une image que je caresse encore, quarante ans plus tard, quand par hasard je suis frappé d'insomnie, parce que je sais qu'elle m'aidera à m'endormir quel que soit le problème qui me tient réveillé: au bout de trois jours passés dans l'angoisse à l'idée de ne jamais retrouver l'enfant perdu, Lord Glenarvan apercevait un point dans le ciel, très loin à l'horizon... le point grandissait... et un énorme condor des Andes s'approchait en tenant Robert Grant dans ses serres! L'illustration montrait l'adolescent suspendu par les vêtements dans le même abandon que le Christ de *La Pietà* de Michel-Ange. J'avais été transporté pendant trois jours par un condor! Sous l'émotion, je fermai brusquement le livre que je me mis à bercer. J'essayai de revivre ces trois jours, de revoir, suspendu dans les airs, la Cordillère des Andes glisser sous moi, le nid caché sur une aiguille de granit, la faim, la soif, mais aussi l'exaltation de se savoir traité pendant trois jours comme le fils du grand condor!

On abattait l'oiseau, Robert Grant reprenait connaissance, mais moi je restais suspendu aux serres du condor par les habits déchirés; je ne voulais plus redescendre, je voulais rester là, sur le toit du monde, au moins jusqu'au lendemain, et j'ai éteint ma lampe de chevet en espérant rêver de grand vent et d'immenses ailes soyeuses.

Mes parents furent très inquiets. Je faisais de la fièvre, mais je n'avais aucun symptôme de grippe ou même de simple rhume. Au bout de quelques jours, maman essaya de confisquer *Les Enfants du capitaine Grant*, mais ma crise empira et elle me remit les trois volumes jaunis et poussiéreux en soupirant comme une martyre.

Michel Tremblay, *Un ange cornu avec des ailes de tôle*, © Leméac / Actes Sud, 1994.

Source: *Le Temps des secrets*, Marcel Pagnol.

Sujet: Lire à deux.

«C'EST LA PLUS BELLE HISTOIRE DU MONDE !»

«Maintenant, je suis fatiguée. On va jouer à autre chose, sans courir ! Est-ce que tu connais *La Petite Marchande d'allumettes* ?»

Je fus un peu interloqué, et je répondis :

«Celle du bureau de tabac ?»

Elle éclata de rire, puis elle mit sa main sur sa bouche, fit un «oh» prolongé, tout en me regardant avec une surprise indignée.

Je fus vexé, et je demandai :

«Qu'est-ce qu'il y a ?

— Il y a que c'est la plus belle histoire du monde, mais ce n'est pas dans la vie, c'est un conte ! Et même, tu as de la chance de ne pas la connaître, parce que je vais te la dire tout de suite !»

Elle courut vers la maison.

Je n'avais pas très bonne conscience. Que dirait Lili, s'il me voyait là, tout pourri de musique, et battu à la marelle par une fille ? Je me levai brusquement, mais je restai sur place, car elle revenait déjà un livre à la main.

«Mets-toi dans le hamac, dit-elle, et ne bouge plus.»

Je n'avais encore jamais eu l'occasion de m'installer dans cette luxueuse balançoire : à ma première tentative, le perfide filet se déroba sous moi, et je tombai lourdement sur le dos.

Elle éclata de rire, tandis que dans ma confusion je pensais au «garçon manqué» qui était tombé d'un arbre.

«Allons, dit-elle gentiment, lève-toi ; je vais t'aider.»

Elle tint à deux mains le bord du hamac, et je réussis à m'installer, la tête mollement soutenue par un coussin de soie parfumée.

Isabelle s'assit sur le bord de la table, les jambes pendantes. Elle ouvrit son livre, et me lut la pathétique tragédie de cette petite Nordique.

où tu te retrouves. Dans mes pages, tu ne rencontreras pas non plus de ces somptueux méchants qu'on rêve de voir décapiter à la fin, tripes fumantes à l'air, en expiation de leurs crimes ignobles. Pas de traître inattendu. Pas d'amis décevants. Pas de tortionnaire sadique. Il n'y aura pas de vengeance spectaculaire, ni de coups de théâtre inattendus, aucun innocent à libérer, aucune cause désespérée à défendre devant des jurés sceptiques, pas d'assassin à découvrir parmi une liste de suspects, aucun trésor enfoui à déterrer avant que la bombe à retardement branchée sur la minuterie du four à micro-ondes ne se déclenche. Il faudra que tu t'y fasses. Il n'y aura pas de ces drames d'amour poignants, qui finissent bien ou mal selon les humeurs personnelles de l'auteur et ses démêlés avec sa dernière muse. Il n'y aura pas non plus de ces longues phrases tarabiscotées qui sont très décoratives mais dont on ne démêle pas très bien le sens. Des petites phrases courtes te transmettront l'information telle quelle. Comme ça. Ou ça. Je peux même faire encore plus court, tiens : Ça. Et chaque fois on reviendra à la ligne. Lis-moi comme un conte. C'est ainsi que je serai le plus caressant à tes pupilles. Certes, je sais que je ne suis qu'un objet. Pourtant, il ne faut pas que tu me sous-estimes. Parfois les objets peuvent venir en aide aux êtres dotés de conscience. Parfois les objets sont vivants. Je suis ton livre ET je suis vivant. Je ne suis formé que de fines tranches de cellulose provenant des forêts norvégiennes. Ces mots ne sont que des signes tracés à l'encre de Chine extraite de quelques pieuvres asiatiques malchanceuses. Cependant, la manière dont ils sont agencés pour former des phrases et la manière dont ces phrases peuvent chanter à tes oreilles sont capables, non seulement de changer ta perception de cet instant, mais de te changer toi et donc de changer le monde. À partir de maintenant je te propose de me percevoir non plus comme un long déroulement de mots et de virgules, mais comme une voix.

Écoute la voix du livre.

Écoute ma voix.

Bonjour.

Selon ta manière de m'appréhender, je peux être rien.

Juste un morceau de carton et de papier pratique pour caler les armoires.

Je peux être beaucoup si tu le désires.

Quelque chose que tu pourras consulter sans cesse où que tu sois.

Quelque chose qui ne te laissera jamais ni seul ni sans sortie de secours.

Un ami de papier.

À toi de choisir ce que tu feras de moi.

Si j'ai un conseil à te donner: profite, abuse de moi.

Mon seul souhait est de te faire du bien.

Mais si tu n'es pas capable de recevoir mes bienfaits,

ne t'inquiète pas,

même si tu ne m'accordes aucune importance,

même si tu me déchires, me brûles, me noies,

même si tu m'oublies dans une bibliothèque,

je suis doué d'ubiquité;

ailleurs, quelqu'un saura m'apprécier et profiter de mes largesses.

Le fait de m'avoir acheté te donne, certes, des droits.

Le fait d'exister auprès de milliers d'autres gens,

sans limites d'espace et de temps,

me donne des pouvoirs que tu ne peux même pas mesurer.

Je suis ton compagnon, humble et hyper-puissant.

Veux-tu du grand voyage dont je t'ai parlé?

Bonjour.

JE ME PRÉSENTE

Je suis un livre et je suis vivant.

Je m'appelle «Le Livre du Voyage».

Je peux, si vous le souhaitez, vous guider pour le plus léger, le plus intime, le plus simple des voyages.

Hum...

Puisque nous allons vivre quelque chose de fort ensemble,

permets-moi tout d'abord de te tutoyer.

Bonjour, lecteur.

Tu me vois.

Je te vois aussi.

Tu as un visage lisse aux yeux humides.

Et moi je te présente ces pages de papier recouvertes de petits caractères qui forment ma figure pâle.

Notre contact s'est aussi établi au niveau de la couverture.

Je sens tes doigts contre mon dos, tes pouces contre mes deux tranches.

Ça me chatouille un peu, d'ailleurs.

Il est temps de pousser plus loin les présentations.

Je m'appelle «Le Livre du Voyage», mais tu peux aussi m'appeler:

Je n'aimais pas beaucoup les histoires tristes, et je me défendais contre l'émotion en me disant, d'abord, que «tout ça n'était pas vrai», puis en affaiblissant la puissance de la poésie par des considérations d'ordre pratique qui, en faisant intervenir la raison, me donnaient le temps de maîtriser ma sensibilité...

Dès la première ligne du récit, il faisait froid, il faisait nuit, la neige tombait. Ces dures conditions atmosphériques ne me concernaient nullement, puisque je me balançais dans l'ombre tiède d'un acacia, au bord de la garrigue ensoleillée.

À la cinquième ligne, la malheureuse enfant, qui était déjà tête nue, perdit bêtement ses savates, et il lui fallut *«marcher dans la neige, sur ses petits pieds nus, qui étaient rouges et bleus de froid».*

Je pensai d'abord qu'elle ne savait pas se débrouiller, que ses parents étaient des criminels de la laisser sortir seule sous la neige, et que celui qui avait raconté cette histoire essayait par tous les moyens de me faire de la peine; je refusai donc d'avoir froid aux pieds avec elle: mais Isabelle prenait la chose très au sérieux, et elle lisait avec une conviction profonde, comme si c'était dans le journal. On aurait dit qu'elle avait plusieurs voix. Tantôt froide et monotone comme la neige qui tombait, puis gourmande et voluptueuse pour dire: *«Il y avait dans toute la rue le fumet délicieux des rôtis qui se préparaient»*, puis vibrante d'indignation lorsque l'affreux gamin volait la seconde savate de l'innocente... Elle était sûrement première aux compositions de récitation, car elle lisait aussi bien que M. Besson, et peut-être même encore mieux... Comme le piano magique avait déjà ébranlé ma sensibilité, la voix d'Isabelle, aussi pathétique que l'histoire, pénétrait peu à peu mes défenses, et je sentis que son émotion me gagnait.

Cela commença lorsque la petite fille essaya de réchauffer *«ses pauvres mains mortes de froid»* en brûlant *«ses allumettes l'une après l'autre»*: je fus forcé de m'apitoyer sur l'inefficacité certaine d'un aussi médiocre moyen de chauffage, et comme je la voyais pâlir et bleuir, je conçus de grandes inquiétudes sur la suite des événements.

La féerie provoquée par la flamme «éblouissante» de ces allumettes (certainement suédoises) me consola un moment, grâce à la gaieté soudaine de la voix d'Isabelle, qui décrivait triomphalement ces visions merveilleuses, et l'apparition de la grand-mère me rassura, quoiqu'elle me parût inexplicable. Enfin, quand elles arrivèrent toutes les deux chez le Bon Dieu, je fus bien content qu'il existât, pour leur donner le bonheur qu'elles méritaient. Mais ce n'était pas fini!

Le cruel conteur apportait une affreuse révélation dans les dernières lignes. Isabelle les lut lentement, une tremblante émotion lui serrait la voix, et quand elle eut dit: *«morte, morte de froid le dernier soir de l'année»*, elle ne put plus dire un mot, et de grosses larmes coulèrent sur ses joues pâles.

Il me fut difficile de contenir un sanglot. Enfin, elle retrouva la parole:

«Le Jour de l'an se leva sur le petit cadavre assis par terre, au milieu de ses allumettes brûlées!...»

Alors, il me sembla que la petite morte c'était elle, je la vis toute blanche dans la neige, et je sautai du hamac pour courir à son secours.

Elle me repoussa doucement, en disant d'une voix étouffée:

«Attends!»

Elle lut les dernières lignes : «*Personne ne savait les belles choses qu'elle avait vues, ni dans quelles splendeurs elle était entrée avec sa vieille grand-mère pour la joyeuse nouvelle année.*»

Ces splendeurs ne me consolèrent pas. Elle était morte de froid, et voilà tout. Le reste était une tricherie, et comme je voyais Isabelle s'élever dans les airs, portée par la force ascensionnelle d'une vieille dame à cheveux blancs, de grosses larmes coulèrent sur mes joues, et je la serrai sur mon cœur pour la garder sur terre.

Toute pleurante, elle se mit à rire.

«Gros nigaud ! dit-elle. Ce n'est qu'une histoire, et tout ça, ce n'est pas vrai. Tu devrais avoir honte de pleurer comme ça !

— Mais vous aussi, vous pleurez !

— Moi je suis une fille. Et puis ça me plaît de pleurer quand c'est pour rire ! Tandis qu'un garçon...»

Elle s'interrompit soudain, et dit :

«Voilà mon père !»

Elle tira de sa poche un petit carré de dentelles, et s'essuya les yeux, pendant que je soufflais dans mon mouchoir à carreaux.

Marcel Pagnol, *Le Temps des secrets*,
© Éditions de Fallois, 1960.

«Ton livre.»
Que je te mette à l'aise :
je ne suis ni un livre mystique, ni un livre
de sagesse,
ni un livre d'hypnose,
ni un livre de méditation transcendantale ;
je ne suis pas non plus
un livre visant à t'enrôler dans une secte,
un parti politique, un groupuscule,
une philosophie ou une pensée New Age.
Ce n'est pas mon genre.
Renonce à me mettre une étiquette et
prends-moi tel que je suis.
Un livre de voyage.
La particularité de ce voyage, c'est que tu en es
le héros principal.
Tu l'as déjà été.
Mais c'était jusque-là, comment dire, plus...
indirect.
On ne te l'avait pas signalé mais :
Jonathan Livingstone
du roman de Richard Bach
c'était déjà toi.
De même que le Petit Prince
de Saint-Exupéry,
l'homme qui voulut être roi
de Kipling,
le prophète
de Khalil Gibran,
le messie de *Dune*
et Alice au pays des merveilles
de Lewis Carroll.
Ces héros étaient,
encore et toujours, toi.
Mais ce n'était pas ouvertement exprimé.
Moi, «Le Livre du Voyage»,
je n'ai pas cette pudeur
ou cette délicatesse.
Au risque de te choquer,
je ne te donnerai qu'un nom :
«Toi.»
Car toi seul accomplis quelque chose
ici et maintenant :
la lecture.
Et puis, tu es aussi le maître de ce voyage,
mon maître.
Durant cet envol,
moi, je ne serai là
que pour te servir
et être ton petit guide
d'encre et de papier.
Dans mes pages,
tu ne trouveras pas toutes les métaphores habituelles,
ni les personnages
que tu rencontres dans les romans
ordinaires.
Tu ne pourras pas te prendre pour
le chef des pirates,
le roi des marécages,
le maître des lutins,
le magicien de la forêt,
le banni de retour,
le savant incompris,
le détective alcoolique,
le musicien génial,
le mercenaire solitaire.
Tu ne pourras pas te prendre non plus

243

pour la princesse charmante,

la mère courageuse,

l'infirmière espionne,

la reine des fantômes,

la déesse manipulatrice,

l'étudiante fleur bleue,

la femme vampire,

la prostituée au grand cœur,

l'actrice déchue,

la sorcière géniale ou l'ethnologue solitaire.

Tu ne pourras te prendre que pour toi-même.

Désolé.

Je crois qu'un bon livre est un miroir

où tu te retrouves.

Dans mes pages,

tu ne rencontreras pas non plus

de ces somptueux méchants

qu'on rêve de voir décapiter à la fin,

tripes fumantes à l'air,

en expiation de leurs crimes ignobles.

Pas de traître inattendu.

Pas d'amis décevants.

Pas de tortionnaire sadique.

Il n'y aura pas de vengeance spectaculaire,

ni de coups de théâtre inattendus,

aucun innocent à libérer,

aucune cause désespérée à défendre

devant des jurés sceptiques,

pas d'assassin à découvrir

parmi une liste de suspects,

aucun trésor enfoui à déterrer

avant que la bombe à retardement

branchée sur la minuterie du four à micro-ondes

ne se déclenche.

Il faudra que tu t'y fasses.

Il n'y aura pas de ces drames d'amour poignants,

qui finissent bien ou mal

selon les humeurs personnelles de l'auteur

et ses démêlés avec sa dernière muse.

Il n'y aura pas non plus

de ces longues phrases tarabiscotées

qui sont très décoratives

mais dont on ne démêle pas très bien le sens.

Des petites phrases courtes

te transmettront l'information telle quelle.

Comme ça.

Ou ça.

Je peux même faire encore plus court, tiens :

Ça.

Et chaque fois on reviendra à la ligne.

Lis-moi comme un conte.

C'est ainsi que je serai le plus caressant à tes

pupilles.

Certes, je sais que je ne suis qu'un objet.

Pourtant, il ne faut pas que tu me

sous-estimes.

Parfois les objets peuvent venir en aide aux

êtres dotés de conscience.

Parfois les objets sont vivants.

Je suis ton livre ET je suis vivant.

Je ne suis formé que de fines tranches

de cellulose

provenant des forêts norvégiennes.

Ces mots ne sont que des signes tracés

à l'encre de Chine

extraite de quelques pieuvres

asiatiques malchanceuses.

Cinquième texte

Source : *Comme un roman*, Daniel Pennac.

Sujet : Lire à haute voix.

Trop de vocabulaire, trop de pages... trop de livres

Et, bien entendu, on n'aime pas lire. Trop de vocabulaire dans les livres. Trop de pages, aussi. Pour tout dire, trop de livres.

Non, décidément, on n'aime pas lire.

C'est du moins ce qu'indique la forêt des doigts levés quand le prof pose la question :

— Qui n'aime pas lire ?

Une certaine provocation, même, dans cette quasi-unanimité. Quant aux rares doigts qui ne se lèvent pas (entre autres celui de la Veuve sicilienne), c'est par indifférence résolue à la question posée.

— Bon, dit le prof, puisque vous n'aimez pas lire... c'est moi qui vous lirai des livres.

Sans transition, il ouvre son cartable et en sort un bouquin gros comme ça, un truc cubique, vraiment énorme, à couverture glacée. Ce qu'on peut imaginer de plus impressionnant en matière de livre.

— Vous y êtes ?

Ils n'en croient ni leurs yeux ni leurs oreilles. Ce type va leur lire *tout ça* ? Mais on va y passer l'année ! Perplexité... Une certaine tension, même... Ça n'existe pas, un prof qui se propose de passer l'année à lire. Ou c'est un sacré fainéant, ou il y a anguille sous roche. L'arnaque nous guette. On va avoir droit à la liste de vocabulaire quotidienne, au compte rendu de lecture permanent...

Ils se regardent. Certains, à tout hasard, posent une feuille devant eux et mettent leurs stylos en batterie.

— Non, non, inutile de prendre des notes. Essayez d'écouter, c'est tout.

Se pose alors le problème de *l'attitude*. Que devient un corps dans une salle de classe s'il n'a plus l'alibi du stylo-bille et de la feuille blanche ? Qu'est-ce qu'on peut bien faire de soi dans une circonstance pareille ?

— Installez-vous confortablement, détendez-vous...

(Il en a de bonnes, lui... détendez-vous...)

La curiosité l'emportant, Banane et Santiags finit tout de même par demander :

— Vous allez nous lire tout ce livre... *à haute voix* ?

— Je ne vois pas très bien comment tu pourrais m'entendre si je le lisais à voix basse...

Discrète rigolade. Mais, la jeune Veuve sicilienne ne mange pas de ce pain-là. Dans un murmure assez sonore pour être entendue de tous, elle lâche :

— On a passé l'âge.

Préjugé communément répandu... particulièrement chez ceux à qui l'on n'a jamais fait le vrai cadeau d'une lecture. Les autres savent qu'il n'y a pas d'âge pour ce genre de régal.

— Si dans dix minutes tu estimes encore avoir passé l'âge, tu lèves le doigt et on passe à autre chose, d'accord ?

— Qu'est-ce que c'est, comme livre ? demande Burlington, sur un ton qui en a vu d'autres.

— Un roman.

— Ça raconte quoi ?

— Difficile à dire avant de l'avoir lu. Bon, vous y êtes ? Fin des négociations. On y va.

Ils y sont... sceptiques, mais ils y sont.

— Chapitre Un :

«*Au dix-huitième siècle vécut en France un homme qui compta parmi les personnages les plus géniaux et les plus abominables de cette époque qui pourtant ne manqua pas de génies abominables...*»

«*À l'époque dont nous parlons, il régnait dans les villes une puanteur à peine imaginable pour les modernes que nous sommes. Les rues puaient le fumier, les arrière-cours puaient l'urine, les cages d'escalier puaient le bois moisi et la crotte de rat, les cuisines le chou pourri et la graisse de mouton; les pièces d'habitation mal aérées puaient la poussière renfermée, les courtepointes moites et le remugle âcre des pots de chambre. Les cheminées crachaient une puanteur de soufre, les tanneries la puanteur de leurs bains corrosifs, et les abattoirs la puanteur du sang caillé. Les gens puaient la sueur et les vêtements non lavés; leurs bouches puaient les dents gâtées, leurs estomacs puaient le jus d'oignon, et leurs corps, dès qu'ils n'étaient plus tout jeunes, puaient le vieux fromage et le lait aigre et les tumeurs éruptives. Les rivières puaient, les places puaient, les églises puaient, cela puait sous les ponts et dans les palais. Le paysan puait comme le prêtre, le compagnon tout comme l'épouse de son maître artisan, la noblesse puait du haut jusqu'en bas, et le roi lui-même puait, il puait comme un fauve, et la reine comme une vieille chèvre, été comme hiver[1]...*»

Cher Monsieur Süskind, merci ! Vos pages exhalent un fumet qui dilate les narines et les rates. Jamais votre *Parfum* n'eut lecteurs plus enthousiastes que ces trente-cinq-là, si peu disposés à vous lire. Passé les dix premières minutes, je vous prie de croire que la jeune Veuve sicilienne vous trouvait tout à fait de son âge. C'était même touchant, toutes ses petites grimaces pour ne pas laisser son rire étouffer votre prose. Burlington ouvrait des yeux comme des oreilles, et «chut ! bon dieu, la ferme !» dès qu'un de ses copains laissait aller son hilarité. Aux alentours de la page trente-deux, en ces lignes où vous comparez votre Jean-Baptiste Grenouille, alors en pension chez Madame Gaillard, à une tique en embuscade perpétuelle (vous savez ? «*la tique solitaire, concentrée et cachée dans son arbre, aveugle, sourde et muette, tout occupée à flairer sur des lieues à la ronde le sang des animaux qui passent...*»), eh bien !, vers ces pages-là, où l'on descend pour la première fois dans les moites profondeurs de Jean-Baptiste Grenouille, Banane et Santiags s'est endormi, la tête entre ses bras repliés. Un franc sommeil au souffle régulier.

---

1. Patrick Süskind, *Le Parfum*, Éditions Fayard. Traduit par Bernard Lortholary.

Cependant, la manière dont ils sont agencés pour former des phrases et la manière dont ces phrases peuvent chanter à tes oreilles sont capables, non seulement de changer ta perception de cet instant, mais de te changer toi et donc de changer le monde. À partir de maintenant je te propose de me percevoir non plus comme un long déroulement de mots et de virgules, mais comme une voix. Écoute la voix du livre. Écoute ma voix. *Bonjour.* Selon ta manière de m'appréhender, je peux être rien. Juste un morceau de carton et de papier pratique pour caler les armoires. Je peux être beaucoup si tu le désires. Quelque chose que tu pourras consulter sans cesse où que tu sois. Quelque chose qui ne te laissera jamais ni seul ni sans sortie de secours. Un ami de papier. À toi de choisir ce que tu feras de moi. Si j'ai un conseil à te donner : profite, abuse de moi. Mon seul souhait est de te faire du bien. Mais si tu n'es pas capable de recevoir mes bienfaits, ne t'inquiète pas, même si tu ne m'accordes aucune importance, même si tu me déchires, me brûles, me noies, même si tu m'oublies dans une bibliothèque, je suis doué d'ubiquité; ailleurs, quelqu'un saura m'apprécier et profiter de mes largesses. Le fait de m'avoir acheté te donne, certes, des droits. Le fait d'exister auprès de milliers d'autres gens, sans limites d'espace et de temps, me donne des pouvoirs que tu ne peux même pas mesurer. Je suis ton compagnon, humble et hyper-puissant. Veux-tu du grand voyage dont je t'ai parlé ? *Bonjour.*

JE ME PRÉSENTE

Je suis un livre et je suis vivant. Je m'appelle «Le Livre du Voyage». Je peux, si vous le souhaitez, vous guider pour le plus léger, le plus intime, le plus simple des voyages. Hum... Puisque nous allons vivre quelque chose de fort ensemble, permets-moi tout d'abord de te tutoyer. Bonjour, lecteur. Tu me vois. Je te vois aussi.

Tu as un visage lisse aux yeux humides.

Et moi je te présente ces pages de papier

recouvertes de petits caractères qui forment

ma figure pâle.

Notre contact s'est aussi établi

au niveau de la couverture.

Je sens tes doigts contre mon dos,

tes pouces contre mes deux tranches.

Ça me chatouille un peu, d'ailleurs.

Il est temps de pousser plus loin les

présentations.

Je m'appelle «Le Livre du Voyage»,

mais tu peux aussi m'appeler:

«Ton livre.»

Que je te mette à l'aise:

je ne suis ni un livre mystique, ni un livre

de sagesse,

ni un livre d'hypnose,

ni un livre de méditation transcendantale;

je ne suis pas non plus

un livre visant à t'enrôler dans une secte,

un parti politique, un groupuscule,

une philosophie ou une pensée New Age.

Ce n'est pas mon genre.

Renonce à me mettre une étiquette et

prends-moi tel que je suis.

Un livre de voyage.

La particularité de ce voyage, c'est que tu en es

le héros principal.

Tu l'as déjà été.

Mais c'était jusque-là, comment dire, plus...

indirect.

On ne te l'avait pas signalé mais:

Jonathan Livingstone

du roman de Richard Bach

c'était déjà toi.

De même que le Petit Prince

de Saint-Exupéry,

l'homme qui voulut être roi

de Kipling,

le prophète

de Khalil Gibran,

le messie de *Dune*

et Alice au pays des merveilles

de Lewis Carroll.

Ces héros étaient,

encore et toujours, toi.

Mais ce n'était pas ouvertement exprimé.

Moi, «Le Livre du Voyage»,

je n'ai pas cette pudeur

ou cette délicatesse.

Au risque de te choquer,

je ne te donnerai qu'un nom:

«Toi.»

Car toi seul accomplis quelque chose

ici et maintenant:

la lecture.

Et puis, tu es aussi le maître de ce voyage,

mon maître.

Durant cet envol,

moi, je ne serai là

que pour te servir

et être ton petit guide

d'encre et de papier.

Dans mes pages,

tu ne trouveras pas toutes les métaphores habituelles,

ni les personnages

Non, non, ne le réveillez pas, rien de meilleur qu'un bon somme après berceuse, c'est même le tout premier des plaisirs dans l'ordre de la lecture. Il est redevenu tout petit, Banane et Santiags, tout confiant... et il n'est guère plus grand quand, l'heure sonnant, il s'écrie:

— Merde, je me suis endormi! Qu'est-ce qui s'est passé chez la mère Gaillard?

Et merci à vous aussi, messieurs Márquez, Calvino, Stevenson, Dostoïevski, Saki, Amado, Gary, Fante, Dahl, Roché, vivants ou morts que vous soyez! Pas un seul, parmi ces trente-cinq réfractaires à la lecture, n'a attendu que le prof aille au bout d'un de vos livres pour le finir avant lui. Pourquoi remettre à la semaine prochaine un plaisir qu'on peut s'offrir en un soir?

— Qui c'est, ce Süskind?

— Il est vivant?

— Qu'est-ce qu'il a écrit d'autre?

— C'est écrit en français, *Le Parfum*? On dirait que c'est écrit en français. (Merci, merci monsieur Lortholary, mesdames et messieurs de la traduction, lumières de Pentecôte, merci!)

Et, les semaines passant...

— Formidable, *Chronique d'une mort annoncée*! Et *Cent ans de solitude*, monsieur, ça raconte quoi?

— Oh! Fante, monsieur, Fante! *Mon chien Stupide*! C'est vrai que c'est vachement marrant!

— *La Vie devant soi*, Ajar... enfin, Gary... Super!

— Il est vraiment trop, le Roald Dahl! L'histoire de la femme qui tue son mec d'un coup de gigot congelé et qui fait bouffer aux flics la pièce à conviction, ça m'a complètement éclaté!

Soit, soit... les catégories critiques ne sont pas encore affinées... mais ça viendra... laissons lire... ça viendra...

— Au fond, monsieur, *Le Vicomte pourfendu*, *Docteur Jekyll et Mister Hyde*, *Le portrait de Dorian Gray*, ça traite un peu du même sujet, tous ces bouquins: le bien, le mal, le double, la conscience, la tentation, la morale sociale, toutes ces choses-là, non?

— Si.

— Raskolnikov, on peut dire que c'est un personnage «romantique»?

Vous voyez... ça vient.

Daniel Pennac, *Comme un roman*,
© Éditions Gallimard, 1992.

446 – 48 = 398

Reste la question du grand, là-haut, dans sa chambre.

Lui aussi, il aurait bien besoin d'être réconcilié avec «les livres»!

Maison vide, parents couchés, télévision éteinte, il se retrouve donc seul... devant la page 48.

Et cette «fiche de lecture» à rendre demain...

Demain...

Bref calcul mental:

446 – 48 = 398.

Trois cent quatre-vingt-dix-huit pages à s'envoyer dans la nuit!

Il s'y remet bravement. Une page poussant l'autre. Les mots du «livre» dansent entre les oreillettes de son walkman. Sans joie. Les mots ont des pieds de plomb. Ils tombent les uns après les autres, comme ces chevaux qu'on achève. Même le solo de batterie n'arrive pas à les ressusciter. (Un fameux batteur, pourtant, Kendall!) Il poursuit sa lecture sans se retourner sur le cadavre des mots. Les mots ont rendu leur sens, paix à leurs lettres. Cette hécatombe ne l'effraye pas. Il lit comme on avance. C'est le devoir qui le pousse. Page 62, page 63.

Il lit.

Que lit-il?

L'histoire d'Emma Bovary.

L'histoire d'une fille qui avait beaucoup lu:

«*Elle avait lu* Paul et Virginie *et elle avait rêvé la maisonnette de bambous, le nègre Domingo, le chien Fidèle, mais surtout l'amitié douce de quelque bon petit frère, qui va chercher pour vous des fruits rouges dans des grands arbres plus hauts que des clochers, ou qui court pieds nus sur le sable, vous apportant un nid d'oiseau.*»

que tu rencontres dans les romans ordinaires.

Tu ne pourras pas te prendre pour le chef des pirates, le roi des marécages, le maître des lutins, le magicien de la forêt, le banni de retour, le savant incompris, le détective alcoolique, le musicien génial, le mercenaire solitaire. Tu ne pourras pas te prendre non plus pour la princesse charmante, la mère courageuse, l'infirmière espionne, la reine des fantômes, la déesse manipulatrice, l'étudiante fleur bleue, la femme vampire, la prostituée au grand cœur, l'actrice déchue, la sorcière géniale ou l'ethnologue solitaire. Tu ne pourras te prendre que pour toi-même. Désolé. Je crois qu'un bon livre est un miroir où tu te retrouves. Dans mes pages, tu ne rencontreras pas non plus de ces somptueux méchants qu'on rêve de voir décapiter à la fin, tripes fumantes à l'air, en expiation de leurs crimes ignobles. Pas de traître inattendu. Pas d'amis décevants. Pas de tortionnaire sadique. Il n'y aura pas de vengeance spectaculaire, ni de coups de théâtre inattendus, aucun innocent à libérer, aucune cause désespérée à défendre devant des jurés sceptiques, pas d'assassin à découvrir parmi une liste de suspects, aucun trésor enfoui à déterrer avant que la bombe à retardement branchée sur la minuterie du four à micro-ondes ne se déclenche. Il faudra que tu t'y fasses. Il n'y aura pas de ces drames d'amour poignants, qui finissent bien ou mal selon les humeurs personnelles de l'auteur et ses démêlés avec sa dernière muse. Il n'y aura pas non plus de ces longues phrases tarabiscotées qui sont très décoratives mais dont on ne démêle pas très bien le sens. Des petites phrases courtes te transmettront l'information telle quelle. Comme ça. Ou ça. Je peux même faire encore plus court, tiens: Ça. Et chaque fois on reviendra à la ligne. Lis-moi comme un conte. C'est ainsi que je serai le plus caressant à tes pupilles. Certes, je sais que je ne suis qu'un objet.

Pourtant, il ne faut pas que tu me
sous-estimes.
Parfois les objets peuvent venir en aide aux
êtres dotés de conscience.
Parfois les objets sont vivants.
Je suis ton livre ET je suis vivant.
Je ne suis formé que de fines tranches
de cellulose
provenant des forêts norvégiennes.
Ces mots ne sont que des signes tracés
à l'encre de Chine
extraite de quelques pieuvres
asiatiques malchanceuses.
Cependant,
la manière dont ils sont agencés
pour former des phrases et
la manière dont ces phrases
peuvent chanter à tes oreilles
sont capables, non seulement de changer
ta perception de cet instant,
mais de te changer toi
et donc
de changer le monde.
À partir de maintenant je te propose de me
percevoir non plus comme un long
déroulement de mots et de virgules,
mais comme une voix.
Écoute la voix du livre.
Écoute ma voix.
Bonjour.
Selon ta manière de m'appréhender, je peux
être rien.
Juste un morceau de carton et de papier
pratique pour caler les armoires.
Je peux être beaucoup si tu le désires.
Quelque chose que tu pourras
consulter sans cesse où que tu sois.
Quelque chose qui
ne te laissera jamais ni seul
ni sans sortie de secours.
Un ami de papier.
À toi de choisir ce que tu feras de moi.
Si j'ai un conseil à te donner : profite,
abuse de moi.
Mon seul souhait est de te faire du bien.
Mais si tu n'es pas capable de recevoir mes
bienfaits,
ne t'inquiète pas,
même si
tu ne m'accordes aucune importance,
même si
tu me déchires, me brûles, me noies,
même si
tu m'oublies dans une bibliothèque,
je suis doué d'ubiquité ;
ailleurs, quelqu'un saura m'apprécier
et profiter de mes largesses.
Le fait de m'avoir acheté te donne, certes,
des droits.
Le fait d'exister
auprès de milliers d'autres gens,
sans limites d'espace et de temps,
me donne des pouvoirs
que tu ne peux même pas mesurer.
Je suis ton compagnon, humble et hyper-puissant.
Veux-tu du grand voyage dont je t'ai parlé ?
Bonjour.

Le mieux est de téléphoner à Thierry, ou à Stéphanie, pour qu'ils lui passent leur fiche de lecture, demain matin, qu'il recopiera vite fait, avant d'entrer en cours, ni vu ni connu, ils lui doivent bien ça.

« Lorsqu'elle eut treize ans, son père l'amena lui-même à la ville pour la mettre au couvent. Ils descendirent dans une auberge du quartier Saint-Gervais où ils eurent à leur souper des assiettes peintes qui représentaient l'histoire de mademoiselle de La Vallière. Les explications légendaires, coupées çà et là par l'égratignure des couteaux, glorifiaient toutes la religion, les délicatesses du cœur et les pompes de la Cour. »

La formule : *« Ils eurent à leur souper des assiettes peintes... »* lui arrache un sourire fatigué : « On leur a donné à bouffer des assiettes vides ? On leur a fait becqueter l'histoire de cette La Vallière ? » Il fait le malin. Il se croit en marge de sa lecture. Erreur, son ironie a tapé dans le mille. Car leurs malheurs symétriques viennent de là : Emma est capable d'envisager son assiette comme un livre, et lui son livre comme une assiette.

Daniel Pennac, *Comme un roman,*
© Éditions Gallimard, 1992.

Source: Comme un roman, Daniel Pennac.

Sujet: Lire pour tomber en amour.

«C'est l'histoire d'une fille qui aime un type et qui en épouse un troisième.»

J'ai lu *La Guerre et la Paix,* pour la première fois à douze ou treize ans (plutôt treize, j'étais en cinquième et guère en avance). Depuis le début des vacances, les grandes, je voyais mon frère [...] s'enfoncer dans cet énorme roman, et son œil devenait aussi lointain que celui de l'explorateur qui a depuis belle lurette perdu le souci de la terre natale.

— C'est si chouette que ça ?

— Formidable !

— Qu'est-ce que ça raconte ?

— C'est l'histoire d'une fille qui aime un type et qui en épouse un troisième.

Mon frère a toujours eu le don des résumés. Si les éditeurs l'embauchaient pour rédiger leurs «quatrièmes de couverture» (ces pathétiques exhortations à lire qu'on colle au dos des livres), il nous épargnerait bien des baratins inutiles.

— Tu me le prêtes ?

— Je te le donne.

J'étais pensionnaire, c'était un cadeau inestimable. Deux gros volumes qui me tiendraient chaud pendant tout le trimestre. De cinq ans mon aîné, mon frère n'était pas complètement idiot (il ne l'est d'ailleurs pas devenu) et savait pertinemment que *La Guerre et la Paix* ne saurait être réduite à une histoire d'amour, si bien tournée soit-elle. Seulement il connaissait mon goût pour les incendies du sentiment, et savait titiller ma curiosité par la formulation énigmatique de ses résumés. (Un «pédagogue» selon mon cœur.) Je crois bien que c'est le mystère arithmétique de sa phrase qui me fit temporairement troquer mes *Bibliothèque verte, rouge et or,* et autres *Signes de piste* pour me jeter dans ce roman. «Une fille qui aime un type et qui en épouse un *troisième*»... je ne vois pas qui aurait pu résister. De fait, je n'ai pas été déçu, bien qu'il se fût trompé

Car toi seul accomplis quelque chose
ici et maintenant:
   la lecture.
Et puis, tu es aussi le maître de ce voyage,
mon maître.
Durant cet envol,
moi, je ne serai là
que pour te servir
et être ton petit guide
d'encre et de papier.
Dans mes pages,
tu ne trouveras pas toutes les métaphores habituelles,
ni les personnages
que tu rencontres dans les romans
ordinaires.
Tu ne pourras pas te prendre pour
le chef des pirates,
le roi des marécages,
le maître des lutins,
le magicien de la forêt,
le banni de retour,
le savant incompris,
le détective alcoolique,
le musicien génial,
le mercenaire solitaire.
Tu ne pourras pas te prendre non plus
pour la princesse charmante,
la mère courageuse,
l'infirmière espionne,
la reine des fantômes,
la déesse manipulatrice,
l'étudiante fleur bleue,
la femme vampire,
la prostituée au grand cœur,
l'actrice déchue,
la sorcière géniale ou l'ethnologue solitaire.
Tu ne pourras te prendre que pour toi-même.
Désolé.
Je crois qu'un bon livre est un miroir
où tu te retrouves.
Dans mes pages,
tu ne rencontreras pas non plus
de ces somptueux méchants
qu'on rêve de voir décapiter à
tripes fumantes à l'air,
en expiation de leurs crimes i
Pas de traître inattendu.
Pas d'amis décevants.
Pas de tortionnaire sadique.
Il n'y aura pas de vengeance s
ni de coups de théâtre inatten
aucun innocent à libérer,
aucune cause désespérée à dé
devant des jurés sceptiques,
pas d'assassin à découvrir
parmi une liste de suspects,
aucun trésor enfoui à déterrer
avant que la bombe à retarde
branchée sur la minuterie du f
ne se déclenche.
Il faudra que tu t'y fasses.
Il n'y aura pas de ces drames
qui finissent bien ou mal
selon les humeurs personnelle
et ses démêlés avec sa dernié
Il n'y aura pas non plus
de ces longues phrases tarabis

dans ses comptes. En réalité, nous étions quatre à aimer Natacha: le prince André, ce voyou d'Anatole (mais peut-on appeler ça de l'amour?), Pierre Bézoukhov et moi. Comme je n'avais aucune chance, force me fut de m'«identifier» aux autres. (Mais pas à Anatole, un vrai salopard, celui-là!)

Lecture d'autant plus délicieuse qu'elle se déroula de nuit, à la lumière d'une lampe de poche, et sous mes couvertures plantées comme une tente au milieu d'un dortoir de cinquante rêveurs, ronfleurs et autres gigoteurs. La tente du pion où fusait la veilleuse était toute proche, mais quoi, en amour, c'est toujours le tout pour le tout. Je sens encore l'épaisseur et le poids de ces volumes dans mes mains. C'était la version de poche, avec la jolie bouille d'Audrey Hepburn que toisait un Mel Ferrer princier aux lourdes paupières de rapace amoureux. J'ai sauté les trois quarts du livre pour ne m'intéresser qu'au cœur de Natacha. J'ai plaint Anatole, tout de même, quand on l'a amputé de sa jambe, j'ai maudit cet abruti de prince André d'être resté debout devant ce boulet, à la bataille de Borodino... («Mais couche-toi, nom de Dieu, à plat ventre, ça va exploser, tu ne peux pas lui faire ça, elle t'aime!»)... Je me suis intéressé à l'amour et aux batailles et j'ai sauté les affaires de politique et de stratégie... Les théories de Clausewitz me passant très au-dessus de la tête, ma foi, j'ai laissé passer les théories de Clausewitz... J'ai suivi de très près les déboires conjugaux de Pierre Bézoukhov et de sa femme Hélène («pas sympa», Hélène, je ne la trouvais vraiment «pas sympa»...) et j'ai laissé Tolstoï disserter seul des problèmes agraires de l'éternelle Russie...

J'ai sauté des pages, quoi.

Daniel Pennac, *Comme un roman*,
© Éditions Gallimard, 1992.

Source: La lectrice, Raymond Jean.

Sujet: Lire pour frissonner.

«Pourquoi pas Maupassant?»

Pourquoi pas Maupassant? Il n'y a rien de mieux que Maupassant, crois-moi Marie-Constance; pour tous les âges, tous les goûts, toutes les conditions, tous les pays... pour ton projet, c'est ce qu'il y a de mieux... ne va surtout pas t'embarquer dans des choses ambitieuses et prétentieuses... Il a pris sur les rayons un beau Maupassant, une vieille édition à reliure brune, il tourne les pages, il cherche. Il faut choisir, dit-il, des nouvelles fantastiques, tu es sûre du succès... Et le voilà qui se lance dans une curieuse évocation de ses débuts d'enseignant; il était dans un lycée provincial où on lui avait confié des petites classes qui l'ennuyaient alors qu'il rongeait son frein, impatient de commencer une carrière universitaire, et pour se désennuyer, il consacrait de longues heures de classe à lire aux élèves des histoires fantastiques: immense succès, les gosses avaient peur mais, adorant avoir peur, se délectaient et montraient une attention dont ils étaient incapables pour n'importe quel autre exercice. Une expérience pédagogique comme une autre. Je pouvais m'en inspirer.

Pour illustrer ses propos, semble-t-il, il feuillette le livre, cherche, trouve le récit auquel il pensait sans doute. Voilà, dit-il, *La Main*. Tu connais? Tout le monde connaît *La Main*. Je lui avoue que je ne me souviens pas très bien. *La Main*, dit-il, c'est l'histoire d'un Anglais excentrique qui est venu s'isoler en Corse et qui, sur le mur de sa maison, a accroché une main humaine assez mystérieuse. L'histoire est supposée être racontée par un juge à des femmes qui, bien entendu, se trémoussent en l'écoutant:

«... Plusieurs femmes s'étaient levées pour s'approcher et demeuraient debout, l'œil fixé sur la bouche rasée du magistrat d'où sortaient les paroles graves. Elles frissonnaient, vibraient, crispées par leur peur curieuse, par l'avide et insatiable besoin d'épouvante qui hante leur âme, les torture comme une faim...»

Il s'arrête pour dire: L'insatiable besoin d'épouvante qui hante leur âme, c'est beau ça, non? Il a lu d'une voix grave, nettement timbrée. Je regarde sa bouche, le pourtour bien rasé de sa bouche. Il saute quelques lignes, reprend le texte un peu plus loin. Et voilà l'Anglais, dit-il:

«C'était un grand homme à cheveux rouges, à barbe rouge, très haut, très large, une sorte d'hercule placide et poli. Il n'avait rien de la raideur dite britannique et il

qui sont très décoratives mais dont on ne démêle pas très bien le sens. Des petites phrases courtes te transmettront l'information telle quelle. Comme ça. Ou ça. Je peux même faire encore plus court, tiens: Ça. Et chaque fois on reviendra à la ligne. Lis-moi comme un conte. C'est ainsi que je serai le plus caressant à tes pupilles. Certes, je sais que je ne suis qu'un objet. Pourtant, il ne faut pas que tu me sous-estimes. Parfois les objets peuvent venir en aide aux êtres dotés de conscience. Parfois les objets sont vivants. Je suis ton livre ET je suis vivant. Je ne suis formé que de fines tranches de cellulose provenant des forêts norvégiennes. Ces mots ne sont que des signes tracés à l'encre de Chine extraite de quelques pieuvres asiatiques malchanceuses. Cependant, la manière dont ils sont agencés pour former des phrases et la manière dont ces phrases peuvent chanter à tes oreilles sont capables, non seulement de changer ta perception de cet instant, mais de te changer toi et donc de changer le monde. À partir de maintenant je te propose de me percevoir non plus comme un long déroulement de mots et de virgules, mais comme une voix. Écoute la voix du livre. Écoute ma voix. *Bonjour.* Selon ta manière de m'appréhender, je peux être rien. Juste un morceau de carton et de papier pratique pour caler les armoires. Je peux être beaucoup si tu le désires. Quelque chose que tu pourras consulter sans cesse où que tu sois. Quelque chose qui ne te laissera jamais ni seul ni sans sortie de secours. Un ami de papier. À toi de choisir ce que tu feras de moi. Si j'ai un conseil à te donner: profite, abuse de moi. Mon seul souhait est de te faire du bien. Mais si tu n'es pas capable de recevoir mes bienfaits, ne t'inquiète pas, même si tu ne m'accordes aucune importance, même si tu me déchires, me brûles, me noies, même si tu m'oublies dans une bibliothèque,

je suis doué d'ubiquité;
ailleurs, quelqu'un saura m'apprécier
et profiter de mes largesses.
Le fait de m'avoir acheté te donne, certes,
des droits.
Le fait d'exister
auprès de milliers d'autres gens,
sans limites d'espace et de temps,
me donne des pouvoirs
que tu ne peux même pas mesurer.
Je suis ton compagnon, humble et hyper-puissant.
Veux-tu du grand voyage dont je t'ai parlé?
Bonjour.
JE ME PRÉSENTE
Je suis un livre et je suis vivant.
Je m'appelle «Le Livre du Voyage».
Je peux, si vous le souhaitez, vous guider
pour le plus léger, le plus intime,
le plus simple des voyages.
Hum...
Puisque nous allons vivre quelque chose de
fort ensemble,
permets-moi tout d'abord de te tutoyer.
Bonjour, lecteur.
Tu me vois.
Je te vois aussi.
Tu as un visage lisse aux yeux humides.
Et moi je te présente ces pages de papier
recouvertes de petits caractères qui forment
ma figure pâle.
Notre contact s'est aussi établi
au niveau de la couverture.
Je sens tes doigts contre mon dos,
tes pouces contre mes deux tranches.
Ça me chatouille un peu, d'ailleurs.
Il est temps de pousser plus loin les
présentations.
Je m'appelle «Le Livre du Voyage»,
mais tu peux aussi m'appeler:
«Ton livre.»
Que je te mette à l'aise:
je ne suis ni un livre mystique, ni un livre
de sagesse,
ni un livre d'hypnose,
ni un livre de méditation transcendantale;
je ne suis pas non plus
un livre visant à t'enrôler dans une secte,
un parti politique, un groupuscule,
une philosophie ou une pensée New Age.
Ce n'est pas mon genre.
Renonce à me mettre une étiquette et
prends-moi tel que je suis.
Un livre de voyage.
La particularité de ce voyage, c'est que tu en es
le héros principal.
Tu l'as déjà été.
Mais c'était jusque-là, comment dire, plus...
indirect.
On ne te l'avait pas signalé mais:
Jonathan Livingstone
du roman de Richard Bach
c'était déjà toi.
De même que le Petit Prince
de Saint-Exupéry,
l'homme qui voulut être roi
de Kipling,
le prophète

me remercia vivement de ma délicatesse en un français accentué d'outre-Manche. Au bout d'un mois, nous avions causé ensemble cinq ou six fois…»

Et maintenant, voilà la main!

«… Au milieu du plus large panneau, une chose étrange me tira l'œil. Sur un carré de velours rouge, un objet noir se détachait. Je m'approchai: c'était une main, une main d'homme. Non pas une main de squelette blanche et propre, mais une main noire desséchée, avec les ongles jaunes, les muscles à nu et des traces de sang ancien, de sang pareil à une crasse sur les os coupés net, comme d'un coup de hache, vers le milieu de l'avant-bras…»

Il interrompt sa lecture, referme le livre, attend ma réaction. Comme elle ne vient pas très vite, il enchaîne lui-même: Tout à fait efficace... des ficelles, bon... des effets simples, un peu gros... mais ça marche... voilà ce qu'il faut prendre comme texte, si tu veux te faire un public... un bon auteur français, valeur sûre... qui savait manier le suspense et le *thrilling* comme pas un... ça accroche à tous les coups... Il doit être déçu de constater que je ne parais pas totalement convaincue. En réalité, je le suis. Mais je me demande à qui je vais avoir l'occasion de lire ces horreurs. J'imagine très mal.

Raymond Jean, *La lectrice*, © Actes Sud, 1986.

Neuvième texte

Source : Les grandes marées, Jacques Poulin.

Sujet : Lire pour se souvenir.

« *J'ai suivi un cours de lecture ralentie.* »

— Qu'est-ce que vous avez fait de bon aujourd'hui ? demanda-t-il quand ils eurent terminé la tarte et allumé une cigarette.

— J'ai lu un paragraphe de mon livre, dit-elle.

Il lui demanda si son livre était difficile à lire.

— Mais non. C'est des nouvelles de Bradbury.

Il n'osa pas demander si le paragraphe était spécialement long, même si c'était la question qui lui paraissait la plus logique dans les circonstances.

— Je lis toujours très lentement, dit Marie. J'ai suivi un cours de lecture ralentie.

Elle parla d'un vieux professeur qui s'appelait Simon et qui avait perdu son emploi parce qu'il était toujours ivre ; elle l'avait connu en Gaspésie. Elle ne donna aucune explication sur la méthode que le professeur avait mise au point, mais elle dit que la lecture ralentie, à la seule condition d'être pratiquée dans un endroit calme, permettait d'apprendre par cœur des textes très longs.

— Vous pouvez me réciter le paragraphe que vous avez lu ? demanda Teddy.

— Mais oui, dit-elle après un moment d'hésitation.

— C'est difficile ?

— Non. Ça marche ou ça ne marche pas. Quand ça marche, c'est facile et quand ça ne marche pas, il n'y a rien à faire.

Elle proposa :

— Ça ne te fait rien qu'on se dise « tu » ?

de Khalil Gibran, le messie de *Dune* et Alice au pays des merveilles de Lewis Carroll. Ces héros étaient, encore et toujours, toi. Mais ce n'était pas ouvertement exprimé. Moi, « Le Livre du Voyage », je n'ai pas cette pudeur ou cette délicatesse. Au risque de te choquer, je ne te donnerai qu'un nom : « Toi. » Car toi seul accomplis quelque chose ici et maintenant : la lecture. Et puis, tu es aussi le maître de ce voyage, mon maître. Durant cet envol, moi, je ne serai là que pour te servir et être ton petit guide d'encre et de papier. Dans mes pages, tu ne trouveras pas toutes les métaphores habituelles, ni les personnages que tu rencontres dans les romans ordinaires. Tu ne pourras pas te prendre pour le chef des pirates, le roi des marécages, le maître des lutins, le magicien de la forêt, le banni de retour, le savant incompris, le détective alcoolique, le musicien génial, le mercenaire solitaire. Tu ne pourras pas te prendre non plus pour la princesse charmante, la mère courageuse, l'infirmière espionne, la reine des fantômes, la déesse manipulatrice, l'étudiante fleur bleue, la femme vampire, la prostituée au grand cœur, l'actrice déchue, la sorcière géniale ou l'ethnologue solitaire. Tu ne pourras te prendre que pour toi-même. Désolé. Je crois qu'un bon livre est un miroir où tu te retrouves. Dans mes pages, tu ne rencontreras pas non plus de ces somptueux méchants qu'on rêve de voir décapiter à la fin, tripes fumantes à l'air, en expiation de leurs crimes ignobles. Pas de traître inattendu. Pas d'amis décevants. Pas de tortionnaire sadique. Il n'y aura pas de vengeance spectaculaire, ni de coups de théâtre inattendus, aucun innocent à libérer, aucune cause désespérée à défendre devant des jurés sceptiques,

pas d'assassin à découvrir
parmi une liste de suspects,
aucun trésor enfoui à déterrer
avant que la bombe à retardement
branchée sur la minuterie du four à micro-ondes
ne se déclenche.
Il faudra que tu t'y fasses.
Il n'y aura pas de ces drames d'amour poignants,
qui finissent bien ou mal
selon les humeurs personnelles de l'auteur
et ses démêlés avec sa dernière muse.
Il n'y aura pas non plus
de ces longues phrases tarabiscotées
qui sont très décoratives
mais dont on ne démêle pas très bien le sens.
Des petites phrases courtes
te transmettront l'information telle quelle.
Comme ça.
Ou ça.
Je peux même faire encore plus court, tiens :
Ça.
Et chaque fois on reviendra à la ligne.
Lis-moi comme un conte.
C'est ainsi que je serai le plus caressant à tes
pupilles.
Certes, je sais que je ne suis qu'un objet.
Pourtant, il ne faut pas que tu me
sous-estimes.
Parfois les objets peuvent venir en aide aux
êtres dotés de conscience.
Parfois les objets sont vivants.
Je suis ton livre ET je suis vivant.
Je ne suis formé que de fines tranches
de cellulose
provenant des forêts norvégiennes.
Ces mots ne sont que des signes tracés
à l'encre de Chine
extraite de quelques pieuvres
asiatiques malchanceuses.
Cependant,
la manière dont ils sont agencés
pour former des phrases et
la manière dont ces phrases
peuvent chanter à tes oreilles
sont capables, non seulement de changer
ta perception de cet instant,
mais de te changer toi
et donc
de changer le monde.
À partir de maintenant je te propose de me
percevoir non plus comme un long
déroulement de mots et de virgules,
mais comme une voix.
Écoute la voix du livre.
Écoute ma voix.
Bonjour.
Selon ta manière de m'appréhender, je peux
être rien.
Juste un morceau de carton et de papier
pratique pour caler les armoires.
Je peux être beaucoup si tu le désires.
Quelque chose que tu pourras
consulter sans cesse où que tu sois.
Quelque chose qui
ne te laissera jamais ni seul
ni sans sortie de secours.
Un ami de papier.

— Bien sûr, dit-il.

Elle ferma les yeux et se recueillit durant plusieurs minutes, puis elle récita, de sa voix ferme et douce :

Je vis dans un puits. Je vis comme une fumée dans un puits, comme un souffle dans une gorge de pierre. Je ne bouge pas. Je ne fais rien, qu'attendre. Au-dessus de ma tête j'aperçois les froides étoiles de la nuit et les étoiles du matin — et je vois le soleil. Parfois je chante de vieux chants de ce monde au temps de sa jeunesse. Comment dire ce que je suis, quand je l'ignore ! J'attends, c'est tout. Je suis brume, clair de lune, et souvenir. Je suis triste et je suis vieux. Parfois je tombe vers le fond comme des gouttes de pluie. Alors des toiles d'araignée tressaillent à la surface de l'eau. J'attends dans le silence glacé ; un jour viendra où je n'attendrai plus.

Teddy avait fermé les yeux lui aussi, pour mieux écouter. Il les garda fermés jusqu'à ce que l'effet magique des mots de Bradbury se fût dissipé.

Jacques Poulin, *Les grandes marées,*
Leméac / Bibliothèque québécoise, 1990.

Source: *Un combat et autres récits*, Patrick Süskind.

Sujet: Lire et oublier.

AMNÉSIE LITTÉRAIRE

Qu'en est-il donc de ces livres dont je pourrais dire que leur lecture aurait changé ma vie ?

Afin de tirer ce problème au clair, me voilà qui m'approche (c'était il y a quelques jours à peine) des rayons de ma bibliothèque, et je laisse mon regard parcourir tous ces titres, au dos des livres. Comme toujours en pareilles circonstances – à savoir lorsque, sur peu d'espace, sont rassemblés beaucoup trop de représentants d'une même espèce, et que l'œil se perd dans la masse –, je commence par être pris de vertige et, pour y échapper, je pioche au petit bonheur dans le tas et j'en tire un mince volume, je m'écarte avec mon butin, j'ouvre, je feuillette, et je me laisse prendre par ma lecture.

Je m'aperçois bientôt que j'ai eu la main heureuse, et même très heureuse. C'est là un texte dont la prose est ciselée et l'argumentation limpide, il est émaillé des informations les plus intéressantes et les plus neuves, et il regorge de merveilleuses surprises... Malheureusement, au moment où j'écris ces lignes, je ne retrouve plus le titre du livre, pas plus que le nom de l'auteur ou que le contenu de l'ouvrage, mais, comme on va le voir tout de suite, ça ne change rien à l'affaire, ou plutôt, au contraire, cela contribue à la tirer au clair. C'est, je l'ai dit, un excellent livre que j'ai là entre les mains, chaque phrase est un enrichissement, et tout en lisant je gagne mon fauteuil sans lever les yeux, je m'y assois sans cesser de lire, et tout en lisant j'oublie pourquoi je me suis mis à lire, je suis tout entier au désir intense qu'éveillent les trésors savoureux et insoupçonnés que je découvre là page après page. Je tombe çà et là sur des passages soulignés dans le texte ou sur des points d'exclamation griffonnés dans la marge : je n'apprécie guère d'habitude ces traces d'un précédent lecteur, mais en l'occurrence elles ne me dérangent pas, car le déroulement du récit est à ce point captivant, sa prose s'égrène si allègrement que je ne vois même plus ces annotations au crayon, ou que, quand tout de même je les remarque, ce n'est que pour les approuver, car il se révèle que ce lecteur qui m'a précédé – je n'ai pas la moindre idée de qui cela peut être –, il se révèle, dis-je, que cette personne a souligné ou pointé précisément les

le héros principal.

Tu l'as déjà été.

Mais c'était jusque-là, comment dire, plus...

indirect.

On ne te l'avait pas signalé mais:

Jonathan Livingstone

du roman de Richard Bach

c'était déjà toi.

De même que le Petit Prince

de Saint-Exupéry,

l'homme qui voulut être roi

de Kipling,

le prophète

de Khalil Gibran,

le messie de *Dune*

et Alice au pays des merveilles

de Lewis Carroll.

Ces héros étaient,

encore et toujours, toi.

Mais ce n'était pas ouvertement exprimé.

Moi, «Le Livre du Voyage»,

je n'ai pas cette pudeur

ou cette délicatesse.

Au risque de te choquer,

je ne te donnerai qu'un nom:

«Toi.»

Car toi seul accomplis quelque chose

ici et maintenant:

la lecture.

Et puis, tu es aussi le maître de ce voyage,

mon maître.

Durant cet envol,

moi, je ne serai là

que pour te servir

et être ton petit guide

d'encre et de papier.

Dans mes pages,

tu ne trouveras pas toutes les métaph[o]

ni les personnages

que tu rencontres dans les romans

ordinaires.

Tu ne pourras pas te prendre pour

le chef des pirates,

le roi des marécages,

le maître des lutins,

le magicien de la forêt,

le banni de retour,

le savant incompris,

le détective alcoolique,

le musicien génial,

le mercenaire solitaire.

Tu ne pourras pas te prendre non pl[us]

pour la princesse charmante,

la mère courageuse,

l'infirmière espionne,

la reine des fantômes,

la déesse manipulatrice,

l'étudiante fleur bleue,

la femme vampire,

la prostituée au grand cœur,

l'actrice déchue,

la sorcière géniale ou l'ethnologue solitaire.

Tu ne pourras te prendre que pour toi-même.

Désolé.

Je crois qu'un bon livre est un miroi[r]

où tu te retrouves.

Dans mes pages,

passages qui, moi aussi, m'enthousiasment le plus. Ainsi, c'est dans une double euphorie, causée par l'exceptionnelle qualité du texte et par ce compagnonnage spirituel avec mon prédécesseur inconnu, que je poursuis ma lecture, m'enfonçant toujours plus avant dans cet univers poétique, et suivant avec un étonnement sans cesse croissant les sentiers magnifiques où m'entraîne l'auteur...

Jusqu'à ce que j'arrive à un passage qui doit constituer le sommet du récit et qui m'arrache un cri d'admiration: «Ah, que c'est bien pensé! Que c'est bien dit!» Et je ferme un moment les yeux pour méditer ce que je viens de lire, et qui a pour ainsi dire tracé une avenue dans le désordre de ma conscience, m'ouvrant des perspectives entièrement neuves, faisant affluer en moi des découvertes et des associations nouvelles, et me piquant effectivement de cet aiguillon qui dit: «Tu dois changer ta vie!» Et ma main se tend presque machinalement vers un crayon et je songe: «Tu dois souligner ça», et je me dis: «Tu vas mettre en marge un *très bien!*, avec un gros point d'exclamation derrière, et tu vas noter quelques mots clés, pour fixer le flot d'idées que ce passage a fait naître en toi, à titre d'aide-mémoire et en hommage à cet auteur qui t'a si magnifiquement éclairé!»

Mais hélas! lorsque je pose la pointe de mon crayon sur la page pour y griffonner mon *très bien*, il y a déjà là un *très bien*, et le résumé en style télégraphique que je m'apprêtais à noter, mon prédécesseur l'a déjà inscrit, et il l'a fait d'une écriture qui m'est très familière, pour la bonne raison que c'est la mienne, car ce lecteur précédent n'était autre que moi. Ce livre, il y a longtemps que je l'avais lu.

Patrick Süskind, *Un combat et autres récits,*
© Librairie Arthème Fayard, 1996,
pour la traduction française
de Bernard Lortholary.

Source: Le vieux qui lisait des romans d'amour,
Luis Sepúlveda.

Sujet: Lire pour voyager.

«Qu'est-ce que ça peut bien être, des gondoles ?»

Après avoir mangé les crabes délicieux, le vieux nettoya méticuleusement son dentier et le rangea dans son mouchoir. Après quoi il débarrassa la table, jeta les restes par la fenêtre, ouvrit une bouteille de Frontera et choisit un roman.

La pluie qui l'entourait de toutes parts lui ménageait une intimité sans pareille.

Le roman commençait bien.

«Paul lui donna un baiser ardent pendant que le gondolier complice des aventures de son ami faisait semblant de regarder ailleurs et que la gondole, garnie de coussins moelleux, glissait paisiblement sur les canaux vénitiens.»

Il lut la phrase à voix haute et plusieurs fois.

— Qu'est-ce que ça peut bien être, des gondoles ? Ça glissait sur des canaux. Il devait s'agir de barques ou de pirogues. Quant à Paul, il était clair que ce n'était pas un individu recommandable, puisqu'il donnait un «baiser ardent» à la jeune fille en présence d'un ami, complice de surcroît.

Ce début lui plaisait.

Il était reconnaissant à l'auteur de désigner les méchants dès le départ. De cette manière, on évitait les malentendus et les sympathies non méritées.

Restait le baiser – quoi déjà ? – «ardent». Comment est-ce qu'on pouvait faire ça ?

Il se souvenait des rares fois où il avait donné un baiser à Dolores Encarnación del Santísimo Sacramento Estupiñán Otavalo. Peut-être, sans

tu ne rencontreras pas non plus
de ces somptueux méchants
qu'on rêve de voir décapiter à la fin,
tripes fumantes à l'air,
en expiation de leurs crimes ignobles.
Pas de traître inattendu.
Pas d'amis décevants.
Pas de tortionnaire sadique.
Il n'y aura pas de vengeance spectaculaire,
ni de coups de théâtre inattendus,
aucun innocent à libérer,
aucune cause désespérée à défendre
devant des jurés sceptiques,
pas d'assassin à découvrir
parmi une liste de suspects,
aucun trésor enfoui à déterrer
avant que la bombe à retardement
branchée sur la minuterie du four à micro-ondes
ne se déclenche.
Il faudra que tu t'y fasses.
Il n'y aura pas de ces drames d'amour poignants,
qui finissent bien ou mal
selon les humeurs personnelles de l'auteur
et ses démêlés avec sa dernière muse.
Il n'y aura pas non plus
de ces longues phrases tarabiscotées
qui sont très décoratives
mais dont on ne démêle pas très bien le sens.
Des petites phrases courtes
te transmettront l'information telle quelle.
Comme ça.
Ou ça.
Je peux même faire encore plus court, tiens:
Ça.
Et chaque fois on reviendra à la ligne.
Lis-moi comme un conte.
C'est ainsi que je serai le plus caressant à tes
pupilles.
Certes, je sais que je ne suis qu'un objet.
Pourtant, il ne faut pas que tu me
sous-estimes.
Parfois les objets peuvent venir en aide aux
êtres dotés de conscience.
Parfois les objets sont vivants.
Je suis ton livre ET je suis vivant.
Je ne suis formé que de fines tranches
de cellulose
provenant des forêts norvégiennes.
Ces mots ne sont que des signes tracés
à l'encre de Chine
extraite de quelques pieuvres
asiatiques malchanceuses.
Cependant,
la manière dont ils sont agencés
pour former des phrases et
la manière dont ces phrases
peuvent chanter à tes oreilles
sont capables, non seulement de changer
ta perception de cet instant,
mais de te changer toi
et donc
de changer le monde.
À partir de maintenant je te propose de me
percevoir non plus comme un long
déroulement de mots et de virgules,
mais comme une voix.
Écoute la voix du livre.

Écoute ma voix.

Bonjour.

Selon ta manière de m'appréhender, je peux
être rien.

Juste un morceau de carton et de papier
pratique pour caler les armoires.

Je peux être beaucoup si tu le désires.

Quelque chose que tu pourras
consulter sans cesse où que tu soi

Quelque chose qui
ne te laissera jamais ni seul
ni sans sortie de secours.

Un ami de papier.

À toi de choisir ce que tu feras d

Si j'ai un conseil à te donner: pro
abuse de moi.

Mon seul souhait est de te faire d

Mais si tu n'es pas capable de re
bienfaits,

ne t'inquiète pas,

même si

tu ne m'accordes aucune importa

même si

tu me déchires, me brûles, me no

même si

tu m'oublies dans une bibliothèqu

je suis doué d'ubiquité;

ailleurs, quelqu'un saura m'appré
et profiter de mes largesses.

Le fait de m'avoir acheté te donn
des droits.

Le fait d'exister
auprès de milliers d'autres gens,
sans limites d'espace et de temps,
me donne des pouvoirs
que tu ne peux même pas mesurer.

Je suis ton compagnon, humble et hyper-puissant.

Veux-tu du grand voyage dont je t'ai parlé?

Bonjour.

JE ME PRÉSENTE

Je suis un livre et je suis vivant.

Je m'appelle «Le Livre du Voyage».

Je peux, si vous le souhaitez, vous guider
pour le plus léger, le plus intime,
le plus simple des voyages.

Hum...

Puisque nous allons vivre quelque chose de
fort ensemble,
permets-moi tout d'abord de te tutoyer.

Bonjour, lecteur.

Tu me vois.

Je te vois aussi.

Tu as un visage lisse aux yeux humides.

Et moi je te présente ces pages de papier
recouvertes de petits caractères qui forment
ma figure pâle.

Notre contact s'est aussi établi
au niveau de la couverture.

Je sens tes doigts contre mon dos,
tes pouces contre mes deux tranches.

Ça me chatouille un peu, d'ailleurs.

Il est temps de pousser plus loin les
présentations.

Je m'appelle «Le Livre du Voyage»,
mais tu peux aussi m'appeler:

«Ton livre.»

Que je te mette à l'aise:

qu'il s'en rende compte, l'un de ces baisers avait-il été ardent, comme celui de Paul dans le roman. En tout cas il n'y avait pas eu beaucoup de baisers, parce que sa femme répondait par des éclats de rire, ou alors elle disait que ça devait être un péché.

[...]

Quand arriva l'heure de la sieste, il avait lu environ quatre pages et réfléchi à leur propos, et il était préoccupé de ne pouvoir imaginer Venise en lui prêtant les caractères qu'il avait attribués à d'autres villes, également découvertes dans des romans.

À Venise, apparemment, les rues étaient inondées et les gens étaient obligés de se déplacer en gondoles.

Les gondoles. Le mot «gondole» avait fini par le séduire et il pensa que ce serait bien d'appeler ainsi sa pirogue. La Gondole du Nangaritza.

Il en était là de ses pensées quand la torpeur de la mi-journée l'envahit, et il s'étendit sur le hamac avec un sourire amusé à l'idée de ces gens qui risquaient de tomber directement dans la rivière dès qu'ils franchissaient le seuil de leur maison.

Luis Sepúlveda, *Le vieux qui lisait des romans d'amour,*
© Éditions Métailié, 1992.

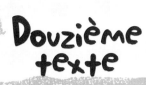

Douzième texte

Source: *L'Histoire sans fin*, Michael Ende.

Sujet: Lire par curiosité.

«Je voudrais bien savoir
ce qui se passe réellement dans un livre,
tant qu'il est fermé.»

Bastien considéra le livre :

«Je voudrais bien savoir, se dit-il, ce qui se passe réellement dans un livre, tant qu'il est fermé. Il n'y a là, bien sûr, que des lettres imprimées sur du papier, et pourtant – il doit bien se passer quelque chose puisque, quand je l'ouvre, une histoire entière est là d'un seul coup. Il y a des personnages, que je ne connais pas encore, et il y a toutes les aventures, tous les exploits et les combats possibles – parfois surviennent des tempêtes, ou bien on se retrouve dans des villes et des pays étrangers. Tout cela est d'une façon ou d'une autre à l'intérieur du livre. Il faut le lire pour le vivre, c'est évident. Mais c'est déjà dans le livre, à l'avance. Je voudrais bien savoir comment.»

Et soudain il se sentit baigner dans une atmosphère presque solennelle.

Il s'assit confortablement, prit le livre, l'ouvrit à la première page et

se mit à lire

L'HISTOIRE SANS FIN

Michael Ende, *L'Histoire sans fin*,
© Éditions Stock pour la traduction française, 1984.

je ne suis ni un livre mystique, ni un livre
de sagesse,
ni un livre d'hypnose,
ni un livre de méditation transcendantale;
je ne suis pas non plus
un livre visant à t'enrôler dans une secte,
un parti politique, un groupuscule,
une philosophie ou une pensée New Age.
Ce n'est pas mon genre.
Renonce à me mettre une étiquette et
prends-moi tel que je suis.
Un livre de voyage.
La particularité de ce voyage, c'est que tu en es
le héros principal.
Tu l'as déjà été.
Mais c'était jusque-là, comment dire, plus...
indirect.
On ne te l'avait pas signalé mais:
Jonathan Livingstone
du roman de Richard Bach
c'était déjà toi.
De même que le Petit Prince
de Saint-Exupéry,
l'homme qui voulut être roi
de Kipling,
le prophète
de Khalil Gibran,
le messie de *Dune*
et Alice au pays des merveilles
de Lewis Carroll.
Ces héros étaient,
encore et toujours, toi.
Mais ce n'était pas ouvertement exprimé.
Moi, «Le Livre du Voyage»,
je n'ai pas cette pudeur
ou cette délicatesse.
Au risque de te choquer,
je ne te donnerai qu'un nom:
«Toi.»
Car toi seul accomplis quelque chose
ici et maintenant:
la lecture.
Et puis, tu es aussi le maître de ce voyage,
mon maître.
Durant cet envol,
moi, je ne serai là
que pour te servir
et être ton petit guide
d'encre et de papier.
Dans mes pages,
toutes les métaphores habituelles,
ni les personnages
que tu rencontres dans les romans
ordinaires.
Tu ne pourras pas te prendre pour
le chef des pirates,
le roi des marécages,
le maître des lutins,
le magicien de la forêt,
le banni de retour,
le savant incompris,
le détective alcoolique,
le musicien génial,
le mercenaire solitaire.
Tu ne pourras pas te prendre non plus
pour la princesse charmante,
la mère courageuse,

259

l'infirmière espionne,
la reine des fantômes,
la déesse manipulatrice,
l'étudiante fleur bleue,
la femme vampire,
la prostituée au grand cœur,
l'actrice déchue,
la sorcière géniale ou l'ethnologue solitaire.
Tu ne pourras te prendre que pour toi-même.
Désolé.
Je crois qu'un bon livre est un miroir
où tu te retrouves.
Dans mes pages,
tu ne rencontreras pas non plus
de ces somptueux méchants
qu'on rêve de voir décapiter à la fin,
tripes fumantes à l'air,
en expiation de leurs crimes ignobles.
Pas de traître inattendu.
Pas d'amis décevants.
Pas de tortionnaire sadique.
Il n'y aura pas de vengeance spectaculaire,
ni de coups de théâtre inattendus,
aucun innocent à libérer,
aucune cause désespérée à défendre
devant des jurés sceptiques,
pas d'assassin à découvrir
parmi une liste de suspects,
aucun trésor enfoui à déterrer
avant que la bombe à retardement
branchée sur la minuterie du four à micro-ondes
ne se déclenche.
Il faudra que tu t'y fasses.
Il n'y aura pas de ces drames d'amour poignants,
qui finissent bien ou mal
selon les humeurs personnelles de l'auteur
et ses démêlés avec sa dernière
Il n'y aura pas non plus
de ces longues phrases
qui sont très décoratives
mais dont on ne démêle pas
Des petites phrases courtes
te transmettront l'information
Comme ça.
Ou ça.
pupilles.
Certes, je sais que je ne suis
objets peuvent ve
êtres dotés de conscience.
Parfois les objets sont vivant
Je suis un livre ET je suis vi
Je ne suis formé que de
de cellulose
provenant des forêts norvégi
Ces mots ne sont que des sig
à l'encre de Chine
extraite de quelques pieuvre
asiatiques malchanceuses.
Cependant,
la manière dont ils sont agencé

Dis-moi qui t'a lu et je te dirai qui tu es.

Il existe autant de manières de lire un roman qu'il existe de lecteurs et de lectrices. Il suffit de **se regarder lire pour s'en convaincre.**

Projet

Le projet

Lire un roman et rendre compte de sa lecture sous la forme d'un monologue écrit comme celui qui apparaît dans les marges de l'étape ENQUÊTE .

Le monologue doit être écrit comme si c'était le roman lui-même qui décrivait comment il a été lu.

MARCHE À SUIVRE

1. Choisir un roman et le lire en prêtant une attention particulière à sa manière de lire.

2. Consigner dans un carnet tous les renseignements accumulés au fil de la lecture qui pourraient servir lors de la rédaction du monologue, par exemple :

- la date du début de la lecture ;
- le nombre de pages lues chaque jour ;
- les lieux où le roman a été lu ;
- les rituels entourant la lecture ;
- les extraits, pages ou chapitres, qui ont été relus ;
- les extraits, pages ou chapitres, qui ont été sautés ;
- la manière de lire :
  - à voix haute,
  - pour soi-même, pour quelqu'un d'autre,
  - en surlignant,
  - en écrivant des commentaires dans les marges,
  - en écoutant de la musique ;
- les émotions que le roman a suscitées ;
- etc.

3. Choisir la forme que prendra le monologue, par exemple :

- un journal de bord de lecture :
  - la présence de dates ;
  - le recours aux pronoms *il* ou *elle* pour désigner le lecteur ou la lectrice.
- une lettre personnelle :
  - une formule d'appel (Cher lecteur ou chère lectrice) ;
  - le recours aux pronoms *tu* ou *vous* pour désigner le lecteur ou la lectrice.
- un mode d'emploi :
  - le recours à la forme impersonnelle et aux modes infinitif ou impératif pour décrire les consignes sur la manière de lire ;
  - le recours aux pronoms *je, me, moi* pour désigner le roman.
- etc.

4. Choisir le ton du monologue (humoristique, réaliste, didactique, poétique ou familier).

5. Rédiger son texte, le relire et le réviser.

6. Le mémoriser et l'interpréter.

Soigner particulièrement :

- la mise en scène (décor, costume, musique d'accompagnement, bruits, etc.) ;
- les éléments prosodiques (débit, volume, intonation, prononciation, articulation).

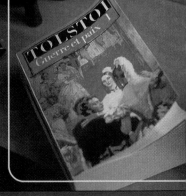

quoi former des phrases et
la manière dont ces phrases
peuvent chanter à tes oreilles
sont capables, non seulement de changer
ta perception de cet instant,
mais de te changer toi
et donc
de changer le monde.
À partir de maintenant je te propose de me
percevoir non plus comme un long
déroulement de mots et de virgules,
mais comme une voix.
Écoute la voix du livre.
Écoute ma voix.
Bonjour.
Dans ta manière de m'appréhender, je peux
être rien.
Un morceau de carton et de papier
utile pour caler les armoires.
Je peux être beaucoup si tu le désires.
Quelque chose que tu pourras
consulter sans cesse où que tu sois.
Quelque chose qui
ne te laissera jamais ni seul
ni sans sortie de secours.
Un ami de papier.
À toi de choisir ce que tu feras de moi.
Si j'ai un conseil à te donner : profite,
abuse de moi.
Mon seul souhait est de te faire du bien.
Mais si tu n'es pas capable de recevoir mes
bienfaits,
ne t'inquiète pas,
même si
tu ne m'accordes aucune importance,
même si
tu me déchires, me brûles, me noies,
même si
tu m'oublies dans une bibliothèque,
je suis doué d'ubiquité,
ailleurs, quelqu'un saura m'apprécier
et profiter de mes largesses.
Le fait de m'avoir acheté te donne, certes,
des droits.
Le fait d'exister
auprès de milliers d'autres gens,
sans limites d'espace et de temps,
me donne des pouvoirs

Je te vois aussi.
Tu as un visage lisse aux yeux humides.
Et moi je te présente ces pages de papier

LES MOTS CLÉS
du texte explicatif et des connaissances grammaticales

Où trouver ce qu'ils veulent dire

Références photographiques

Légende: *(H)* Haut *(B)* Bas
(G) Gauche *(D)* Droite

7-8 Int'l Stock / Réflexion.

9 *(HG et BD)*, 34 *(H)*, 35, 37-38,
64-65, 67, 80 *(H)*, 81 à 87,
89, 162, 237, 240, 243, 246,
248, 250, 252, 254, 256,
258 à 261 Alexandre Choquette.

9 *(HD)* Picture Perfect / Réflexion,
(BG) Int'l Stock / Réflexion.

17 P. Beaudoin / PonoPresse.

32 Camerique / Réflexion.

34 *(B)* M. Rutz / Gamma / PonoPresse.

39 M. Bildagentur / Réflexion.

41 M. Gagné / Réflexion.

43 A. Gardon / Réflexion.

62 P. Jensen / Réflexion.

69 Gamma / PonoPresse.

78 M. Shenley / CameraPress /
PonoPresse. 80 *(B)* Picture Perfect /
Réflexion. 146 *(BG)* PhotoNews /
Gamma / PonoPresse, *(BD)* J. Thomas /
Int'l Stock / Réflexion.

152 *(G)* M. Gascon / Réflexion, *(D)*
Camerique / Réflexion. 155 *(BG)*
P. Jensen / Réflexion, *(BD)* Stock
Imagery / Réflexion. 157 Comstock
Klips. 158 Étienne Morin.

159 Reporters / Réflexion.

163-164 M. Ponomareff / PonoPresse.

181 Comstock Klips.

189 M. Weber / PonoPresse.

190 Gamma / PonoPresse.

192 M. Ponomareff / PonoPresse.

194 A. Ribeiro / Gamma / PonoPresse.

208 T. Orban / Sygma / Magma.

211 Benainous-Duclos / PonoPresse.

212 *(H)* G. Rancinan / Sygma / Magma,
(B) Morris / Sipa Press / PonoPresse.

213 M. Collin / Orop / PonoPresse.

222 *(H)* Coll. F. M.-A. Bolduc / Musée
de la Gaspésie, *(B)* Canapresse.

223 *(H)* Robert Mailloux, *La Presse*,
(B) Yves Beaulieu. 224 *(H)* Yves
Beaulieu, *(B)* Gamma / PonoPresse.